孔子庙建筑制度研究

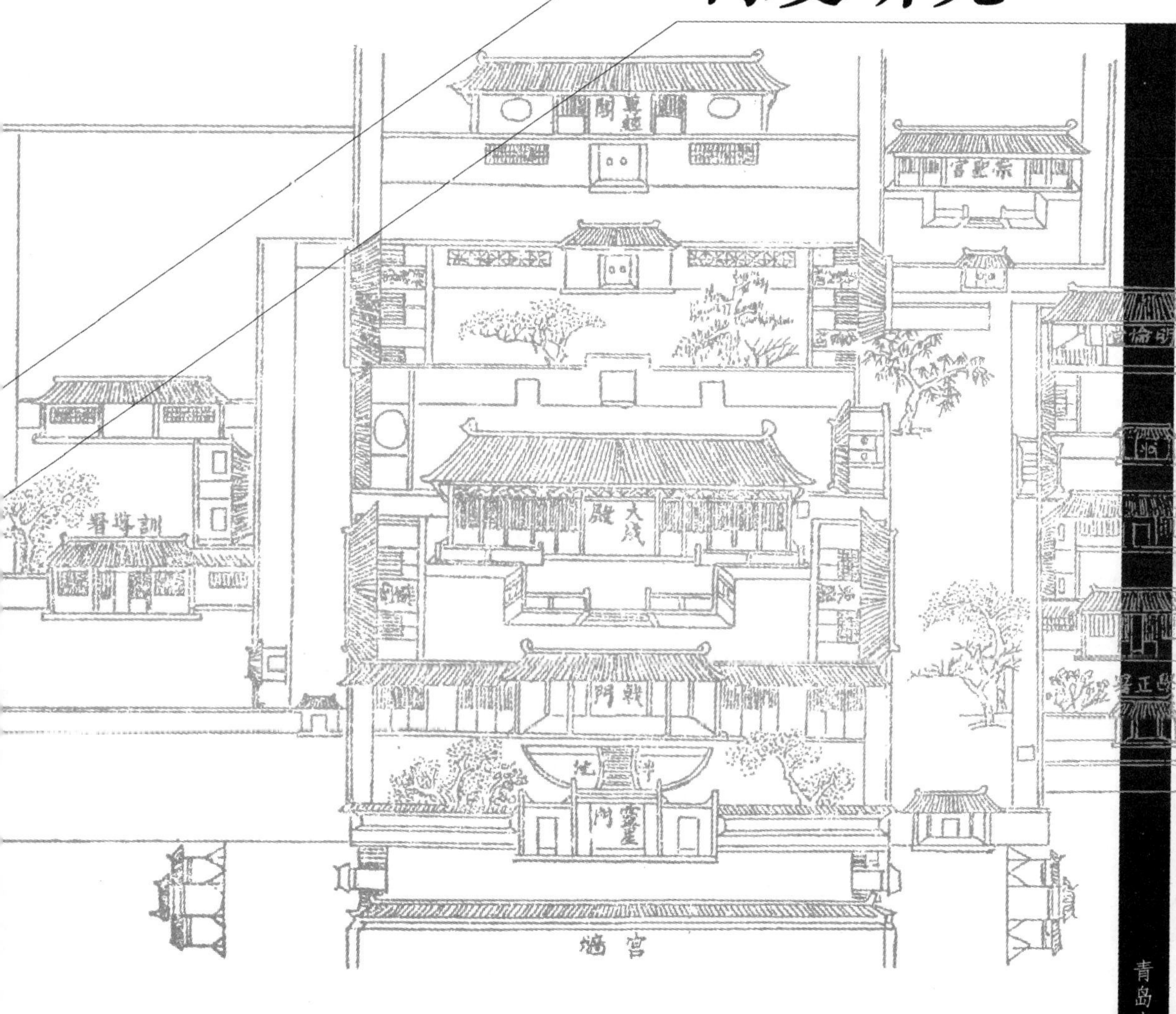

青岛出版社

前　言

孔子是一位影响广泛而且深远的人物。他生活在春秋时代，在乱世之中坚持自己的信仰并努力地去实践它，终究成为世界历史中引人瞩目的思想家和教育家。孔子开创了儒家学派，其学说成为中国两千多年来学术的主流，被历代统治者视为重要的精神支柱、治理原则和行为准则。

孔子庙诞生在中国，由孔子故居改造而成的孔子庙就是世界上的第一所孔子庙。东汉建和三年（149年）陈州老子故居庙侧就出现了第一所纪念孔子的庙宇，东晋太元元年（376年）孔子庙正式进入国家最高学府，太和十一年（386年）国家为南迁的孔子后裔在建康建造了第一所孔氏家庙，北齐时将孔子庙推广到郡国学校，唐贞观四年（630年）唐太宗下令州县学校一律建造孔子庙，孔子庙从此遍及中国各地，成为分布最广的列入国家祀典的礼制庙宇。孔子庙在历史上有不同的名称。西汉元始元年（1年），汉平帝追封孔子为褒成宣尼公，但汉代并没有以此称呼孔子庙。东汉时，人们习惯把孔子故宅的庙宇称作孔子宅和宅庙，而老子故宅附近的庙宇，据《水经注》记载被称作孔子庙。东晋以后，国家在太学建造孔子庙，称作夫子堂，为孔子后裔建造的家庙称作宣尼庙。南朝时，州学孔子庙也称宣尼庙，但在北齐称作孔父庙、孔颜庙，北魏时有的还称作孔子庙堂。唐玄宗加封孔子为文宣王后，孔子庙有了统一的名称——文宣王庙。此后，尽管宋代加封孔子为至圣文宣王，元代加号大成至圣文宣王，孔子庙一般依旧称作文宣王庙。明清时建造在学校之内的孔子庙改称文庙，嘉靖时改称孔子为至圣先师从而将文庙改称先师庙，但是人们习惯上仍然称学校孔子庙为文庙。

学校孔子庙的数量在清代末期达到顶峰。据嘉庆《大清一统志》记载，当时全国共有学校孔子庙1712所。按学校级别分：国学国子监文庙1所，府学学校文庙184所，直隶州学校文庙77所，直隶厅学校文庙19所（2厅未设），属州学校文庙144所（1州未设，1州附设在府学内），县学文庙1257所（1县未设，25县附设在府学或州学内），属厅学校文庙14所（1厅未设），土州学校文庙2所，土司学校文庙4所，乡学文庙8所（原来是县学，撤县后仍保留生员名额和学校与文庙）。按省分：直隶152所，盛京13所，山西112所，山东105所，江苏75所，浙江89所，福建84所，广东99所，广西77所，云南83所，贵州63所，四川150所，湖南84所，湖北77所，江西92所，安徽68所，河南117所，陕西94所，甘肃75所。到光绪时期，随着国家行政区域的变动，清政府又陆续新建了几十座孔子庙。

孔子庙属于列入国家祀典的礼制庙宇，因而有着相对固定和明晰的建筑制度。各地的历史原因、地理原因等各种要素使孔子庙的建筑呈现明显的地域差别。此外，朝代的更迭也使一部分孔子庙的建筑带有鲜明的朝代特征。本书以孔子庙为主要研究对象，同时兼顾其他非礼制的孔子庙，包括建造在曲阜的孔子本庙、在孔子活动纪念地或纯粹为了纪念孔子建造的纪念孔子庙和地方书院内建造的奉祀孔子庙。

孔子庙是中国传统思想文化的象征。孔子庙之所以建造在学校内，是因为要对人们进行成圣成贤的教育。毋庸置疑，孔子庙在历史上发挥了重要的作用，对民族思想文化的发展、民族性格的形成、民族经济的发展做出了重大贡献。目前就孔子庙的研究来说，国内相关著作还不太多，专注于孔子庙建筑制度的研究更是十分薄弱。本书试图对孔子庙的建筑制度做一个整体的研究，也为此后从事相关专题研究的同仁提供基本的数据支持。由于资料搜集方面困难很大，我虽竭尽全力仍力有不逮，距离设定的目标还有一定的差距，也希望读者能对本书中存在的问题和错误给予指正。

孔　喆

2017年8月20日

目录

CONTENTS

第一章

孔子庙建筑制度

学校孔子庙始见于东晋太元元年（376年），尚书谢石建议修建学校，朝廷同意，“增造庙屋一百五十五间”[①]，在国子学建造了第一所专门奉祀孔子的庙宇。北齐将孔子庙推向地方，“郡学则于坊内立孔颜庙”[②]。唐贞观四年（630年）孔子庙普及到全国，“诏州县学皆作孔子庙”[③]。学校孔子庙从出现的那一天起就是列入国家祀典的礼制庙宇，历代对孔子庙祀典非常重视。唐朝以来，几乎每一个新的王朝建立后都要制定孔子庙的祀典，对奉祀人物、服饰及祭祀的礼仪、音乐、歌章、舞蹈、祭器、祭品等等，都有非常详细的规定。非常奇怪的是，历代却没有制定孔子庙的建筑制度。本编根据史料和孔子庙建筑实例，对孔子庙与学校的布局关系、孔子庙的建筑形制和建筑制度进行系统探讨，以图厘清孔子庙的规制。

① 《宋书·礼一》，见上海古籍出版社《文渊阁四库全书》电子版。

② 《隋书·礼仪四》，见上海古籍出版社《文渊阁四库全书》电子版。

③ 《新唐书·礼乐志第五》，见上海古籍出版社《文渊阁四库全书》电子版。

虽然东晋即在国立学校内建造了孔子庙，历代也曾不断发布建造孔子庙的政令，但一直没有颁布孔子庙的建筑形制。要了解孔子庙形制的发展变化，只能依靠文献中的相关资料。

第一节 建筑形制的发展

汉武帝“罢黜百家，独尊儒术”，孔子思想成为国家指导思想。按照食德报功的传统，国家开始奉祀孔子，不过由于没有史料记载，不清楚是否以孔子为主祀。东汉永平二年（59年）以周公为主祀，孔了为配享，“明帝永平二年三月，上始率群臣躬养三老五更于辟雍，行大射之礼；郡、县、道行乡饮酒礼于学校；皆祀圣师周公、孔子，牲以犬”①，大约到东汉中后期，复改为主祀孔子。魏正始二年（241年），齐王曹芳因读通《论语》，命太常到辟雍祭祀孔子，此为孔子成为国立学校主祀的最早文献记载。

早期祭祀孔子并没有建造专门奉祀的庙宇。东汉明帝以后及曹魏时期，是在辟雍致祭，应该在辟雍礼殿内行礼。西晋在太学祭祀孔子，太学并没有专门的奉祀建筑，而是设坛张幕行礼。元康二年（292年），皇太子释奠“乃扫坛为殿，悬幕为宫，夫子位于西序，颜回侍于北墉”②就是明证。

《晋书》记载，石崇尝与王敦入太学，见颜回、原宪之像，顾而叹曰：“若与之同刀孔堂，去人何必有间！”③可见太学有孔堂，并有颜回、原宪的肖像。颜回是孔子的第一位弟子，此时配祀孔子，孔堂有颜回像，是否就是奉祀孔子的庙堂？原宪不在孔子的优秀弟子“四科”“十哲”之列，他在《史记·仲尼弟子列传》中列第十五位，在《孔子家语·七十二弟子解》中列第十九位，太

---

① 《后汉书·礼仪志上》，见上海古籍出版社《文渊阁四库全书》电子版。

② 潘尼：《释奠颂》，载《晋书·潘岳传》，见上海古籍出版社《文渊阁四库全书》电子版。

③ 《晋书·石崇传》，见上海古籍出版社《文渊阁四库全书》电子版。

学不可能单选其一人，应该包括孔子所有著名的弟子。孔堂应该就是祭祀孔子的庙堂，这所孔堂应该是元康二年（292年）至永康元年（300年）间建造的，因为如果太学此前有庙，皇太子释奠孔子就不会临时“悬幕为宫”。石崇是永康元年被害的，这所孔堂应该是国立学校最早建立的祭祀孔子的庙堂。《史记·仲尼弟子列传》收录孔子著名弟子七十七位，《孔子家语·七十二弟子解》收录七十六位，即使由图画肖像推测，这所孔堂的面积也应该是不小的。

南北朝时期初见的形制

西晋太学建造孔堂，东晋国子学建造夫子堂，此后宋、齐、梁、陈都有关于国子学孔子庙的记载，但都没有关于孔子庙形制的记录。本书只能根据相关史料进行考证。

南朝国子学孔子庙

史料有缺，西晋太学孔堂形制不得而知。东晋国子学的孔子庙，《宋书》只是说“增造庙屋一百五十五间”，也没有关于孔子庙建筑的记述。“一百五十五间”应该是国子学增造的建筑连同孔子庙所有建筑的总数，不可能全是孔子庙的建筑。据陈朝顾野王《舆地志》记载，国子学“在江宁县东南二里一百步右御街东，东逼淮水，当时人呼为国子学。西有夫子堂，画夫子及十弟子像。西又有皇太子堂，南有诸生中省，门外有祭酒省、二博士省，旧置二博士”[①]。国子学有学、孔子庙、皇太子堂、诸生中省、祭酒省和二博士省，而且“选公卿、二千石子弟为生”，学生数量应该比较多，增造庙屋一百五十五间也不算太多。孔子庙与学、皇太子堂并列，毫无疑问是独立的建筑群，至少应该有堂和庙门。

南朝地方学校孔子庙

南北朝时期，地方学校也开始建造孔子庙。南齐时，江祀为南东海郡太守，“行府州事，治下有宣尼庙，久废不修，祀更开扫构立”[②]。“宣尼庙”就

---

① 〔唐〕许嵩：《建康实录》卷九《晋中下·烈宗孝武皇帝》太元十年注，见上海古籍出版社《文渊阁四库全书》电子版。

② 《南齐书·江祀传》，见上海古籍出版社《文渊阁四库全书》电子版。

是孔子庙。南齐时，南东海郡设在现在的江苏镇江附近，孔子不曾到过，不会是孔子的纪念庙宇；那时南渡的孔子后裔很少，也不可能是孔氏家庙，如果是孔氏家庙，江祀不会“更开扫构立”，而应该是资助孔子后裔进行维修。南齐享国仅二十三年，此前的刘宋享国仅五十九年，这座宣尼庙“久废不修”，已经有很长时间，不可能是南齐建造的，很可能是东晋地方官仿造国子学建造的地方学校孔子庙。这座孔子庙不论是否为东晋地方官员所建，都是目前已知南朝建造的最早的地方孔子庙，很可能是已知最早的地方学校孔子庙，可惜的是没有关于其形制的记录。

南梁时，荆州刺史萧绎（526—539年在任，后即位为梁元帝）在州学建造孔子庙，“起州学宣尼庙”，并亲自绘画孔子像，撰书孔子赞，“帝工书善画，自图宣尼像，为之赞而书之，时人谓之三绝”[①]，可惜的也是没有关于孔子庙形制的记录。

北魏国子学孔子庙

北朝时，北魏太和十三年（489年）也建造了国子学孔子庙，“立孔子庙于京师”，十六年更改孔子谥号，“改谥宣尼曰文圣尼父，告谥孔庙”[②]。魏孝文帝还亲自祭祀孔子，“帝斋中书省，亲拜祭于庙”[③]，首开皇帝在国子学祭祀孔子的先河。孝文帝还在中书省奉祀孔子，并亲自祭祀。迁都洛阳后也建造了国子学孔子庙并举行祭祀活动，孝明帝和孝武帝都曾到国子学祭祀孔子。北魏关于孔子庙和祭祀的记载虽然比较多，但遗憾的是仍然没有关于孔子庙形制的内容。

北魏地方学校孔子庙

北魏时，郡国学校又名太学，也要祭祀孔子。有的学校就在堂内图画孔子和弟子的形象，也有的学校建造了孔子庙。相州刺史李平（景明二年，501年任）“修饰太学，简试通儒以充博士，选五郡聪敏者以教之，图孔子及七十二子于堂，亲为立赞”[④]，将孔子及弟子肖像画在堂内，这应该是以后郡

---

① 《南史·梁本纪·元帝》，见上海古籍出版社《文渊阁四库全书》电子版。

② 《魏书·高祖纪下》，见上海古籍出版社《文渊阁四库全书》电子版。

③ 《魏书·礼四之一》，见上海古籍出版社《文渊阁四库全书》电子版。

④ 《魏书·李平传》，见上海古籍出版社《文渊阁四库全书》电子版。

国学校建造孔子庙的先声。其后不久，恒农太守刘道斌建造了学校孔子庙，“修立学馆，建孔子庙堂，图画形象”[①]，开北方地方学校建造孔子庙的先河。正光四年（523年），刘道斌卒于岐州刺史任上，此前为恒农太守。由此可知，北魏时期地方学校孔子庙的诞生应该在公元520年前后。

北魏时期地方学校孔子庙的形制也不详，但规模不大是可以肯定的。刘道斌去世后，恒农州学“画道斌形于孔子像之西而拜谒焉”，竟然将刘道斌的形象图画于孔子像之西，可见当时孔子庙堂建筑不多，很可能只有一座建筑，为了纪念刘道斌不得不将其形象画于孔子像的西侧。

北齐国子学孔子庙

北齐国子学也建造了孔子庙，天子讲经，“先定经于孔父庙”。孔子庙规制由于史书无载，仍然不得而知，关于祭祀制度的记载却非常详细。皇帝讲经及祭祀孔子庙的礼仪为：“将讲于天子，先定经于孔父庙。置执经一人，侍讲二人，执读一人，擿句二人，录义六人，奉经二人。讲之旦，皇帝服通天冠、玄纱袍，乘象辂至学，坐庙堂上，讲讫，还便殿，改服绛纱袍，乘象辂还宫。讲毕，以一太牢释奠孔父，配以颜回，列轩悬乐，六佾舞，行三献。礼毕，皇帝服通天冠、绛纱袍，升阼即坐，宴毕还宫。”皇太子通经释奠仪式为：“皇太子每通一经亦释奠。乘石山安车，三师乘车在前，三少从后而至学焉。”京师学校孔子庙祭祀仪式为：“新立学，必释奠，礼先圣先师。每岁春秋二仲常行其礼，每月旦祭酒领博士已下及国子诸学生已上、大学、四门博士升堂，助教已下、大学诸生阶下，拜孔揖颜，日出行事。”当时，国子学已有春秋两次大祭和每月初一的行礼。

北齐地方学校孔子庙

北齐以前，南朝的宋、梁和北朝的北魏都出现了地方孔子庙，梁与北魏的孔子庙还建造在州郡学校内，但这都是个人的偶然行为，而非国家的制度，所以还不能视为地方学校孔子庙的发端。

国家规定地方学校建造孔子庙是从北齐开始的。据《隋书·礼仪志》载：“后齐制：新立学，必释奠，礼先圣先师。……郡学则于坊内立孔颜庙一

① 《魏书·刘道斌传》，见上海古籍出版社《文渊阁四库全书》电子版。

所。”郡学均建造了奉祀孔子和颜回的庙宇，但并没有记述建立的时间。《北齐书·文宣本纪》记载，天保元年（550年）五月，高洋取代东魏建立北齐，“八月诏郡国修立黉序，广延髦俊，敦述儒风。其国子学生亦仰依旧铨补，服膺师说，研习《礼经》”[①]，应该是此次诏郡国修建学校时令建造孔颜庙的。不过，北齐地方学校孔子庙形制史书同样无载，只有祭祀的记录，“博士已下，亦每月朝云”[②]，每月也要拜祭孔子。

孔子庙主祭孔子，以颜回配享，不知是否与南朝一样图绘了孔子其他弟子的形象，从史书记载看，图绘了历史人物故事。《隋书·梁彦光传》记载，梁彦光任相州刺史时，“有滏阳人焦通，性酗酒，事亲礼阙，为从弟所讼。彦光弗之罪，将至州学，令观于孔子庙。于时庙中有韩伯瑜母杖不痛、哀母力弱、对母悲泣之像，通遂感悟，既悲且愧，若无自容。彦光训谕而遣之，后改过励行，卒为善士”，通过图绘历史故事进行道德教化。北周、隋朝均未见修建地方孔子庙的记载，此处孔子庙应该是北齐时期的遗存，所绘之画也应该是北齐时期的。此种绘画不可能图绘在正殿内，所以当时的孔子庙除了正殿，应该还有其他建筑。

北周国子学孔子庙

北周天和二年（567年），“立露门学”，国子学露门学内设有孔子庙。大象二年（580年），“二月丁巳，帝幸露门学，行释奠之礼”，静帝到国子学行释奠礼祭祀孔子，可知当时应该建有孔子庙。由于史料有缺，孔子庙的形制仍然不详。

唐代文宣王形制

唐开元二十七年（739年），玄宗追谥孔子为文宣王，孔子庙因此被称作文宣王庙。

唐代是孔子庙的大发展时期。武德二年（619年）令国子学立周公、孔子庙，以周公为先圣主祀，孔子为先师配享。贞观二年（628年）停祭周公，以

---

① 《北齐书·文宣本纪》，见上海古籍出版社《文渊阁四库全书》电子版。

② 《隋书·志第四·礼仪四》，见上海古籍出版社《文渊阁四库全书》电子版。

孔子为主祀。贞观四年令州县学校皆作孔子庙，将孔子庙推广到全国。咸亨元年（670年），高宗下诏督促州县维修和新建孔子庙，“诸州县孔子庙堂及学馆有破坏并先来未造者，遂使生徒无肄业之所，先师阙奠祭之仪，久致飘露，深非敬本，宜令所司速事营造”[①]。开元十三年（725年）玄宗亲临曲阜祭祀孔子，二十七年又追封孔子为文宣王，推动了孔子庙的大发展，孔子庙从此称为文宣王庙。“安史之乱”虽然造成了对文宣王庙的破坏，但叛乱平定后很快就出现了维修的热潮。晚唐和其后的五代时期，战乱频仍，文宣王庙遭到严重破坏，进入衰败期。

唐代完善了孔子庙祭祀礼仪，也奠定了后世的祭祀制度。《大唐开元礼》制定了详细的祭祀礼仪，包括皇帝视学、皇太子释奠、国子释奠、诸州释奠和诸县释奠五个祭祀孔子的仪注，遗憾的是没有孔子庙形制的规定，现在只能从文献中考察推测唐代孔子庙的形制了。

国子学文宣王庙形制

从《泮宫礼乐全书》所附唐贞观国子学“释奠位图”看，国子学文宣王庙四面设门，中间略北只有一座正殿，但《大唐开元礼》中《皇太子释奠于孔宣父》仅记述了东门和南门。《大唐开元礼》中《皇太子释奠于孔宣父》“陈设”说，“设先圣神坐于堂上西楹间，东向；设先师神坐于先圣神坐东北，南向，西上（若前堂不容，则又于室外之东屋陈而北，东向，南上）”。《国子释奠于孔宣父》“陈设”说，“设先师

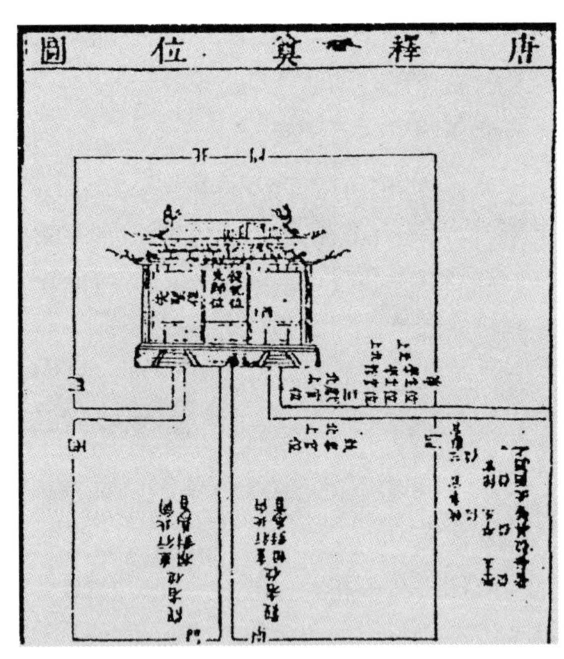

唐贞观　国子学“释奠位图”

---

① 《旧唐书·本纪第五·高宗下》，见上海古籍出版社《文渊阁四库全书》电子版。

神坐于先圣东北，南向，其余弟子冉伯牛等坐，二十一贤左丘明等坐，以次东陈，皆南向，西上（若东陈不容，则又于东壁屈陈而南，西向）”。这两段记述是有问题的。孔子面东时，弟子尚未从祀，开元八年（720年）“诏十哲为坐像，悉豫祀，曾参特为之像，坐亚之，图七十子及二十二贤于庙壁”[①]，同时将孔子像面东改为面南。既然有众弟子从祀，孔子就应该面南。两者记述也不一致。《皇太子释奠于孔宣父》说，前堂容纳不下，就在室外东屋陈列；《国子监释奠于孔宣父》说，殿内北壁前容纳不下就转向东壁，东壁再容纳不下就转向南壁。《皇太子释奠于孔宣父》的记述应该是正确的，因为殿内除了供奉孔子，此时孔子弟子虽然不预享祀，但已图画壁上。孔子弟子据《唐会要》和《新唐书·礼乐志》记载为七十七位（杜佑《通典》作八十三位），从祀先儒为二十一位（原二十二位中的子夏为孔子弟子），配享从祀人物总共九十八位。《皇太子释奠于孔宣父》说在东屋不错，因为东屋才能面向孔子；但东向则是不对的，从祀在东屋，东向岂不面向墙壁背向孔子？从方位看，东屋大概在正殿东侧略北，所以才“陈而北”，向北排列，以南为上。

综合上述记载看，国子监孔子庙四面设门，有正殿，有东屋，建筑比较少。

唐代州县学校文宣王庙形制

开元二十七年（739年）令文宣王庙改孔子像面南，孔子和配享从祀弟子因加封爵位也应改变塑像或画像上的冕服，敕令说：“两京及兖州旧宅庙像，宜改服衮冕，其诸州及县，庙宇既小，但移南面，不须改衣服。”朝廷敕令说州县庙宇小，可见当时的孔子庙形制非常简单。从文献记载看，道州文宣王庙“堂庭庳陋”，许州“宣父之室，陋宇荒阶，不足回旋”，福州孔子庙“堂室湫狭”，陈留郡“此堂也旧规偪陋，下宇将坏”，但小陋到何种程度不得而知。

开元以后，地方官员重视保护孔子庙，有的还进行了重建或扩建，但关于孔子庙的形制记载不多。大历七年（772年），福建都督李椅迁建庙学，“易其地，大其制，新其栋宇”，重建后的学校“先师寝庙，七十子之像在东

① 《新唐书·礼乐志五》，见上海古籍出版社《文渊阁四库全书》电子版。

序，讲堂、书室、函文[①]之席在西序，齿胄之位列于廊庑之左右”[②]，并无孔子庙形制的记述。元和十年（815年），薛伯高迁建道州文宣王庙，“役逾年而克有成，庙舍峻整，阶序廓大，讲肄之位，师儒之室，立廪以周食，圃畦以毓蔬，权其子母，赢且不竭”[③]，也无形制的记载。开成元年（836年），许州太守杜悰迁建文宣王庙，“革故而鼎新”，“寝庙弘敞，斋宫严闼，轩墀厢庑，俨雅清洁，门庭墙仞，望之生敬。外饰觚棱，中设黼幄，向明当宁，用王礼也。尧头禹身，华冠象佩之容，取之自邹鲁；及门睹奥，偶形画像之仪，取之自太学。尊彝笾豆，青黄规矩之器，秉周礼也；牺牲制币，荐献升降之节，遵国章也。藏经于重檐，敛器于庋椟，讲筵有位，鼓箧有室，授经有博士，督课有助教，指踪有役夫，洒扫有庙干。公又割隙地为广圃，莳其柔蔬，而常菹占蓄之御备；舍己俸为子钱，榷其孳赢，而盐酪钉膏之用给”[④]，记载可谓详细，可惜也没有关于庙制的记载。

天宝十一载（752年），陈留郡学文宣王庙因庙堂“旧规偪陋，下宇将坏”而重修，重修后“两楹之下，四科以班，兖公东序西向，费侯、齐侯、黎侯、吴侯、卫侯西序东向，其余未入于室者画衣冠于西牖配祭，所以辩等威也”[⑤]，所有配祭人员均奉祀在正殿之内，看来并无厢房之设。天祐十五年（918年），北平王再修文宣王庙，始修正殿，“次葺三礼堂，览之见历代礼备矣；次创斋院，以为三献修斋之所；次修学院及特建讲书堂，以俟近思切问之士；次列长廊广室，以止青衿横经之子”[⑥]，有斋院、三礼堂、学院、讲书堂及供学子学习的长廊广室，属于庙宇的只有正殿而已。

---

① 《文苑英华》作“函丈”，此误。

② 〔唐〕独孤及：《毘陵集》卷九，见上海古籍出版社《文渊阁四库全书》电子版。

③ 〔唐〕柳宗元：《柳河东集》卷五《道州文宣王庙碑》，见上海古籍出版社《四库全书》第1076册。

④ 〔唐〕刘禹锡：《刘宾客文集》卷三《许州文宣王新庙碑》，见上海古籍出版社《四库全书》第1077册。

⑤ 〔唐〕独孤及：《毘陵集》卷七《陈留郡文宣王庙堂碑并序》，见上海古籍出版社《四库全书》第1072册。此述有误，漏却了郓侯、薛侯、徐侯、魏侯。

⑥ 《唐文续拾》卷七《太师、中书令、北平王再修文宣王庙院记》，见上海古籍出版社《文渊阁四库全书》电子版。

从《泮宫礼乐全书》所附“唐开元诸州释奠图”看，州文宣王庙有两重庙门，一座正殿；但从《大唐开元礼》州县释奠仪注看，应该是一殿一门而已。元和十年，柳宗元重修柳州孔子庙，“取土木金石，征工僦功，完旧益新。十月乙丑，王宫正室成，乃安神栖，乃正法庭，祇会群吏，卜日之吉，虔告于王灵”[①]，既然说“王宫正室成”，就应该还有其他建筑，参考同时的孔子庙形制，大概也就是庙门而已。

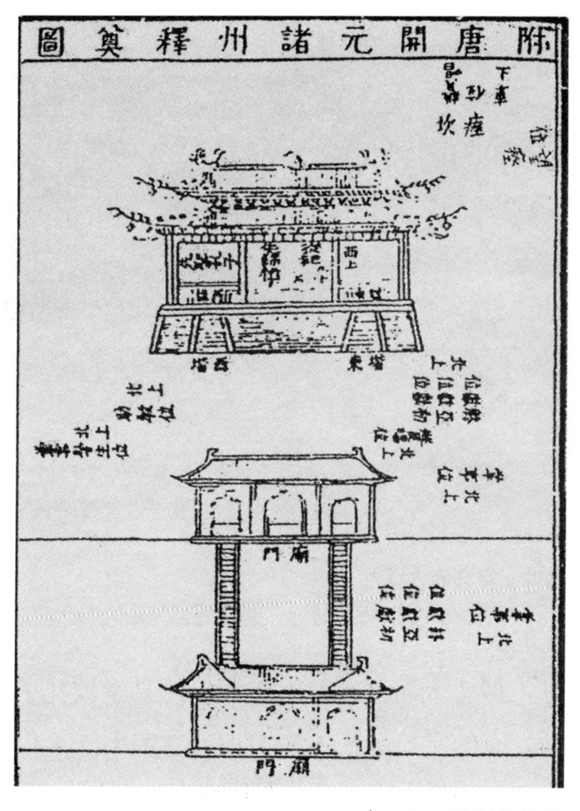

唐开元　诸州释奠图

孔子庙正殿规模也不大。罗隐（833—911）《谒文宣王庙》诗说，“晚来乘兴谒先师，松柏凄凄人不知。九仞萧墙堆瓦砾，三间茅殿走狐狸。雨霖状似悲麟泣，露滴还同叹凤悲。倘使小儒名稍立，岂教吾道受栖迟”[②]，正殿三间，茅草盖顶。五代时陈州防御使李穀拜谒夫子庙，“破屋数间，一像巍然”。伶人李花开赋诗说“破落三间屋，萧条一旅人。不知负何事，生死厄于陈”[③]，正殿也是三间。罗隐所谒文宣王庙不知是属于州还是属于县，但李穀拜谒的是州学，州学是地方学校的最高一级，正殿也只有三间。看来唐代文宣王庙的建筑一般不会太大，正殿一般也就是三间，有的规模可

① 〔唐〕柳宗元：《柳河东集》卷五《柳州文宣王新庙碑》，见上海古籍出版社《文渊阁四库全书》电子版。

② 〔唐〕罗隐：《罗昭谏集》卷三《谒文宣王庙》，见上海古籍出版社《四库全书》第1084册。

③ 《五代史补》卷五“李谷修陈州夫子庙”，见上海古籍出版社《四库全书》电子版。

河北正定文庙大成殿

能略大一些。

据《大唐开元礼》记载，州县学校孔子庙只奉祀孔子和颜回，但天宝以后，有的学校奉祀人物增加。天宝十一年（752年）重修的陈留郡学，“两楹之下，四科以班，兖公东序西向，费侯、齐侯、黎侯、吴侯、卫侯西序东向，其余未入于室者画衣冠于西牖配祭”；大约元和十五年（820年），李繁新作处州孔子庙，“命工改为颜回至子夏十人像，其余六十二子及后大儒公羊高、左丘明、孟轲、荀况、伏生、毛公、韩生、董生、高堂生、扬雄、郑玄等数十人皆图之壁”[①]；大历七年（772年），迁建的福州庙学“先师寝庙、七十子之像在东序”，此三处孔子庙奉祀人物已经与国子监相同。处州孔子庙孔子和十哲都是塑像，三间正殿恐怕难以容纳，规模应该扩大了。

现在河北正定文庙保存的大成殿被古建筑专家们认为是五代建筑，是中国现存最古老的文庙建筑。大成殿面阔五间，进深三间，前后廊式木架，不出廊，灰瓦歇山顶，应该是当时较大的大成殿。

---

① 〔唐〕韩愈：《五百家注昌黎集》卷三十一《处州孔子庙碑》，约元和十五年作。见上海古籍出版社《四库全书》电子版。

宋代宣圣庙形制

宋大中祥符元年（1008年），真宗追谥孔子为玄圣文宣王，因为触犯国讳，五年改谥孔子为至圣文宣王。可能因为文字太多，“至圣文宣王庙”一般省称为“宣圣庙”。

宋代加强了国立学校的规范化建设和管理，元丰三年（1080年）“十二月乙巳御史中丞李定上国子监敕式令并学令凡百四十条”[①]，元祐元年（1087年）五月“戊辰命程颐同修立国子监条制”[②]，绍圣元年（1094年）“五月乙巳，命蔡卞详定国子监三学及外州州学制”[③]，同时加强了孔子庙祭祀礼仪的规范。《开宝通礼》规定，诸州释奠并刺史致斋三日，从祭之官斋于公馆，祭日刺史为初献，上佐为亚献，博士为终献。景德四年（1007年）颁布释奠仪注。大中祥符二年（1009年）诏太常礼仪院制定州县孔子庙释奠器数，次年颁布释奠仪注和祭器图。景祐二年（1035年）诏令释奠用凝安九成之乐。熙宁七年（1074年）规定二京和各州释奠以十哲从祀，八年将从祀先贤先儒的汉式服饰改为周式。崇宁四年（1105年）将祭器制度颁发州县，规定祭祀孔子须用法服，朝廷制定法服样式颁发给州县令自行制作。大观三年（1109年）又制定了新的释奠乐。绍兴十年（1140年）一度将孔子庙祭祀升为大祀。

宋代制定颁布的孔子庙礼仪很多，但关于孔子庙的规定还是比较少。建隆元年（960年）即建国当年，太祖赵匡胤就亲自拜谒了京师孔子庙，下令增修庙宇，奠定了宋代文宣王庙的基本形制，建隆三年令孔子庙用一品礼，庙门立十六戟。崇宁四年（1105年）将孔子像服饰由九冕旒增至十二冕旒，执圭由躬圭改为镇圭，庙门立二十四戟，升为天子级别。嘉祐六年（1061年）仁宗御书宣圣庙额和大成殿榜颁发给曲阜。政和三年（1113年）规定各地孔子庙正殿名大成殿，次年将御书殿匾颁发各州学。

---

① 《宋史·神宗纪二》，见上海古籍出版社《文渊阁四库全书》电子版。
② 《宋史·哲宗纪一》，见上海古籍出版社《文渊阁四库全书》电子版。
③ 《宋史·哲宗纪二》，见上海古籍出版社《文渊阁四库全书》电子版。

从文献资料看，宋代是孔子庙形制的大发展时期。孔子庙普遍增加了两庑，出现了棂星门、泮池和祠堂等建筑物和构筑物。

国子监文宣王庙形制

宋大中祥符二年（1009年）封孔子为玄圣文宣王，五年改封至圣文宣王，所以孔子庙被称为文宣王庙。宋代国子监有四所，一所在京师，另三所分别在西京河南府、南京应天府和北京大名府。太宗朝曾命河南府国子监建设文宣王庙，其他二京国子监应该未设。南京和北京分别是大中祥符七年（1014年）、庆历二年（1042年）设，如果南北二京也有文宣王庙，熙宁七年（1074年）诏令断不会说“二京及诸州春秋释奠并准熙宁祀仪”的。

京师国子监沿用后周旧学，建隆元年增修，“周显德二年，别营国子监，置学舍，宋因增修之，塑先圣十哲像，画七十二贤及先儒二十一像于东西庑之木壁”[①]，已经有了正殿和两庑，还应该有大门，至于是否还有其他建筑，由于没有相关的文献资料，难以确定。崇宁元年（1102年）因国子监学生增多难以容纳，又在京师城南新建外学，学生达到数千人，诏曰“宜建文宣王庙，以便荐献”，国子监建有两所孔子庙，外学的文宣王庙形制也不详。

地方学校文宣王庙形制

宋代是孔子庙的大发展时期。北宋朝廷曾于景德二年（1005年）、庆历三年（1043年）、熙宁二年（1069年）和崇宁元年（1102年）四次下诏兴学，地方学校文宣王庙逐渐在全国普及。

其实早在朝廷下诏兴学以前，许多热心的地方官员已经开始修复学校和孔子庙。新安于太平兴国三年（978年）迁建庙学，润州于太平兴国八年、泗州于雍熙二年（985年）、昆山县于雍熙三年分别维修了本州县文宣王庙，绛州、黄州、兴化军、昭应县同于咸平二年（999年）进行了维修，仙溪县则于咸平五年（1002年）迁建了本县文宣王庙。

北宋初期，许多文宣王庙还保持着唐代的形制。太平兴国八年（983年），润州重修文宣王庙，“撤旧创新，告迁其庙，自颜子及孟子以下门人大儒之像

---

① 《宋史·礼八·至圣文宣王》，见上海古籍出版社《文渊阁四库全书》电子版。

各塑缋配享于座”[①]，塑绘了配享从祀先贤先儒像。雍熙二年（985年）重修泗州文宣王庙，“乃建路寝，乃立应门，辟讲论之堂，设东西之序，广袤合度，奢俭中规，像设增严，绘素加焕，凡祭器制度皆图于垣墉”[②]，文宣王庙只有路寝和应门，一殿一门。雍熙三年新修的昆山县学“乃像素王，被华衮，垂珠旒，王者之制彰矣；乃状十哲，冠章甫，衣缝掖，儒者之服备矣”[③]。咸平二年（999年）重修黄州文宣王庙，“月余而殿成，素王十哲咸新其像，彩绘金碧，焕乎有光”[④]。二庙均未提及从祀先贤先儒，可见都没有两庑。

进入十一世纪后，孔子庙两庑大量出现，大成殿、两庑、庙门成为许多文宣王庙的基本形制。咸平五年（1002年），仙溪县学迁建于县南，“前为殿，祠先圣，后为堂，左右为廊，绘从祀以祠之”[⑤]，从祀先贤先儒画像于左右两廊。景祐二年（1035年）新修的州学文宣王庙“寝殿奕奕，俨然南面，龙衮珠旒，备乎王章，自高第弟子至汉魏大儒坐而侍，壁而立，于堂于庑，列像有次”，也有了庑。景祐中新修的并州文宣王庙也有两庑，后来由于学生逐渐增多，“至圬东西序所图诸弟子，室而处之”，将两庑内的从祀先贤先儒图像覆盖后改为他用，至和元年（1054年）重修后又进行恢复，“广殿耽然而雄，睟容俨然而尊，颜氏以降诸弟子，孟氏以降诸大儒，或像而侍，或图而列，次序于堂庑之间，焕然大备”[⑥]。庆历三年（1043年）落成的康州文宣王庙，“先圣、先师及世所谓十哲者皆扶土为像于殿以致恭，七十子而下又设色肖形于庑以存制”，七十子以下图绘于庑。皇祐五年（1053年）撤故而新的郴州文宣王庙，“偶夫子与十哲于殿者，王，若公，若侯，各视其冕

---

① 〔宋〕柳开：《河东集》卷四《润州重修文宣工庙碑文》，见上海古籍出版社《文渊阁四库全书》第1085册。

② 〔宋〕徐铉：《骑省集》卷二十八《泗州重修文宣王庙记》，见上海古籍出版社《文渊阁四库全书》电子版。

③ 〔宋〕王禹偁：《小畜集》卷十六《昆山县新修文宣王庙记》，见上海古籍出版社《文渊阁四库全书》第1086册。

④ 〔宋〕王禹偁：《小畜集》卷十七《黄州重修文宣王庙壁记》，见上海古籍出版社《文渊阁四库全书》第1086册。

⑤ 〔宋〕宝祐《仙溪志》，见上海古籍出版社《续续四库全书》第660册。

⑥ 〔宋〕韩琦：《安阳集》卷二十一《并州新修庙学记》，见上海古籍出版社《文渊阁四库全书》电子版。“睟容”《山西通志》作“睟容”，当以“睟容”为是。

服；图六十子于庑，皆有次序，俨然如摄乎威仪，僾然如闻乎声音。左之右之，有经有史”[①]，孔子弟子图绘于庑。上述诸庙都是有殿有庑，虽然未提到庙门，但那是不可或缺的。庆历八年（1048年）落成的浙江剡县县学“迁殿于其中，塑孔子像，高弟十人配左右。新门严严，应门耽耽，两序翼翼，中庭砥平”[②]，文宣王庙有两重大门是比较少见的。

并非所有的文宣王庙都是一殿一门和两庑。天圣八年（1030年），翼城县新修的文宣王庙“即是遗构以正两楹之坐”，“塑宣圣暨十哲之像”。康定二年（1041年），广东海丰县新修文宣王庙，“冕服玉璪，仪容大备。颜子西向以为先师，十哲坐塑以为从祀，丹朱其器，以荐乎牢醴”[③]。庆历八年（1048年），浙江剡县县学落成，“迁殿于其中，塑孔子像，高弟十人配左右”。皇祐五年（1053年），河南永城县学“出奉泉迁庙于东南，直汴之阳，作文宣王及兖国公而下十人像，笾簋之数率据典礼，又旁庙设学舍数十区，将以教育人才”[④]。上述诸庙都是庙内仅立了孔子、颜回和十哲塑像，并没有图画先贤先儒的形象，当然也不会建造两庑。不仅是县学，有的州学也是如此。景祐四年（1037年）后新修的福州州学“中设孔子与其徒高第者十人像，又绘六十子及先儒以业传于世者皆傅之壁”[⑤]，将从祀先贤先儒都图画在正殿内墙上，当然就没有两庑之设。

北宋时期文宣王庙大发展，但庙的规模总的看来并不大。山西并州文宣王庙在景祐年间增建后，规模仍然很小，“生员寖广，至圬东西序所图诸弟子室而处之，二时释奠三献，从祀官与学生执事者不能徧列于庭，半立庙门之外”[⑥]，学校生员逐渐增多，竟然用灰将文宣王庙的两庑内墙上的从祀先儒图

---

① 〔宋〕祖无择：《龙学文集》卷七，见上海古籍出版社《文渊阁四库全书》电子版。

② 〔宋〕丁宝臣：《修庙碑》，《剡录》卷一，见上海古籍出版社《文渊阁四库全书》第485册。

③ 〔宋〕余靖：《武溪集》卷六《惠州海丰县新修文宣王庙记》，见上海古籍出版社《文渊阁四库全书》电子版。

④ 〔宋〕余靖：《武溪集》卷六《惠州海丰县新修文宣王庙记》，见上海古籍出版社《文渊阁四库全书》电子版。

⑤ 〔宋〕蔡襄：《端明集》卷二十八《福州修庙学记》，见上海古籍出版社《文渊阁四库全书》电子版。

⑥ 〔宋〕韩琦：《安阳集》卷二十一《并州新修庙学记》，见上海古籍出版社《文渊阁四库全书》电子版。

苏州文庙棂星门

像遮盖后改作他用，释奠时，参加祭祀的官员和学生半数站立在殿门外。有的孔子庙还很简陋，广东海丰“旧有庙学处之西偏，编竹覆葵以为其宫，隙雨霾风以昏其像”，康定二年（1041年）重修才“徙祠舍于邑之东南隅，伐山敛材，易葵以瓦，冕服玉璪，仪容大备”[①]。南宋时，孔子庙开始增加棂星门和泮池。最早记载棂星门的是严州州学，乾道五年（1169年）时“直北为棂星门，又北为泮水，为大成殿门”；其次是常州州学，“绍熙间，盛教授廌修两庑，作棂星门”[②]。进入十三世纪，棂星门逐渐增多。福建泉州文庙于嘉泰元年（1201年）添建棂星门，仙居县令姚偓于嘉定元年（1208年）“创明伦堂、棂星门”[③]，嘉定四年、九年赤城州学和杭州府学文庙也都建造了棂星门。端平元年（1234年）常熟县“仿郡庠之制，东为庙，庙之前为殿门，又前为棂星

① 〔宋〕余靖：《武溪集》卷六《惠州海丰县新修文宣王庙记》，见上海古籍出版社《文渊阁四库全书》电子版。

② 〔宋〕咸淳《重修毗陵志》，见《续修四库全书》第699册。

③ 〔宋〕陈耆卿：《赤城志》卷四，见上海古籍出版社《文渊阁四库全书》第486册。

嘉定文庙庙前牌楼

门”①，既然是仿郡庠之制，说明此前郡学也有棂星门。《景定建康志》府学图中也有棂星门，门三座，单间，双门，与平江图中的平江府学形制相似。《辞源》“棂星门”条称“其移用于孔子庙，始于宋《景定建康志》《金陵新志》所记”是不正确的，景定即1260年至1264年，比严州州学文庙晚了九十多年，比常州文庙也晚了六十多年。

泮池最早见于宁海文宣王庙，绍兴七年（1137年）建，严州文庙在乾道五年（1169年）也有泮水之设，其后各地陆续增加。广州府学于淳熙四年（1177年）“增创亭斋、泮池”，海宁州学也在这一年凿池造桥。慈溪县学在庆元元年（1195年）也有了泮池，“庆元元年，令朱堂于泮池外建墙门六扉，左日右月”。定海县学还于池上建桥，嘉定四年（1211年）“叠石为泮水桥”，八年“环泮水之岸皆甃之”，将泮池用砖石护砌。至于泮池的形状，从宋《景定建康志》府学图看，呈半圆形，有栏杆围护，位于棂星门前。

南宋时，文宣王庙前还出现了坊楼和跨街坊楼。嘉定文庙淳祐九年（1249年）在庙前建造了仰高坊，东西两侧建造了兴贤坊和育才坊，是已知最早的庙前坊楼和跨街坊楼。

南宋时，文宣王庙必需的奉祀建筑都已经具备。严州州学“直北为棂星，又北为泮水，为大成殿门，殿于一学为中，殿庑为从祀，为前廊位，两庑有狭廊，钱粮库在其东，由殿门而东为肃仪位，为魁星楼，西为公厨，大成殿

① 〔宋〕宝祐《重修琴川志》，见《续修四库全书》第698册。

之北为明伦堂”[①]，文宣王庙有正殿、两庑、殿门、棂星门、泮池，已经具备了后世孔子庙的基本设施。镇海县学的规模还要大，嘉定四年（1211年）“叠石为泮水桥，设重门于桥之外，戟门内新列两庑”[②]，已经有了大成殿、两庑、戟门、泮池和桥，以及桥外的大门。南宋文宣王庙奉祀建筑虽然基本齐备，但建筑规模都很小。绍定二年（1229年）刻制的《平江图碑》中，府学庙前有三座形似单间牌坊的乌头门，应该是棂星门。棂星门后为大成门、大成殿和东西两庑，都是三间。宋代平江是府，府学为范仲淹创建，是各地效法的范本，应该是北宋文宣王庙代表性的形制。

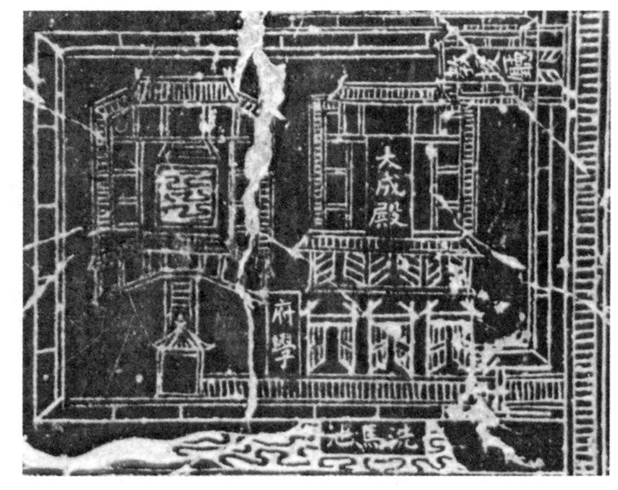

南宋《平江图碑》中的府学平面示意图

《景定建康志》所载建康府学规模很大，与明清时期的府学相比也毫不逊色，但孔子庙规模并不大。从图看，宣圣庙南向，前为泮池，西有舞雩亭一座。以棂星门为庙门，三座，每座两柱一间，以墙相连。棂星门后为戟门，三间，中间设台阶，两侧各有屋三间，中间一间为门，也设台阶。戟门后为大成殿三间，两次间设台阶，两侧各接耳房一间，殿前两侧有从祀所各三间，形制非常规整。嘉定八年（1215年）新修的剡县文庙“自大成殿至于两庑、重门”，多了一道门，但没有棂星门。南宋前中期大成殿内主祀孔子，以颜回、孟轲（王安石仅在1113—1126年配享）配享，以圣门四科的九位弟子和曾参配祀，一般是塑像。两庑以孔子弟子和先儒从祀，虽然人数很多，但都是画像，占用空间不多，这些建筑足以满足祭祀的需要，这应该是各地文庙的基本配置。

① 〔宋〕《景定严州续志》卷三，见上海古籍出版社《文渊阁四库全书》第487册。

② 〔清〕光绪《镇海县志》，见《续修四库全书》第707册。

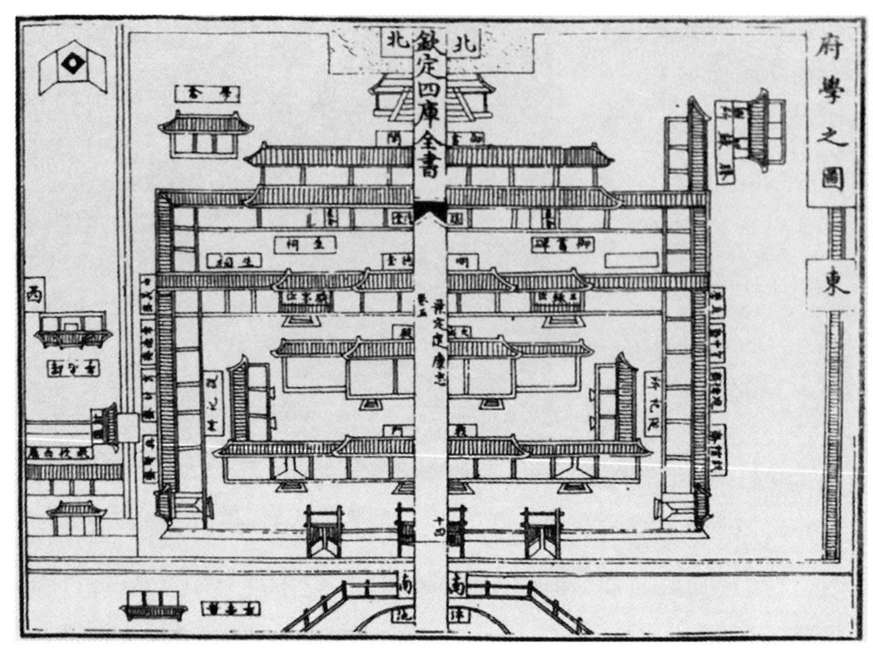

建康府学平面示意图　原载《景定建康志》

由于宋代庙学没有建筑制度，许多庙学自主增加了一些建筑。自主建设的一是附祀建筑。北宋时东平就有奉祀王曾并以孙复、石介配祀的祠堂。南宋淳熙十六年（1189年），苏州府学创建了奉祀陆贽、范仲淹、范纯仁、胡瑗、朱长文的五贤堂。庆元三年（1197年）常熟县学建造了奉祀乡人、孔子弟子言偃（子游）的专祠，端平二年（1235年）又添建了奉祀周敦颐、二程、朱熹和张载的祠堂。赤城州学建有奉祀名宦毕士元、章德象的思贤堂，奉祀乡贤提刑罗适、侍郎陈公辅、詹事陈良翰的三老堂，奉祀有功于学校的太守宗颖、黄章、朱江、唐仲友、江乙祖的颂僖堂，奉祀周敦颐、二程、朱熹的四先生祠，此外还有谢丞相祠和谢上蔡祠，一座州学竟然建有六所祠堂。二是凉亭。宁海县学建有丽泽、棠憩、咏归三亭，建康府学建有两座各三间不知名的凉亭，吴郡府学于淳熙二年（1175年）增建了采芹亭和仰高亭。

金代宣圣庙形制

金代孔子庙沿用宋朝名称，也称宣圣庙。

金代有关宣圣庙的史料非常少。即使是《金史》，关于“宣圣庙”的内容也少得可怜。但金代还算比较重视文宣王庙的，贞元三年（1153年）前“尚书省批送礼部节文，应有文宣王庙去处即便整修”[①]，明昌二年（1191年）下诏“诸郡邑文宣王庙、风雨师、社稷坛隳坏者复之”，其年和泰和四年（1204年）都重申“刺郡以上无宣圣庙处自来已许创行起盖”，明昌年间还刊印了《释奠先圣礼册》颁降州郡。

国子监宣圣庙形制

金代于天德三年（1151年）始建国子监，文献中并没有国子监形制的记载，所以文宣王庙的形制就无从了解了。迁都汴京后新建的宣圣庙采用了辟水之制，“兴定四年十一月十七日，京师完中城，迁立宣圣庙，尚书省委衍圣公以董其役，未几告成。庙宇廊庑，讲堂学舍，焕然一新。导蔡水以圜其庙，取辟水之制”[②]。兴定四年（1220年）兴建南京汴梁国子监，令衍圣公孔元措主持，未几告成，工程也不会很大，有“庙宇廊庑”，文宣王庙基本配置还是有的。“元光初，京师先圣庙成，复妆饰先圣十哲塑像，其贤像欲图之于

山西清源文庙大成殿

① 《金石萃编》卷一五四《京兆府重修府学记》，见上海古籍出版社《文渊阁四库全书》电子版。

② 〔金〕孔元措：《孔氏祖庭广记》卷三，见上海古籍出版社《文渊阁四库全书》电子版。

壁，虑久而易坏，朝廷特命以素缣绘之而各以轴，遇祭悬展”①，将从祀先贤先儒由图绘于墙改为图绘于缣。

地方学校宣圣庙形制

金代对教育不够重视，规定防御州以上才可以设立学校，只在二十四府、三十九节镇和二十一防御州设立学校，列入国家祀典的地方宣圣庙只有八十四所。防御州以下州郡虽然没有学校，但明昌二年（1191年）曾下诏令诸郡邑修复隳坏的文宣王庙，所以许多原有的学校宣圣庙得以保存。山西潞城、清源在金代都是县级，保存至今的大成殿还是金代遗构。潞城大成殿面阔五间，清源大成殿面阔三间，应该就是当时常见的规模。遗憾的是地方宣圣庙史料很少，形制难以推究，由于学校大多是北宋遗留，形制应该与宋代相同。

元代宣圣庙形制

元朝学校名称发生了重大变化，由过去的泛称“学校”改称“儒学”，省级教育官署也改称“儒学提举司”。路府州学设官儒学教授，确定了国家教育的性质，突出了儒家思想在学校教育中的地位，同时提高了孔子的地位。大德十一年（1307年）七月，即位两个月的武宗加谥孔子为大成至圣文宣王，但人们习惯上仍然把孔子庙称作宣圣庙。

元朝是由游牧民族创建的第一个大一统王朝，由于其民族文化水平不高，进入中原后又未能及时重视教育，经过汉族士大夫的教育虽然有所转变，但总的来说孔子庙没有获得较大的发展。

蒙古兵南下时烧杀掳掠，孔子庙受到很大破坏，连曲阜孔子庙都未能幸免。虽然中统二年（1261年）忽必烈下诏保护孔子庙，“禁约诸官员、使臣、军马，勿得于庙宇内安下，或聚集理问词讼及亵渎饮宴，管工匠官不得于其中营造，违者治罪”②，但是蒙古军队违犯禁约、破坏孔子庙的事件屡见不鲜。至元十三年（1276年），元军攻占广州，“重屯于学，毁拆殆尽，所存惟一大

---

① 〔金〕孔元措：《孔氏祖庭广记》卷五，见上海古籍出版社《文渊阁四库全书》电子版。

② 《庙学典礼》卷一，见上海古籍出版社《文渊阁四库全书》电子版。

国子监文庙庙门

成殿”[①]。江苏句容县学孔子庙在元军南下时“颇毁于兵火”，受到严重破坏。嘉兴宣公书院则全毁于兵火之中。

在汉族士大夫的劝说下，蒙古皇帝还比较重视保护孔子庙。成吉思汗初平燕京就接受姚枢建议，将金朝枢密院改作孔子庙。定宗二年（1247年），皇帝贵由主动过问真定孔子庙，在得知仅恢复一门后，下令重修，“罅漏者补之，邪倾者壮之，腐败者新之，漫漶者饰之，裁正方隅，崇峻堂陛”，“庙则为礼殿，为贤庑，为经籍祭器之库，为斋居之所，为牲荐之厨，而先圣、先师、七十子、二十四大儒像设在焉”[②]。在汉族士大夫教育下，皇帝越来越重视孔子思想，重视孔子庙的保护和建设。忽必烈时孔子庙进入发展期，至元四年（1267年）重建上都孔子庙，至元六年令地方行政长官朔望入庙拜祭讲学，至元十年令官员春秋释奠时着官服致祭，至元二十三年令云南诸路建造孔子庙，孔子庙从此遍及云南。成宗时制定了有关孔子庙制度，大德元年（1297年）规定地方官到任首先拜谒孔子庙，大德十年制定祭祀乐章。武宗

① 《大德南海志·学校》，见上海古籍出版社《续四库全书》第713册。

② 〔金末元初〕元好问：《遗山集》卷三十二《令旨重修真定庙学记》，见上海古籍出版社《文渊阁四库全书》电子版。

即位后加封孔子为大成至圣文宣王，仁宗首开皇帝即位遣官至曲阜报告祭祀的先河，并规定“庙宇损坏随即修完”。元朝还坚持了将“文宣王庙有无增葺”作为州县长佐三年考绩的内容。

国子监宣圣庙形制

成吉思汗十年（1215年），蒙古兵攻占燕京，接受宣抚姚枢的建议，将金枢密院改作孔子庙，太宗六年（1234年）始设国子学，大德六年（1302年）新建孔子庙，四年后孔子庙落成，开始建造国子监，直到至大元年（1308年）才全部落成。

新建的国子监宣圣庙，“殿四阿，崇十有七仞，南北五寻，东西十筵者三，左右翼之广亦如之，衡达于两庑；两庑自北而南七十步；中门崇九仞有四尺，修半之，广十有一步；门东、门南之庑各广五十有二步；外门左右为斋宿之室，以间计各十有五；神厨、神库南直殿之左右翼，以间计各七。殿而庑，庑而门，外至于外，内至于厨库，凡四百七十有八楹”[①]，记载非常详细。

从表述看，宣圣庙两进院落，轴线上依次为外门（庙门）、中门（大成门）、殿（大成殿）。庙门左右有斋宿各十五间，大成殿东西有翼，分别与东西庑相接。难以理解的一是中门门东、门南有庑，二是中门之庑“各广五十有二步”，三是两庑自北而南七十步。中门门东、门南应为门东、门西，《钦定国子监志》就给予了纠正；但大成殿连同两翼总广才三百九十尺，而大成门连同两庑却广五百七十五尺，结合明代“两庑之南折而北向为东西序各十一间，门各一……每间广一丈三尺”看，中门两侧有向北的倒坐连同门共十二间一百五十六尺，加上中门七丈九尺共三百九十一尺，两者仅差一尺，毫无疑问，吴澄文字有误；两庑“自北而南七十步”，长三百五十尺，明代庙制记载两庑各十九间，每间广一丈三尺，共广二百四十七尺，多出一百零七尺，也应该有误。

建筑规模空前扩大。吴澄所记大成殿折算为高六十八尺，南北深四十尺，东西宽一百三十尺。程巨夫所记“殿四阿，崇六十有五尺，广倍之，深视崇之

---

① 〔元〕苏天爵：《元文类》卷十八，吴澄：《贾侯修庙学颂》，见上海古籍出版社《文渊阁四库全书》电子版。

尺加十焉"[①]，东西面宽数字与吴澄所记相同，高差三尺，差距不大，南北进深差别太大，分别为四十尺和七十五尺，几近一倍。程记与明代七十一尺相近，应以程记为准。大成殿庑殿顶，高六十五尺（约二十米），宽一百三十尺（约四十米），深七十一尺（约二十二米），应该是重檐，面阔七间，进深五间。中门（大成门）高三十二尺（约十米），宽五十五尺（约十七米），深十六尺（约五米），应该是面阔五间。

地方学校宣圣庙形制

整个元朝地方学校宣圣庙没有多大发展，形制变化也不大，有的孔子庙增加了泮池、棂星门等构筑物和建筑，有的扩大了建筑规模。

宪宗八年（1258年），汉族将领张柔迁建顺天府学，"又为奎文楼于南，凿璧水于西"[②]，增加了泮池和奎文楼；至元二十一年（1284年），潮州府学甃石为泮池；延祐三年（1316年），万州庙学"引溪水为泮池"，还修建了登云桥；延祐五年，镇海县学在泮池西添建了杏坛，至正年间又在泮池东添建了霁光亭；大德五年（1302年），奉化州学重修后有"风雩之亭"；泰定三年（1326年），顺义县学文庙添建了棂星门；泰定四年，南海县学添建了杏坛亭；至元二年（1336年），象山县学"创立棂星门"，至正元年（1341年）"于学前建东西街坊二座，曰'宣化'，曰'文明'"[③]；至正十三年（1353年），嘉定县学文庙建造了棂星门。

扩大规模的主要是大成殿和两庑。元贞元年（1295年）南海宣圣庙大成殿扩成五间十五架，两庑扩至三十间十三架；至顺二年（1331年）增城县学文庙"为殿六楹，崇四寻有三寸，广六筵有五尺，深如广而去其筵有八尺"[④]，大成殿面阔五间，高三十一点二尺（约十米），宽六十五尺（约二十

① 〔元〕程巨夫：《国子学先师庙碑》，《国子监志》卷七十九，见上海古籍出版社《文渊阁四库全书》电子版。

② 〔元〕郝经：《陵川集》卷三十四《顺天府孔子新庙碑》，见上海古籍出版社《文渊阁四库全书》电子版。

③ 〔元〕至正二年《四明续志》，见上海古籍出版社《续四库全书》第705册。

④ 〔元〕揭傒斯：《广州增城县学记》，《文安集》卷十一，见上海古籍出版社《文渊阁四库全书》电子版。

嘉定文庙棂星门

米），深四十七尺（约十四点七米）；泰定三年（1326年）香山县学庙制为“大成殿崇三寻有六尺，广倍其崇，深视其广杀四之一”，大成殿高三十尺，宽六十尺，深四十五尺，这两座大成殿尺寸差别不大，都应该是面阔五间，进深三间。但记述的香山文庙仪门可能有误，“仪门九间九标，其崇常有二尺，广十有三寻，深三寻二尺”[①]，高十八尺，宽一百零四尺，深二十六尺，大成殿五间，仪门不应该九间，仪门两侧可能还有其他建筑，很可能是仪门三间，两侧房屋各三间。

有的宣圣庙规模整体扩大。元贞元年（1295年）南海县学大成殿扩建为五间，十五架，两廊至元三十一年（1294年）扩大为共三十间，十三架。这种大扩形制的宣圣庙应该不多，许多大成殿还是保存着三间旧制。泰定三年（1326年）重修的费县孔子庙“为殿三楹”，只不过改为石柱，扩大了殿基，“前后柱皆易以石，增崇其基”[②]。

奉祀方式大多仍然是孔子和配享、十哲为塑像，其他先贤先儒为画像。富州宣圣庙改为了木雕，“刻桐为七十二贤及从祀诸儒像，两庑凡七十余

① 〔清〕《光绪香山县志》，见《续修四库全书》第713册。

② 〔元〕张养浩：《归田类稿》卷四《费县重修孔子庙记》，见上海古籍出版社《文渊阁四库全书》电子版。

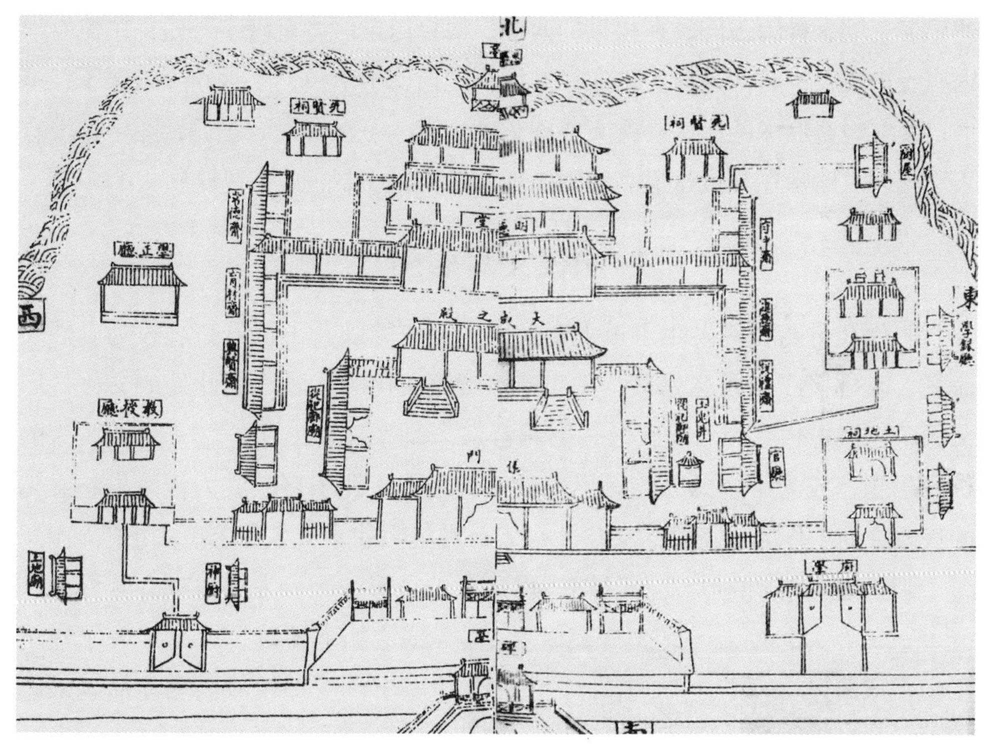

集庆路路学平面示意图

楹”[①]，木雕像体积大，两庑也随之扩大，竟至七十多间。

正大《金陵新志》为元至正四年（1344年）成书，所载集庆路学即在今南京。所载《路学新图考》说：“大成殿在棂星门北，戟门内，从祀位在两廊。御书阁在明德堂后，讲堂即今明德堂，议道堂在御书阁下，斋舍东序三，曰守中，曰进德，曰说礼，西序三，曰常德，曰育材，曰兴贤。祭器库二，一在大成殿前东廊之南，一在御书阁东偏。公厨在东序后，射圃在义庄仓之西。有亭名绎志，后改正已堂。大德四年秋八月庙学火，惟存尊经阁及二教授厅，七年总管陈元凯重建今学。”从图看，庙学南向，棂星门为庙门，三座，每座均是两柱一间，每座之间有门屋一间，最外有八字形照壁；棂星门后戟门三间，两侧有耳房各一间；戟门后大成之殿，三间，两次间设台阶，有廊同两厢相连，

① 〔元〕张养浩：《归田类稿》卷十一《济南姚氏先德碑铭》，见上海古籍出版社《文渊阁四库全书》电子版。

两廊各三间；神厨三间，在棂星门西侧；棂星门正前方有碑亭一座；东侧府学内有土地祠，神厨西还有土地庙，土地祠应该属于学校，土地庙应该属于宣圣庙；文字说祭器库两座，一在大成殿东廊之南，一在御书阁东偏，图中都没有表现出来。路学在元代是最高级别的地方学校，庙制也应该是比较大的。

明代文庙形制

明代孔子庙名称发生了重大变化，由传统的以孔子谥号命名改为以性质命名，改称文庙。顾名思义，文庙当然就是文化的代表，而此处的文化是广义的，包括思想在内。汉武帝“罢黜百家，独尊儒术”，孔子思想成为国家的指导思想，成为中华民族传统思想文化的主干，孔子自然成为传统思想文化的代表。孔子作为传统思想文化的代表，直至明朝才从名称上正式予以确认。

明代是孔子庙的大发展时期，也是孔子庙形制的大发展时期，其标志一是增加了建筑，二是扩大了建筑规模，三是棂星门和泮池越来越普遍。

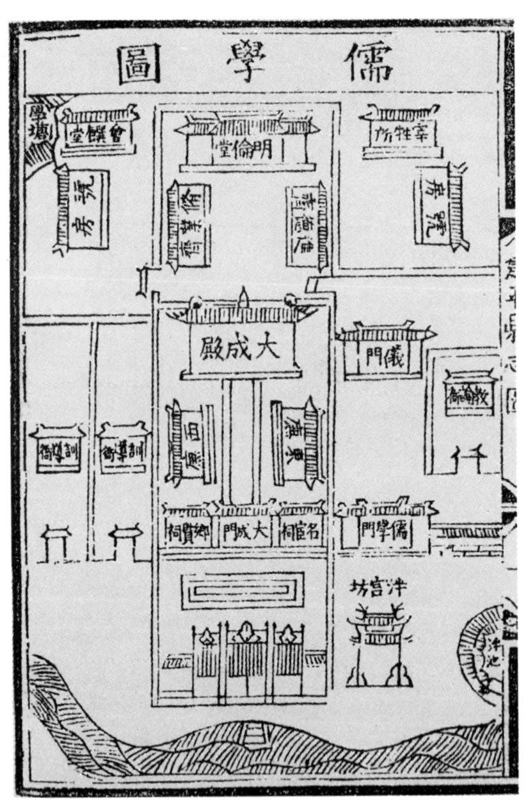

明嘉靖　建平儒学平面示意图　原载《建平县志》

文庙增加的建筑有名宦祠、乡贤祠、启圣祠及庙门前的照壁、牌坊或牌楼和庙内的纪念建筑。

附祀名宦、乡贤的祠堂早在宋代就已经出现在孔子庙中，但作为国家规定增设却是在明朝。洪武元年（1368年），明太祖诏令郡县访求应该奉祀的神祇、圣帝、明王、忠臣、烈士和有功于国、遗爱于民的人列入祀典，第二年下令天下学校建设先贤祠，祠内左侧奉祀在本地为官时政绩突出的官员，右侧奉祀本地的贤

国子监文庙崇圣祠，即明代启圣祠，清雍正改名崇圣祠

人，在文庙春秋祭祀后祭祀。已知最早建造先贤祠的是元和县学，洪武七年（1374年）添建；其次是番禺县学，于洪武二十五年（1392）年添建。先贤祠后来分为名宦祠和乡贤祠，分设时间史书无载。已知最早分设的是延庆卫学，天顺七年（1463年）建造了“名宦、乡贤等祠”，海宁州于正德十二年（1517年）添建，其后名宦祠和乡贤祠大增。嘉靖二年（1523年）、三年、十三年、十五年，和平县学、高淳县学、永嘉县学和乌程县学与兴宁县学、阳春县学和元和县学分别创建；嘉靖十九年、二十四年、二十九年、三十年、四十四年，大理府学、乐会县学、曲靖府学、临安府学、沭阳县学分别添设；万历二十六年（1508年）和三十四年，路南州学、南海县学分别添建。也有的没有分建，嘉靖时淄川庙学和瑞金庙学名宦、乡贤仍然奉祀在一座建筑内。名宦祠和乡贤祠大多靠近大成门，有的在大成门左右两侧，如同两耳，有的位于前面如同两厢。也有文庙的二祠不设在庙内而设在学校内。

启圣祠始设于嘉靖九年（1530年），起因是颜回和曾参作为孔子的高弟子配享在大成殿内，孔子的孙子子思因为著述《中庸》和道传孟子也配享在大成殿内，但颜回的父亲颜路、曾参的父亲曾点和子思的父亲孔鲤作为孔子的一般弟子却从祀在两庑之内，子处父上，子先父食，神灵何以自安？学校本来就是倡明人伦的地方，怎么能够如此倒施错置呢？宋代洪迈、元代姚燧和明代宋濂都曾指出这个问题。宋代熊禾曾建议在文庙内“宜别设一室，以

国子监文庙照壁

齐国公叔梁纥居中南面，颜路、曾点、孔鲤、孟孙氏侑食，东西向。春秋二祀当先圣酌献之时，以齿德之尊者为分献官行礼于齐国公之前，其配位亦如之。如此则可以示有尊而教民孝矣”[①]，经张璁奏请朝廷议定，“凡学别立启圣祠，中祀叔梁，题‘启圣公孔氏之位’，以颜无繇、曾点、孔鲤、孟孙氏配，俱称先贤某氏，两庑以程珦、朱松、蔡元定从祀，俱称先儒”[②]，从此各地庙学遵照国家的规定纷纷建造了启圣祠。

照壁最早见于曲阜孔子庙，永乐十五（1417年）增建于庙门前，时名面墙。弘治元年（1488年）成书的《岳州府志》文庙图中有与文庙同宽的照壁，十八年京师国子监文庙为了障蔽庙前的污秽也增加了照壁。此后各地文庙纷纷增设，逐渐成为文庙的必备建筑。

庙前牌坊或牌楼虽然始见于南宋的嘉定孔子庙，但普及是在明代。洪武九年（1376年），琼山县学在庙前建造了题为“道义之衢”的牌坊；成化四年（1468年）、十一年，番禺县学文庙和密云县学文庙分别建造了“贤关”坊和“圣域”坊；嘉靖时，吴县庙学前增加了“会元”等一对跨街坊，建阳庙学前增加了“兴贤”和“育才”跨街小牌楼；隆庆六年（1572年），新会县学新建了“天朝文献”坊；崇祯年间，南陵县学在庙学前添建了“金声玉振”坊和“江汉秋阳”坊。见诸文献的还有龙溪、宿迁庙学前的“起凤”坊和“腾蛟”坊，如皋、建阳庙学前的“兴贤”坊和“育才”坊，营山庙学前的“贤关”坊和“圣域”坊，临江庙学门前的“仰圣”坊和“成贤”坊，威县庙学的“文庙”坊，许州庙学的“大成”坊，夏邑庙学的“育贤”坊。一座的多见于庙门前，成对的多见于庙前街道。有的文庙添建更多，绍兴庙门

① 〔清〕孔继汾：《阙里文献考》卷十四“祀典”，山东友谊书社，1989年，第294页。
② 〔清〕孔继汾：《阙里文献考》卷十四“祀典”，山东友谊书社，1989年，第305页。

前有“泮宫”坊，跨街东西也有一坊；吴县庙门前建有“状元”坊，跨街东有“会元”坊，西坊名称不清，应该是“解元”坊；赣州和赣县府学与县学共用一座孔子庙，所以庙学前跨街建造了“腾蛟”“起凤”“崇正学”“育真才”四座牌坊；长洲县学棂星门前建有牌楼，跨街建有单间的“状元”坊。

庙内添建建筑的不是很多。广州府学在天顺三年（1459年）添建了杏坛和燕居亭，高明县学嘉靖三十五年（1566年）在泮池上建造了杏坛。这种与孔子相关的纪念建筑由于不是在孔子活动地建造的，所以没有生命力，到清代基本就消失了。

文庙建筑规模扩大的主要是大成殿和两庑。绍兴府学、常德府学、许州州学、宿迁县学、宁德县学、瑞昌县学、内黄县学、灵璧县学、偃师县学文庙大成殿扩大成五间，岳州府学和如皋、吴县、瑞金、新昌县学文庙大成殿扩大为五间重檐，兰阳县学大成殿扩大为七间单檐，曲阜孔子庙大成殿则在明成化十九年（1483年）扩大为九间重檐，安溪县学、龙溪县学、平湖县学、

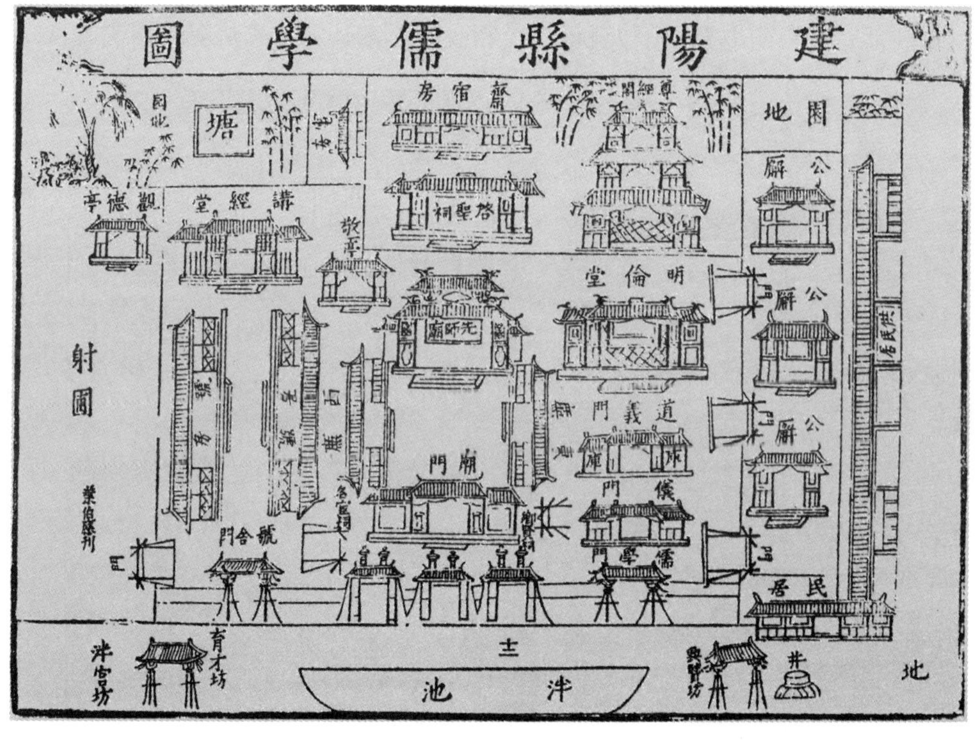

明嘉靖　建阳儒学平面示意图

萧山县学、泾县县学、南康县学、淳安县学文庙大成殿虽然仍是三间，但已改为重檐。大多文庙两庑也突破了三间的规模，威县、福宁、兰阳、灵璧、仁化、瑞金、瑞昌县学文庙两庑都扩大成各五间，思南府学、宿州州学、钦州州学、偃师县学、太平县学文庙两庑扩大到各七间，河南兰阳县学文庙两庑扩大到各九间，常德府学文庙两庑扩大到各十三间。内黄县学文庙记载，两庑周围五十六间，但不是两庑的总数，既然说两庑周围，就还应包括其他的建筑，正殿只有五间，两庑不会各有二十八间。明代曲阜孔子庙两庑倒是扩大到各二十八间的规模。大成门扩建比较少，正德时永嘉大成门与大成殿相似，三间，重檐，是很少见的。

泮池虽然从南宋就开始出现，但只有南方的一些庙学设置，北方当时处于金、元的统治之下，设置泮池的文庙非常少。即使在南方，泮池的设置也不普遍，像南京的集庆路学就没有。元代集庆路学的前身是南宋的建康府学，是当时最高一级的地方学校，而且位处多水的江南，历经两朝都没有设置泮池，可见泮池在元代仍然很不普及。明代是泮池的大发展时期，广东高要县学于正统间凿泮池，广东南海县学于天顺元年（1457年）凿泮池，翁源县学于天顺八年

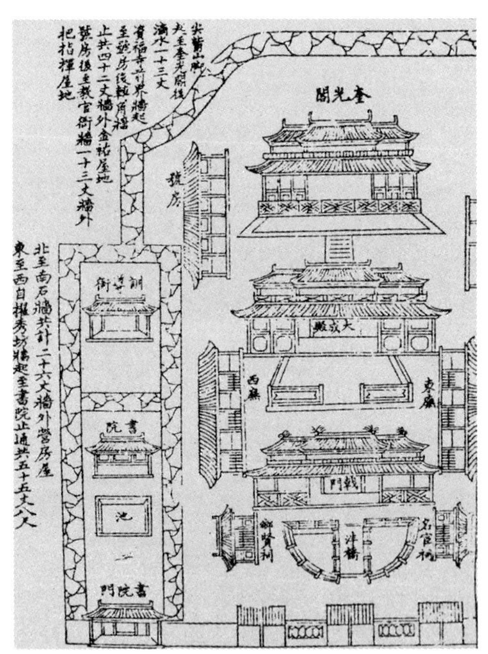

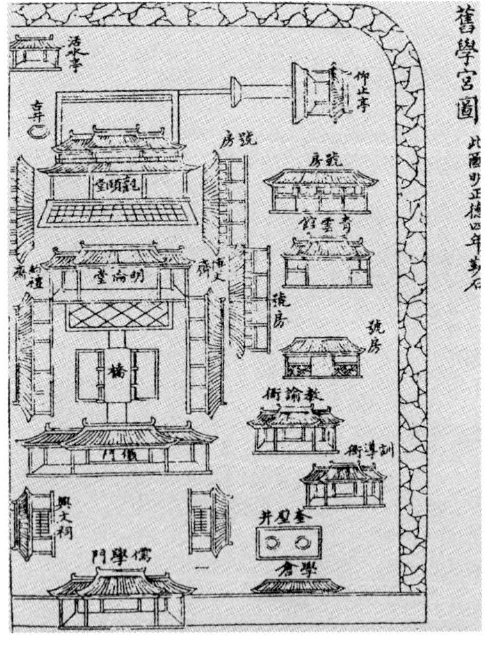

明正德　永嘉庙学平面示意图

开泮池，顺德县学、福州府学分别于成化元年（1465年）和十三年甃泮池、凿泮池，广东会同县学、贵州晋宁州学分别于弘治元年（1488年）和十七年凿泮池，封川县学于正德六年（1511年）辟泮池，辽宁广宁县学于嘉靖戊子（七年，1528年）“凿泮池于棂星门外”，宁国县学、大理府学、太平县学、江浦县学、辉县县学和顺义县学文庙分别于嘉靖十四年、十九年、三十年、三十六年、三十七年开凿泮池，长沙府学、姚安府学也都于嘉靖年间开凿了泮池。到嘉靖时，泮池就比较普遍了。在嘉靖时的庙学图中，属于现在浙江、江苏、安徽、河南、山东、江西的龙溪、绍兴、如皋、萧山、吴县、宁德、泾县、淳安、建阳、宿州、襄城、淄川、夏邑、赣州十四座孔子庙门前都设置了泮池。此外，建平县学庙前有方池，庙前略东有泮池，同期没有泮池的有威县、福宁、福安、南康、安溪、思南、兰阳、夏津、莱芜、许州、瑞金十一座庙学，有泮池的占一半还多。从明代方志看，嘉靖年间寻甸府学、宁国府学、沔阳州学、景陵县学、南陵县学、瑞昌县学、东乡县学、太平县学文庙也都建造了泮池，没有建造泮池的只有常德府学、钦州州学、仁化县学和偃师县学四座文庙。有的学校文庙还建造了两座泮池，汾阳县学于正德十六年开凿了内外两座泮池，阳春县学于隆庆年间“凿泮池于棂星门内”，万历四年又“凿泮池于棂星门外”。嘉靖以后，泮池继续发展。云南太和县学于隆庆六年（1572年）凿泮池，云南府学、南安州学、琼山县学和怀柔县学文庙分别于万历元年（1573年）、五年、二十二年开凿泮池，陕西安塞和甘泉也在万历年间挖凿了泮池，路安州学于天启元年（1621年）“凿泮池于棂星门内”。

泮池建桥始见于南宋淳熙四年（1177年），海宁州学是年凿池造桥，其后嘉定四年（1211年）定海县学“叠石为泮水桥”，八年“环泮水之岸皆甃之”，将泮池用砖石护砌。元延祐三年（1316年）万州庙学“引溪水为泮池”，修建了登云桥。明代泮池建桥继续增加，景泰二年（1451年）浙江乌程县学“凿泮池，甃桥”，正德十四年四会县学建泮桥，十五年永昌府学凿泮池并建桥。

棂星门从宋代才出现在孔子庙前，当时尚不普及，元代有所发展，明代进入大发展时期。广东乳源县学、广州府学、文昌（今属海南）县学和密云（今属北京）县学文庙分别于成化元年（1465年）、四年、十年、十一年建造了棂星门，河南辉县县学文庙于弘治八年（1495年）、延庆（今属北京）卫学

福建安溪文庙泮池

文庙于天顺七年添建，广东从化县学和四会县学文庙分别于正德九年（1514年）、嘉靖三十年（1551年）添建，长沙府学也在嘉靖年间建造了棂星门。前面所说的二十六张明嘉靖年间庙学图中，有二十二座建造了棂星门，以泮池为例所举的明代方志沔阳州学等十三所学校文庙中，除了东乡县学，其他十二所学校文庙都设置了棂星门，可见在明代棂星门已经非常普遍了。

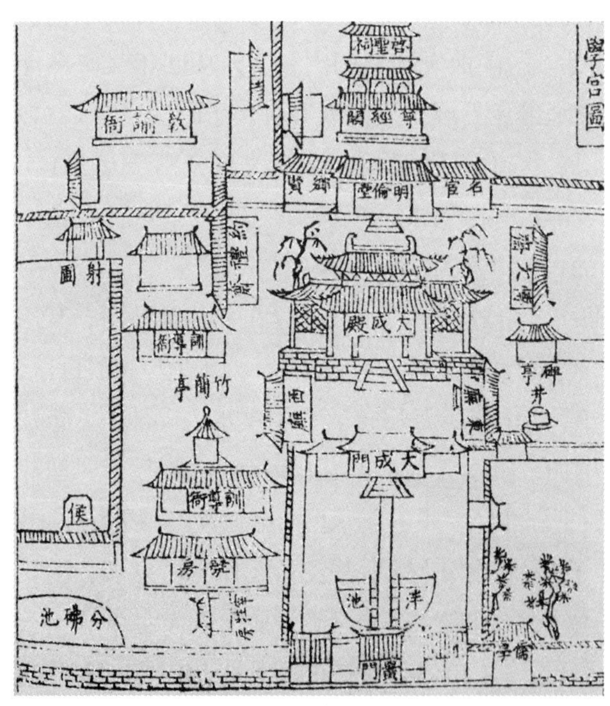

明万历　新昌学宫平面示意图

在制度方面，明代也有很大的变化：一是将礼制奉祀孔子的庙宇改称文庙，二是嘉靖九年厘正文庙祀典。自汉武帝“罢黜百家，独尊儒术”以来，孔子思想就成为国家指导思想，孔子被作为传统思想文化的代表奉祀在各级国立学校内。奉祀的庙宇一直以孔子的封谥号为名，晋代称宣尼庙；唐代始称文宣王庙，简称宣圣庙；明代改称文庙，更为合适。嘉靖九年厘正文庙祀典，取消了孔子大成至圣文宣王谥号，改称至圣先师，庙也随之改称先师庙，将大成殿改称先师殿，大成门为庙门；降低祭祀孔子的等级，由大祀改为中祀，撤除奉祀塑像，除了曲阜孔子庙，一律改为牌位；单设启圣祠，奉祀圣贤之父，除了启圣祠，其他措施被认为大可不必。受大礼仪之争压抑的明世宗，为了强化治统而压制道统，采取这种拿道统代表孔子开刀的措施并没有多少合理性。

国子监文庙形制

明初定都南京，朝廷建造了太学，于太学东南部建设了文庙，文庙形制比较简单。庙门为棂星门，三间一座，门内两侧分别为神厨与神库；棂星门后为大成门，三间；最后是大成殿，五间，重檐，两侧有廊与两庑相连，两庑再与大成门左右长廊相接，正殿殿庭成为一个带廊的封闭空间。

迁都北京后，朝廷继续使用元代国子监，正统年间因“故学卑陋，命有司撤而修之”，建筑有所扩大，以后又增加了启圣祠。其形制明《太学志》有详细记载：

> 先师庙正殿七间，初称大成殿，后题曰先师庙，高三丈六尺，广十三丈一尺，深七丈一尺；露台东西八丈七尺，南北四丈五尺，基高六尺，上有石栏杆，前有石阶级，左右各阶级一。
>
> 殿之东掖为祭器库十一间，高一丈五尺，每间广一丈三尺，深一丈三尺，基高一丈八尺；西掖乐器库十一间，高广深与祭器库同。
>
> 东西庑各十九间，高一丈六尺，每间广一丈三尺，深一丈八尺，基高二尺；当庑门中有小阶级。
>
> 内墀东碑亭一座，正统新建太学碑树焉；西井一口，石甃；两墀间杂植松、桂、槐、柏共六十一株。
>
> 两庑之南，折而北向为东西序各十一间，门各一，高一丈五尺，每间广一丈三尺，深一丈三寸，基高一尺八寸。
>
> 两序之中为大成门，后题曰庙门；五间，中门三，东西各列戟十二；门高二丈六尺，广七丈九尺，前后深四丈八尺，基高五尺，周环石栏杆，前后各石阶级三；门内石鼓各五，西石鼓文音训碑一通。
>
> 门外东神厨五间，宰牲亭三间，井亭一座，井一口，石甃；西

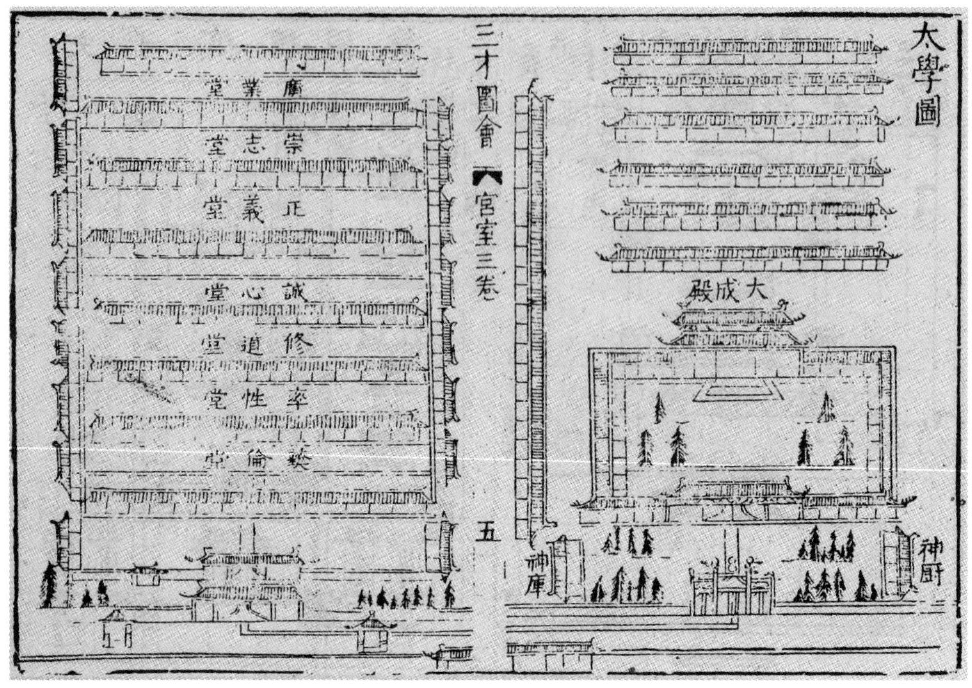

明　南京太学平面示意图

神库五间，持敬门一间，致斋所三间；外墀东，元加封号诏书碑一通，大德十一年七月建；西，元加封先圣父母妻并颜、曾、孟制词碑一通，至顺二年九月建；东西各有南北对廊，树历科进士题名碑；杂植松柏共五十七株。

棂星门三间，隔衢为屏，墙外地一方，东西广七丈五尺，深四尺，为木栏以护焉。

启圣祠南向，正堂五间，高三丈，广七丈八尺，深二丈五尺；露台高五尺五寸，长二丈五尺，广五丈，前有石阶级。前有从祀堂各三间，高二丈，广三丈七尺，深一丈三尺。祠门三间，高二丈，广三丈，深二丈六尺，基高一尺五寸，前有石阶级。两旁为周垣，各有门以通拜谒。

外由西出，大门一间，高二丈六尺，广一丈八尺，深二丈八尺。门外即广储门之通路，同上。土地祠五间，在馔堂门之右，庭植松树二株，缭以垣，中为门。

以上所记确立了现存文庙的形制，虽然形制与元代变化不多，但将神厨、神库调至第一进院内更为合理。

遗憾的是大成殿高度有误。殿深与程钜夫所记元代相同，广仅多一尺，但高度低二丈九尺；明代营造尺一尺32厘米，三丈六尺折11.52米，仅比大成门高一丈即3.2米，作为主殿这是不可能的。明代是因“卑陋”“撤而修之”，怎能更低了呢？

嘉靖九年将大成殿改称先师庙，大成门改称庙门，改掉了文庙的文化气质。万历二十八年将灰色陶瓦改换为绿色琉璃瓦，符合文庙的祭祀等级。

地方文庙形制

明代虽然没有制定文庙的建筑制度，但地方文庙形制却越来越趋向大致相同。文庙一般三进庭院，轴线上从前向后一般设照壁、棂星门、泮池、大成门、大成殿、崇圣祠，大成殿前设两庑，有的庙门外跨街建造牌坊或牌楼，部分文庙大成门两侧或两厢设名宦祠和乡贤祠。但由于启圣祠是后来增加的，位置并不统一。

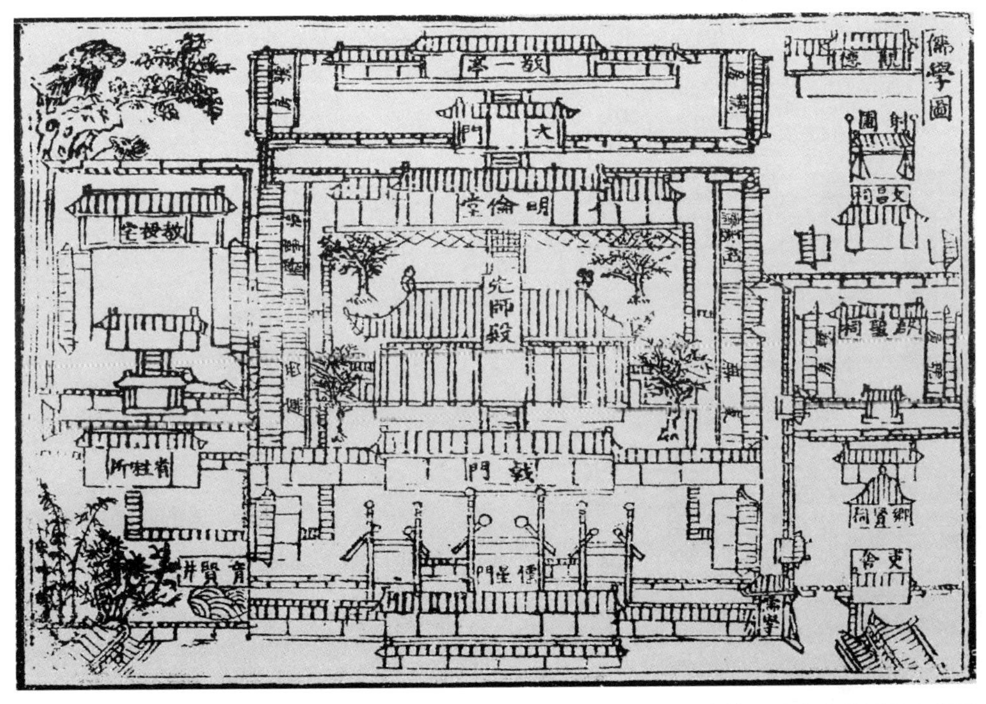

明嘉靖　思南庙学平面示意图

《吴县志》中收录了弘治、嘉靖和崇祯三个文庙示意图，从中可以看出明代文庙形制的变化。弘治图中，以棂星门为临街庙门，对面有一座两柱一间三楼的牌楼。嘉靖时添加了过街坊楼，庙前牌楼名“状元”，过街牌楼分别名“会元”和“解元”，还添建了照壁，题作“万仞宫墙”，但并不正对文庙，而是位于文庙和右侧的学校之间，面对大门。大门有八字墙，右侧的学校临街为高墙，正对轴线处高出一份，未有门，大门应该属于学校。崇祯时，文庙前去掉了牌楼，增加了正对文庙的照壁，但题作“万仞宫墙”的照壁仍然面对另一大门。

清代文庙形制

清代继续使用明代名称，孔子庙仍然称作文庙。

清代是文庙形制的大发展时期，也是文庙的定型时期。

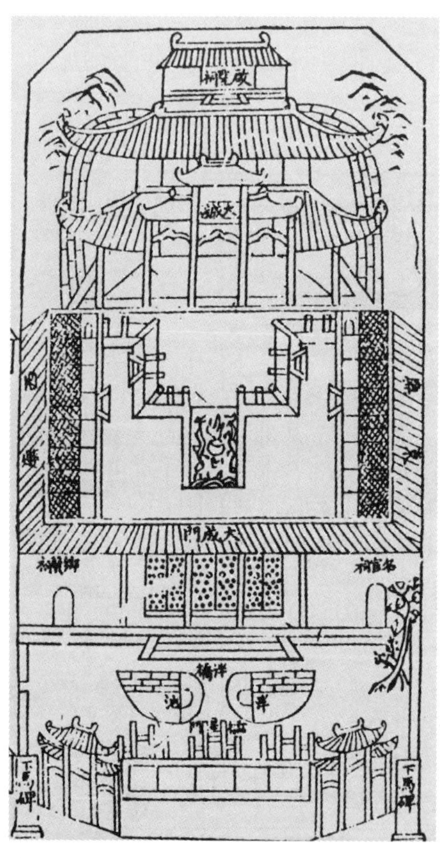

清嘉庆　东流文庙平面示意图

文庙形制的发展主要表现在增加建筑、扩大建筑规模和提高建筑等级三个方面。

增加的建筑一种是在庙门前方的坊楼、照壁，一种是在庙前跨街，最多的是角门或者作为角门使用的牌坊或牌楼。明代绝大多数文庙开正门。清代许多文庙未开正门，理由据说是本地没有出过状元，其实无论正门开否，平常人们也不能从正门出入，所以绝大多数文庙在第一进院落两侧增设了角门。角门有屋宇式，但更多的是牌坊式或牌楼式。明代时，虽然有许多文庙增设了跨街坊楼，但也有不少文庙前并没有跨街坊楼和文庙东西角门或坊楼。到了清代，跨街坊楼和角门或坊楼几乎成为文庙的标准配置。赣榆县于顺治十五年（1658年）添建了照壁和东西栅门，临高县学在顺治十八年添建了“万仞宫墙”和石牌坊，康熙六年（1667年）在照壁左右添建了“礼门”坊和“义路”坊，广东三水县学于康熙九年（1670年）增建了“圣域”坊和“贤关”坊，和平县学于康熙五十四年增建了“圣域”门和“贤关”门，旌德县学于雍正十年建造泮池石桥、“德配天地”坊、“道冠古今”坊及照壁，昌化县学于乾隆九年（1744年）建造了“金声玉振”门和“江汉秋阳”门，陵水县学于乾隆十九年添建了“义路”和“礼门”，赣榆县文庙前添建了照壁，广东开平县学于乾隆五十年在棂星门外添建了“文明门”和侧门“金声门”“玉振门”。

庙内增加建筑不多，主要是添建泮池和桥。文昌县学于康熙五十七年（1718年）修建泮池、石桥。有的庙内增加了附祀建筑。清雍正七年（1729年）命增加忠义祠和节孝祠，分别奉祀历代忠义死节之人和节孝妇女。有的地方将祠堂建在了文庙内，如赣榆县将忠义祠建在了大成门东侧的名宦祠之东，海州将忠义祠建在了大成殿后。清末时，附祀建筑规范为名宦祠、乡贤祠、忠义孝悌祠和节孝祠，清光绪年间《安徽通志》说所有的府县学校都设立了这四座祠堂；《江西通志》只收录名宦祠、乡贤祠和忠义孝悌祠，而没有收录节孝祠；清光绪《山西通志》说名宦祠在文庙左侧，乡贤祠在文庙右侧，忠义孝悌祠在学宫内，节孝祠在学宫外。其实并不是所有的学校都是这样设置的，如平

吉林文庙大成殿

江西赣县文庙鸟瞰图

遥县学名宦祠和乡贤祠设置在大成门前的东西两侧，二祠东西相对，如同大成门的两厢，忠孝祠（不是忠孝节义祠）设置在明伦堂的西侧，如同耳房，但节孝祠并没有设在学宫外，而是设在崇圣祠的前面。就整体情况看，忠义孝悌祠和节孝祠建在文庙内的很少，部分建在学校内，有的则建在城内其他地方，特别是节孝祠以建在城内的为多。镇海忠义祠和节孝祠建在学校内，鄞县二祠建在学校二门西侧，东流忠义孝悌祠和节孝祠建在明伦堂后的文昌宫两侧，定州节孝祠建在文庙右前方路南，永嘉二祠建在学校东侧另成独立一区。

建筑规模扩大的主要是奉祀建筑大成殿、两庑和崇圣祠。许多文庙大成殿扩大为七间或九间，单檐改为重檐。光绪三十二年（1906年）孔子庙祭祀升为大祀后，吉林府学文庙大成殿扩大为面阔十一间，进深五间。许多文庙东西两庑扩大为七间（如南陵县学文庙）、九间（如云南武定府学）、十一间（如热河文庙、宁国府学文庙）、十三间、十五间、十七间（如西安府学文庙），甚至十九间（如北京国子监文庙、济南府学文庙）。启圣祠在雍正元年因增加追封孔子五代祖先为王后改称崇圣祠，许多文庙将崇圣祠扩大为五间，还有的将单檐改为重檐，湘乡县学文庙和富顺县学文庙崇圣祠都扩大为面阔五间，重檐歇山顶。

祭祀等级提高后，除了扩大建筑规模，建筑瓦色也相应进行了改变。乾隆二年（1737年），皇帝下令将国子监文庙大成殿、大成门改用黄瓦，崇圣祠改为绿瓦。光绪三十二年（1906年）孔子庙祭祀级别由中祀升为大祀，成为国家最高祭祀级别的庙宇之一，各地孔子庙建筑都可以按照大祀制度进行改造，但是风雨飘摇的清王朝已经没有能力进行改造，就是曲阜孔子庙的改造在廷议时也因财力不足、大材难得而不得不放弃。

现存清代文庙比较独特的是清乾隆元年（1736年）复迁的赣县文庙，轴线上从前向后依次为棂星门、泮池、大成门、大成殿、崇圣祠等建筑，但轴线过泮池桥后，经过三个台地到达大成门前的台地，大成门台地南端却建起一道墙，墙不设中门，只设东西两座小偏门，将中轴线阻断。

国子监文庙形制

清代国子监文庙形制没有多少变化，主要是增加了十二座碑亭，将明英宗新建太学碑迁至大成门前西侧。变化最大的是在礼制方面，乾隆二年将大成殿、大成门改换为黄色琉璃瓦，崇圣祠改换为绿色琉璃瓦，三十二年将清代碑亭全部改为黄瓦，三十三年恢复大成殿和大成门名称。光绪三十二年文庙升大祀后，朝廷对大成殿进行了相应的改造。

大成殿改为庑殿顶，面阔九间，进深五间，符合大祀礼制。但是上檐斗栱七踩、下檐五踩、内檐旋子彩画都没有达到标准，殿前露台单阶三陛也不符合礼制。清末风雨飘摇，朝廷有心而无力，只能进行局部改造。

国子监文庙大成殿

地方文庙形制

地方文庙形制最大的变化，一是许多文庙不开正门，二是添设角门，三是增加门前坊楼，文庙门前建筑越来越多，庙内建筑基本保持明制，只有个别文庙增加了忠义祠和节孝祠。

热河文庙是乾隆四十一年（1776年）由皇帝批准建造的。高宗《御制热河文庙碑记》说“宫墙泮水，殿庑礼乐一如制”，可见热河文庙就是国家认定的标准形制。其形制“文庙在承德府治之东，东西牌坊各一座，向东额曰‘教垂万世’，曰‘道洽八埏’，向西额曰‘执中含和’，曰‘参天两地’；中棂星门牌楼一座，额曰‘化成久道’；内泮池一，大成门一座，内碑亭一，大成殿五楹，正位奉至圣先师孔子神位，御书额曰‘广大中和’，联曰‘有开必先冠古今而垂教化，无思不服合内外以振文章’……东庑十一楹……西庑十一楹……崇圣祠五楹，祀肇圣王木金父公、裕圣王祈父公、诒圣王防叔公、昌圣王伯夏公、启圣王叔梁公……文庙东首御座一所，宫门一座，垂花门一座，尊经阁五楹，神厨一座，神库一座，牺牲亭一间；文庙西首学门一座，垂

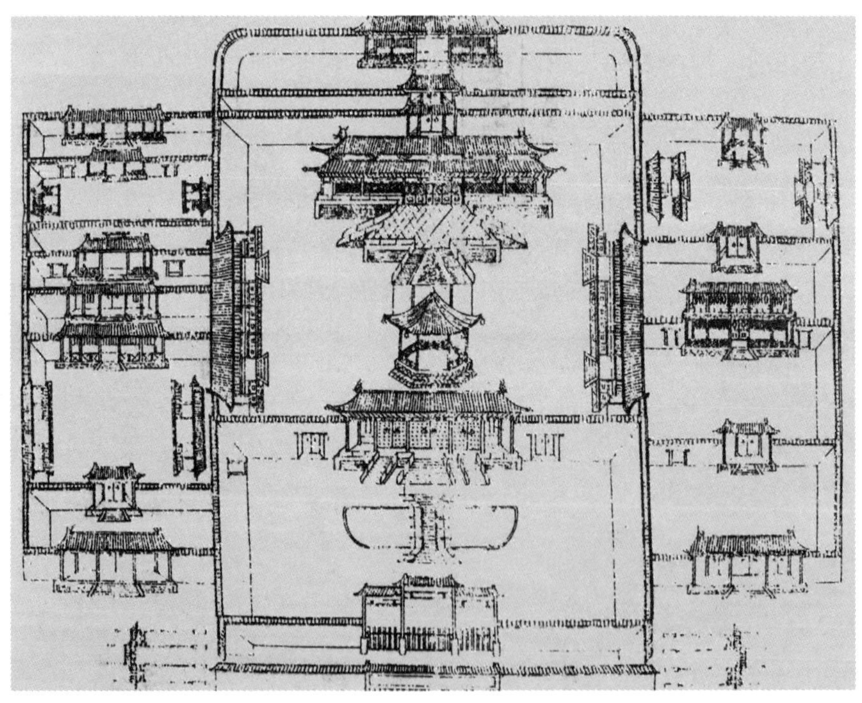

热河文庙平面示意图

花门一座，东西斋房各七楹，东曰进德，曰日新，西曰修业，曰时习，明伦堂五楹，教授署一所”①，除了东侧的御座外就是文庙的基本配置。

第二节　文庙的基本形制

历史上文庙形制在不断发展变化，在没有制定新的文庙制度以前，应该以最后一个王朝清朝的文庙形制作为基本形制。

国子监文庙形制

国子监文庙形制，清代《钦定国子监志》有详细记载，但大成殿在光绪三十二年扩大为面阔九间、进深五间。现将形制情况按轴线顺序记述如下：

庙门：悬清高宗御书“先师庙”额；门屋三间，高三丈，一丈九尺；基高二尺四寸；歇山顶，覆黄琉璃瓦，墙饰红色，楹柱门扉皆丹饰，梁栋施五彩。

大成门：悬清高宗御书“大成门”额；门屋五间，高四丈九寸，深三丈二尺；基高六尺五寸；庑殿顶，覆黄琉璃瓦；周以石栏，中三间设门，前后均三出陛，阶各十四级，中设浮雕龙陛；门左右连墙，饰红色、黄色；左右掖门各一。

大成殿：悬清高宗御书“大成殿”额；面阔五间，进深五间。重檐庑殿顶，覆黄琉璃瓦。前置月台，高六尺五寸，广八丈四尺一寸，深四丈三尺九寸；栏杆一层；三出陛，前面及东西各一，阶十七级，前面中设浮雕龙陛。

两庑：各十九间；高三丈一尺八寸，各广一丈二尺五寸，深二丈九尺。悬山顶，覆绿琉璃瓦。

崇圣祠门：悬额“崇圣祠”，门屋三间，高二丈六尺，深一丈八尺；歇山顶，覆绿琉璃瓦；左右设八字照壁，两侧便门各一。

崇圣祠：殿五间，高三丈一尺八寸五分，进深二丈六尺；庑殿顶，覆绿琉璃瓦。前有月台，高五尺五寸，广四丈九尺，深二丈五尺三寸；三出陛，

① 《钦定热河志》卷七十三，见上海古籍出版社《文渊阁四库全书》电子版。

前面及左右各一，阶十一级。

东西庑：各三间，高二丈四尺四寸，深二丈五尺五寸；歇山顶，覆绿琉璃瓦。

照壁：庙门对面，八字形；正面高一丈一尺五寸，广四丈六尺，深六尺，石座高三尺五寸；八字垣二，高九尺一寸，广二丈四尺，深三尺二寸，石座高三尺；均覆黄琉璃瓦，红墙。

下马碑：庙门两侧各一，文字为“官员人等至此下马”。

神厨：在庙门内东侧，西向；五间，高二丈八尺，深二丈；悬山顶，覆绿琉璃瓦。

井亭：在神厨南，井石甃；亭高一丈六尺六寸，深、广均一丈二尺；六边攒尖，顶覆黄琉璃瓦。

宰牲所：在井亭南，西向；三间，高二丈四尺八寸，深二丈；歇山顶，

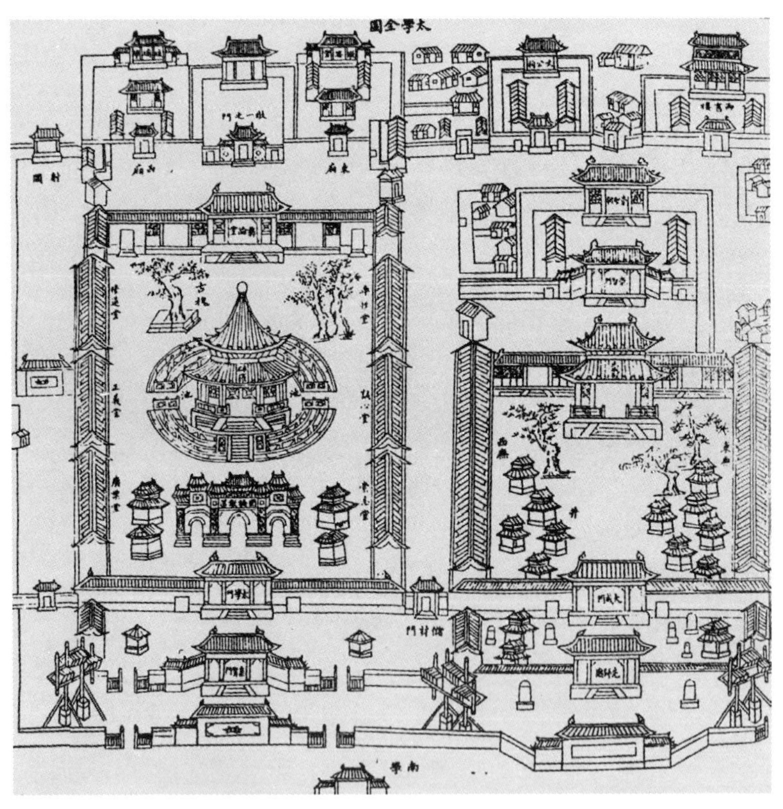

国子监文庙平面示意图

覆绿琉璃瓦。

更房：在宰牲所南，西向；一间，硬山顶，覆灰瓦。

神库：在庙门内西侧，东向；五间，高二丈八尺；悬山顶，覆绿琉璃瓦。

持敬门：在神库南，西向，是太学进入文庙的通道；一间，高二丈三尺七寸，广一丈八尺，深二丈；悬山顶，覆绿琉璃瓦。

致斋所：在持敬门南，东向；三间，高二丈八尺，深二丈；悬山顶，覆绿琉璃瓦。

更衣亭：在致斋所南，东向；一间，高一丈七尺六寸，广一丈二尺，深一丈五尺；覆灰板瓦。

礼器库：在大成门东，北向，北转与东庑相连；十二间，悬山顶，覆绿琉璃瓦。

乐器库：在大成门西，北向，北转与西庑相连；十二间，悬山顶，覆绿琉璃瓦。

焚帛炉：在大成殿西南角，一间，绿琉璃造，须弥座；歇山顶，覆绿琉璃瓦。

碑亭：十四座。大成门前三座，东为明英宗新建太学碑，覆绿琉璃瓦，西分别刻清乾隆三十二年重修先师庙谕旨和道光九年御制平定回疆告成文；大成殿前十一座，甬道东西分别有六座和五座，分别刻立康熙二十五年《御制至圣先师孔子赞》、二十八年《御制颜曾思孟四子赞》、四十二年《御制平定朔漠告成太学》、雍正三年《御制平定青海告成太学》、六年《御制仲丁亲祭诗》、乾隆三年《御制文庙易盖黄瓦临雍纪事》、十四年《御制平定金川告成太学》、二十四年《御制平定准噶尔告成太学》及《御制平定回部告成太学》、三十四年《御制重修文庙》、四十一年《御制平定两金川告成太学》。

新建地方文庙形制

近年有许多恢复的文庙将大成门之前辟作广场，保存或重建的棂星门、泮池及东西角门的牌楼等成为孤立的建筑物或构筑物，破坏了文庙的完整性和庄严气氛。原有文庙大多已经列为文物保护单位，应该遵照文物维修原则按原来的形制维修和修复。近年有的城市已经重建了孔子庙，新建文庙应该按照大祀礼制进行建设。具体形制应该如下：

建筑设置：轴线上依次建造棂星门、泮池及桥、大成门、大成殿和崇圣祠；庙外正前建造一座牌坊或牌楼，左右各建造一座跨街牌坊或牌楼；棂星门内东西庙墙上各建造一座角门，牌坊、牌楼均可；大成门两侧建造致斋所，东厢建造名宦祠和神厨，西厢建造乡贤祠和神庖；大成殿前建造东西两庑，崇圣祠两厢设置神库、礼器库、乐器库。

建筑规模：棂星门三间；大成门五间；大成殿面阔九间，进深五间，设回廊；崇圣祠五间，进深三间，前出廊；庙前牌坊或牌楼三间；跨街牌坊或牌楼三间；东西角门三间；致斋所东西各三间；名宦祠、乡贤祠各三间；神厨、神庖各三间；大成殿东西两庑供奉牌位者可以各九间，画像者至少应该各十七间；崇圣祠两厢各三间。

建筑形式：棂星门牌坊或牌楼，牌楼者覆黄色琉璃瓦，金龙和玺彩画；大成门单檐，庑殿顶，覆黄色琉璃瓦，斗栱七踩，金龙和玺彩画，斗栱金琢墨，前后石栏，一层，三出陛，中陛前后设龙陛，左右两阶各九级踏步；大成殿重檐，庑殿顶，覆黄色琉璃瓦，斗栱上檐九踩，下檐七踩，金龙和玺彩画，斗栱金琢墨；大成殿前设露台，四面石栏，三层；五出陛，前面三陛，左右各一陛，中陛浮雕云龙，台阶各九级；崇圣祠单檐庑殿顶，覆绿色琉璃瓦，斗栱七踩，旋子大点金彩画，三出陛，前面及左右各一,六级台阶；庙前牌楼覆黄色琉璃瓦，正间斗栱九踩，侧间七踩，金龙和玺彩画，斗栱金琢墨；角门黄色琉璃瓦，牌楼与庙前牌楼同；致斋所、名宦祠、乡贤祠、神厨、神庖均覆绿色琉璃瓦，悬山顶，一斗二升斗栱，雅伍墨彩画；大成殿两庑歇山顶，五踩斗栱，覆绿色琉璃瓦，黄色琉璃瓦剪边，旋子大点金彩画；崇圣祠两厢悬山顶，覆绿色琉璃瓦，一斗二升斗栱，旋子小点金彩画。

第二章 孔子庙与学校的关系

孔子是中国历史上也是世界历史上第一位伟大的教育家。他提倡有教无类，首创私学，打破学在官府的旧制，将教育扩大到民间，将受教育的对象扩大到贫寒子弟，弟子三千，贤人七十，培养了一大批德才兼备的优秀人才。他一生诲人不倦，积累了丰富的教育经验，创造了一系列科学的教育方法和教育方式，创立了一整套教育理论。因此，他被后世奉为教育始祖、传统思想文化的代表，被尊为至圣先师、万世师表。

中国古代就有在学校奉祀先圣先师的传统。据《礼记》记载，“凡学，春，官释奠于其先师，秋冬亦如之。凡始立学者，必释奠于先圣先师”，创立学校祭祀先圣先师，四季祭祀先师。奉祀的先圣先师都是何人，史书无载，难以确认。汉武帝“罢黜百家，独尊儒术”，孔子思想成为国家指导思想，孔子成为传统思想文化的代表，西汉时学校是否奉祀孔子仍然不得而知。东汉“明帝永平二年三月，上始率群臣躬养三老五更于辟雍，行大射之礼；郡、县、道行乡饮酒礼于学校；皆祀圣师周公、孔子，牲以犬”①。永平二年（59年）国立学校已经开始祭祀孔子，但孔子是配祀，主祀的是周公。大约到东汉中期，孔子替代周公成为国立学校主祀（详见《世界孔子庙研究》）。文献明确记载，三国魏正始二年（241年）就已经以孔子为主祀了。是年，魏王曹芳讲通《论语》，派太常到辟雍祭祀，“二年春二月，帝初通《论语》，使太常以太牢祭孔子于辟雍，以颜渊配”②。虽然其后唐初曾两度改周公为先圣，但两次时间加在一起也就是十多年。

孔子大约从三十岁收徒设教，终生从事教育事业，去世后也与学校结下了不解之缘。历代以孔子思想作为国家指导思想，将孔子作为传统思想文化的代表奉祀在国立学校内是非常合适的。关于奉祀孔子于学校的原因，宋代举人杜德机说：“先圣者，道之所自出，而道非学校不行，故世之州县因先

---

① 《后汉书·志第四·礼仪上》，见上海古籍出版社《文渊阁四库全书》电子版。

② 《三国志·魏志》卷四，见上海古籍出版社《文渊阁四库全书》电子版。

圣有庙所以重道也，即庙有学，所以传道也。”[①]孔子的思想需要依靠学校来推行，即庙设学就是为了更好地传播孔子思想。其实杜德机只看到一个方面。洪武二年（1369年），明太祖朱元璋下令只在曲阜孔子庙祭祀孔子，其他各级国立学校文庙不再举行祭祀，遭到儒家士大夫的反对。刑部尚书钱唐上疏劝谏说：“孔子垂教万世，天下共尊其教，故天下得通祀孔子，报本之礼不可废。”刑部侍郎徐程也上疏说：“古今祀典，独社稷、三皇与孔子通祀天下。民非社稷、三皇则无以生，非孔子之道则无以立。尧、舜、禹、汤、文、武、周公皆圣人也，然发挥三纲五常之道，载之于经，仪范百王，师表万世，使世愈降而人极不坠者，孔子力也。孔子以道设教，天下祀之，非祀其人也，祀其道也。今使天下人读其书，由其教，行其道，而不得举其祀，非所以维人心、扶世教也。”[②]从两人疏文看，祭祀孔子具有推崇孔子思想、报答孔子贡献和进行社会教化三大社会功用。

奉祀孔子的庙宇位于学校内，许多人称之为因学设庙。其实孔子庙的位置比学校更重要、更突出，孔子庙建筑等级、规格等也远远高于学校，就实际情况来看，还不如说因庙设学更准确。唐代时，人们直接把学校称为文宣王庙。元和十年（815年），柳宗元记述道州新建文宣王庙说：“庙舍峻整，阶序廓大，讲肄之位，师儒之室，立廪以周食，圃畦以毓蔬，权其子母，赢且不竭。”[③]明明有庙有学，碑文题目却作《道州文宣王庙碑》。开成元年（836年），刘禹锡记述许州文宣王庙说“作文宣王庙暨学舍于兑隅”，新建的学校“讲筵有位，鼓箧有室，授经有博士，督课有助教”，也是有庙有学，碑名却作《许州文宣王新庙碑》[④]。同样，高讽记叙北平王修建学校的碑文说“始修正殿”，“次葺三礼堂”，“次创斋院”，“次修学院及特建讲书堂”，“次列

---

① 〔宋〕杜德机：《泾阳县重修孔子庙记》，见《续修四库全书》卷八百九十，上海古籍出版社，2003年，第446页。

② 《明史》卷一百三十九《钱唐等传》，见上海古籍出版社《文渊阁四库全书》电子版。

③ 〔唐〕柳宗元：《柳河东集》卷五《道州文宣王庙碑》，见上海古籍出版社《文渊阁四库全书》第1076册。

④ 〔唐〕刘禹锡：《刘宾客文集》卷三《许州文宣王新庙碑》，见上海古籍出版社《文渊阁四库全书》第1077册。

长廊广室，以止青衿横经之子”，明明是修庙修学，却说“夫子之庙宇大备矣”，而碑名也作《太师、中书令、北平王再修文宣王庙院记》。不仅唐代将学校视为孔子庙的附属，将学校和孔子庙统称为文宣王庙，宋代依然。康州“郡无黉舍，才建庙室，以应令奉祠耳”，郡守李仲求迁庙建学，“凡庙学之式参备焉”。兴国军重修军学，“露寝奕奕，负阴向明……筵开黉堂，以登师儒，局列校室，以来隽秀，是焉者处于东偏；又为二库，藏赐书以聶生徒之业，椟礼器以谨春秋之祀，是焉者居于西偏”，庙学俱备，余靖撰文记述，前碑题为《康州重修文宣王庙记》，后碑题为《兴国军重修文宣王庙记》[①]。欧阳修记述谷城迁建县学说“修文宣王庙，易于县之左，大其正位，为学舍于其旁，藏九经书，率其邑之子弟兴于学”[②]，本来迁建的学和庙，但碑文题目却作《襄州谷城县夫子庙记》。魏了翁认为就是学附于庙，“自庆历后郡县皆有学，于是县立学官以附于庙”。即使到了元代，学者仍保持这种观点。张养浩记述费县维修庙学说“为殿三楹，前后柱皆易以石，增崇其基而大其故制。东西两庑，若门屏，若斋室，若文武堂，靡不整饰”，题目作《费县重修孔子庙记》[③]。郝经记述顺天府重修庙学，“殿庑一新，讲肄之舍，庖藏之所，游息之地，以次具举”，题目却作《顺天府孔子新庙碑》[④]。

庙学虽然一体，但两者是相对独立的。祭祀的庙宇位于学校的何处，与学校是什么样的布局关系，历代王朝都没有作具体的规定，只能从文献中去探索。

最早记载孔子庙与学校布局关系的是唐朝许嵩的《建康实录》：“（太元）十年春，尚书令谢石以学校陵迟，上疏请兴复国学于太庙之南。”注中引陈朝顾野王《舆地志》说：“在江宁县东南二里一百步右御街东，东逼淮水，当时人呼为国子学。西有夫子堂，画夫子及十弟子像。西又有皇太子堂，南有诸生中省，门外祭酒省，二博士省，旧置博士二人。”[⑤]国子学在东，夫子

---

① 〔宋〕余靖：《武溪集》卷六，见上海古籍出版社《文渊阁四库全书》电子版。
② 〔宋〕欧阳修：《文忠集》卷三十九，见上海古籍出版社《文渊阁四库全书》电子版。
③ 〔元〕张养浩：《归田录》卷四，见上海古籍出版社《文渊阁四库全书》电子版。
④ 〔元〕郝经：《陵川集》卷三十四，见上海古籍出版社《文渊阁四库全书》电子版。
⑤ 〔唐〕许嵩：《建康实录》卷九“晋中下·烈宗孝武皇帝”。

庙在中，太子堂在西，位置非常突出。太子堂并非学校的必备建筑。这所国家最早建造的孔子庙采用的是右庙左学的布局形式。

唐代国子监文宣王庙的布局形式应该是左庙右学。《大日本史》记载："膳大丘，胜宝四年随遣唐使如唐，归为大学助教。景云中上言：臣前如唐，问先圣之遗风，览胶庠之余烈，国子监有两门，题曰文宣王庙。有国子学生程贤语臣曰：今主上大崇儒范，追尊为王，凤德之征于今至矣。"[①]国子监有两门，题曰"文宣王庙"，不可能两门都题作"文宣王庙"，只能是其中的一座。国子监有两门，应该是两门并列，即国子监与文宣王庙东西并列，不会是前后排列。《唐代长安词典》说，国子监位于皇城南墙东门安上门前面路东的务本坊，此坊考古实测东西宽700米，南北长500米，坊南北无门，东西设门，中央设东西向横街，街北西侧也就是此坊西北部为国子监。天宝年间增置广文馆，设在国学西北隅，与安上门相对。务本坊中央设东西横街，除去街道的宽度，街北的南北长度也就是200米略多。如果文宣王庙在西的话，庙的后面是无法再建设广文馆的，因为文宣王庙建筑可能不会很大，但殿庭面积不能很小，否则祭祀时无法容纳众多的官员师生。由此可以证明，国子监学校和孔子庙确实是东西并列的，学校在西，文宣王庙在东，也就是左庙右学。膳大丘于日本胜宝四年（752年）入唐留学，即唐玄宗追封孔子为文宣王后的十三年，他的记述是可信的。

从现在所见到的文庙建筑实物和文献资料看，中国庙学的布局形式可以归纳为五种：一种是文庙在中间，学校围绕在周围，可简称为"中庙外学式"；一种是文庙在左，校舍在右，可简称为"左庙右学式"；一种是文庙在右，校舍在左，可简称为"右庙左学式"；一种是文庙在前，校舍在后，可简称为"前庙后学式"；还有一种是庙学不在一起，可简称为"庙学分离式"。这五种布局形式可以说是中国各级国立礼制学校的基本布局形式。

韩国有一种学校在前、文庙在后，也就是前学后庙的布局形式，在中国国立学校中尚未发现实例。《辽史·地理志》"上京"说龙寺街"西南国子监，监北孔子庙"，学校国子监在南，孔子庙在北，粗看似乎是前学后庙，但从记述看两者并非一个整体，而是分别独立的单位。"正南街东留守司衙，次盐

---

① 〔日本〕德川光国：《大日本史·列传·膳大丘》卷一百一十六。

铁司，次南门；龙寺街南曰临潢府，其侧临潢县，县西南崇孝寺，承天皇后建，寺西长泰县，又西天长观；西南国子监，监北孔子庙，庙东节义寺；又西北安国寺，太宗所建；寺东齐天皇后故宅，宅东有元妃宅，即法天皇后所建也。”所记都是独立单位，不可能将一个整体的国子监和孔子庙分别记载，而且孔子庙东还有节义寺，可见孔子庙与国子监并非一体，所以不能称作前学后庙式，而应称为庙学分离式。中国书院有采用前学后庙式布局方式的，如杭州万松书院就是前学后庙，但比较少见。

第一节　中庙外学式

从现有文献看，中庙外学式出现在唐代。大历七年（772年），福建观察使李椅重建福州都督府学校，“先师寝庙，七十子之像在东序，讲堂、书室、函丈之席在西序，齿胄之位列于廊庑之左右”[①]，孔子殿居中，弟子像在东厢，讲堂等在西厢，学习教室在两廊左右，形成庙在中而学在外的布局方式。

宋代时，许多庙学也采用这种布局方式。元丰三年（1080年）寿州太守韩晋卿迁建州学，“凡为屋百一十楹，孔子庙居其中，师堂生舍列其旁，宾有次，射有圃，楼庑庖湢冏不具”[②]，绍熙五年（1194年）黄文翥重修赣县县学，“中峙大成之殿，缭以七十余区之房，讲习有堂，入直有庐，肄业有斋，东西有序，庖湢有所，肇修胡簋，绘事从祀，百尔文物，彪列一新”[③]，都是庙中学外的形式。即使到了元代，有的庙学仍然保持中庙外学的布局。最为典型的是建康府学，南宋时文宣王庙居中，校舍在外，“讲堂即明德堂，虚斋赵公以夫所更也，议道堂在御书阁下，正录位在明德堂之左，直学位在东廊之首，诸职事位在明德堂之右，斋舍东序三斋，曰守中，曰进德，曰说礼，西序三斋，曰常德，曰育材，曰兴贤，又一斋曰由义，在职事位之后。直舍二所，在议道

---

①〔唐〕独孤及：《福州都督府新学碑铭并序》，《文苑英华》卷八百四十七，见上海古籍出版社《文渊阁四库全书》电子版。

②〔宋〕刘挚：《忠肃集》卷九《寿州学记》，见上海古籍出版社《文渊阁四库全书》电子版。

③〔宋〕周必大：《文忠集》卷五十八，见上海古籍出版社《文渊阁四库全书》电子版。

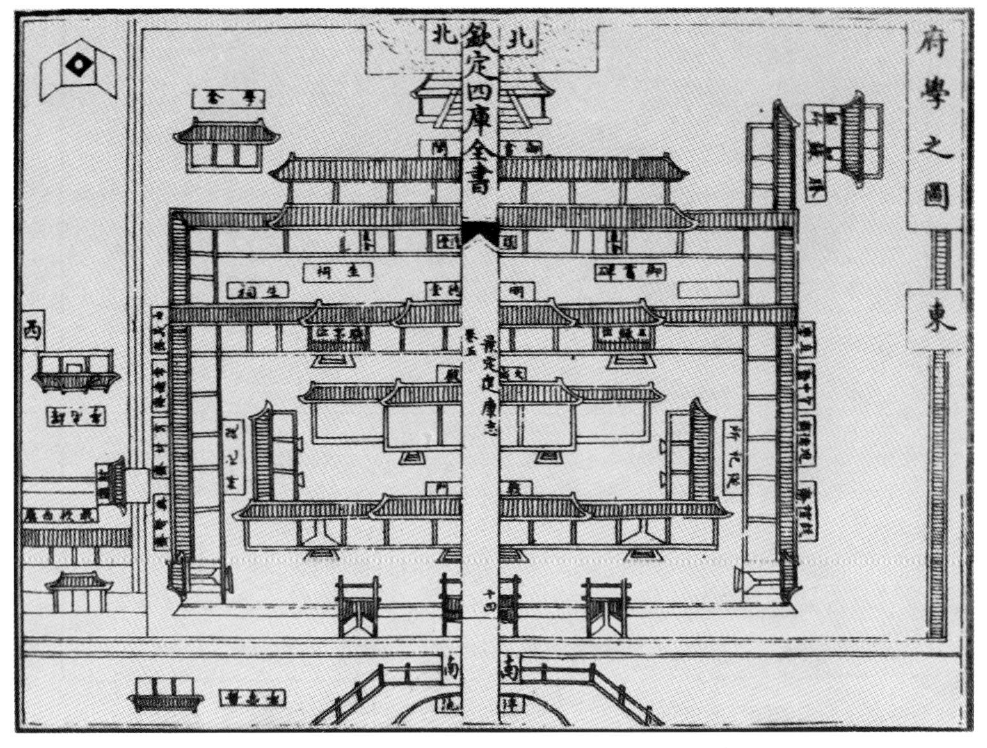

宋景定　建康庙学平面示意图

堂，新祭器库在大成殿前东廊之南，旧祭器库在御书阁之东偏，客位在西侧门里，公厨在东序后，学廪在西序后，义庄仓在议道堂后西偏，射圃在义庄仓之西，有亭名绎志”①。元代建康府学基本保持了南宋的布局形式，校舍减少了由义斋，后部增加了两座先贤祠，西侧取消了射圃和绎志亭，但增加了学正厅、神厨、土地庙，新增了东侧，有府学、土地祠、学录厅等。

但是从南宋开始，中庙外学方式逐渐被抛弃。兴化军学、安庆府学、泸州州学、浔州州学都改变了这种方式，改为庙学并列。关于改变的理由，黄公度认为应该使庙学分开，“旧学庙屋中峙，旁置诸生之馆，今兹东庙西学，俾祇祠肄业异焉”。因此，绍兴二十一年（1151年）兴化军重建军学时改为东庙西学，“凡庙学之制细大毕具，庙之前有崇阁以闷御书，后有广堂以绘三礼名物，学之中庭砻石潴水，约诸侯泮宫之度。又设县学于庙之东偏，传以

① 〔宋〕《景定建康志》卷二十八，见上海古籍出版社《文渊阁四库全书》电子版。

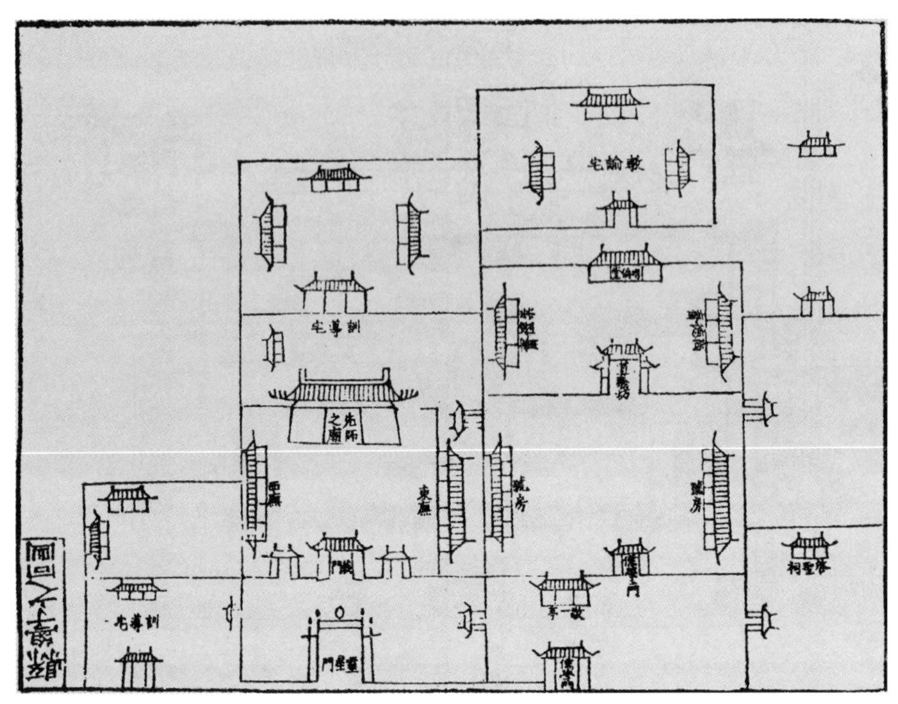

明嘉靖　兰阳庙学平面示意图

廪藏庖湢，为屋凡四百八十间，复其余为教官治舍”[①]，一庙二学，文宣王庙居中，府学在右，县学在左。著名理学家黄榦认为“肄业之斋环于庙殿，非所以尊先圣也”，所以安庆府嘉定六年（1213年）新建府学时“更创诸斋于所辟之地，而庙之制始严。右庙左学，位序既定，凡属于庙者，首建郡守斋庐，以肃祀事，既又考诸邹兖二公以及从祀坐向、等级，率谬不应古法，以侍讲朱文公先生所定新仪悉厘正之。郡之先贤与周程三先生旧祠学门外，至是迁之以亚从祀。凡属乎学者则北为杰阁以藏宸翰，阁之下为师生燕见之堂，堂之北为教官斋宿之舍，列六斋以及学职之位于东西两庑。其南有轩，轩南有池，池上有亭，为游息之地，其外为射圃，深广崇严，耽耽翼翼，规模之壮，东南诸郡莫能过也”[②]。魏了翁认为庙学不可混。因此，理宗时重修泸州

① 〔宋〕黄公度：《知稼翁集》卷下，见上海古籍出版社《文渊阁四库全书》电子版。

② 〔宋〕黄榦：《勉斋集》卷十九《安庆府新建庙学记》，见上海古籍出版社《文渊阁四库全书》电子版。

州学“前端门术，后建斋寝，左右列从祀位，又念庙学不可混也，更建东西序，筑师生之馆于外”①。

到明代时，中庙外学式基本绝迹。造成中庙学外式绝迹的原因，除了上述宋代学者的意见，还有两个重要方面。

其一，明代学校的规范化。明代规定，学校讲堂名明伦堂；学校只设居仁和由义两斋，并规定了学校生员名额，两斋建筑一般减少到三间；个别学校有号房，但号房一般不在明伦堂前，而是另成一区。虽然学校内设置了学官的官署，但一般在明伦堂的左右自成一区，教学区规模缩小。

其二，文庙建筑的扩大。明代以前，虽然孔子庙的位置比学校重要而且突出得多，但校舍规模要比孔子庙大得多。唐代孔子庙大多是一殿一门，只有极个别孔子庙有重门或两庑，但校舍规模就大得多了。开成元年（836年）新建的许州州学“蔵经于重檐，敛器于庋椟，讲筵有位，鼓箧有室，授经有博士，督课有助教”②，有重檐的藏书楼，有授经的讲堂，有学习的教室，规模远大于庙宇。涿州学校“置食钱二百万，徒三千员”③，学生数量如此众多，校舍建筑当然也要多。江都庙学在唐代已有三礼堂、学院等建筑，五代十国时又添建了讲书堂和供学子学习的长廊广室及主祀斋戒的斋院等，建筑远多于孔子庙。

宋代时，校舍规模更大。校舍不仅规模大，建筑面积也大。衡阳文宣王庙“讲堂非曩构，大屋加涂塈，下可容百人，墙隅亦深邃”④，能容百人的建筑是比较大的。杭州府学于宣和元年（1119年）扩建后，有供学习的经德、进德、炳文、颐正、贲文、蒙养、时升、益朋、履信、复古、宝贤等十二斋。建康府学孔子庙南宋景定时只有大成殿三间加两耳、两庑各三间，大成门三间加六间耳房，再加上棂星门，庙宇部分总共二十五间建筑；校舍部分有一

---

①〔宋〕魏了翁：《鹤山集》卷四十五《泸州重修学记》，见上海古籍出版社《文渊阁四库全书》电子版。

②〔唐〕刘禹锡：《刘宾客文集》卷三《许州文宣王新庙碑》，见上海古籍出版社《四库全书》第1077册。

③〔唐〕韦稔：《涿州新置文宣王庙碑》，见《全唐文》卷四百八十。

④〔唐〕杜甫：《题衡山县文宣王庙新学堂呈陆宰》，《九家集注杜诗》卷十六，见上海古籍出版社《文渊阁四库全书》电子版。

堂七斋、两层七间的御书阁，连同其他附属建筑共有七十多间，是庙宇的两倍多；校舍建筑多，从三面围护着孔子庙。庆元府学绍兴七年（1137年）重建后也是学大庙小，建炎年间金兵南下，府学被毁，只有先圣殿幸免于难；重建后大成殿“前为仪门，又前为台门，后为明伦堂、稽古堂，堂之上旧有五经阁，八斋、庖廪、先贤祠，备见旧志”①，庙宇部分只有一殿二门，校舍部分则有二堂、八斋、庖廪等，建筑远多于孔子庙。仙溪县学乾道七年（1171年）重建后“殿曰大成；讲堂曰尊道；斋有六：曰忠告、明伦、笃志、懿文、宣哲、诚意；位有四：曰学长、直学、学谕、教谕；六经有阁，祭器有库，瑞策有堂，土地有祠，庖湢有舍”②，校舍建筑远多于孔子庙。福州州学景祐四年（1037年）依庙建学，“植宇六十楹，中设孔子与其徒高弟者十人像，又绘六十子及先儒以业传世者于壁”，庙宇仅有一殿，而校舍“有九经阁、三礼堂、黉舍斋庐，旁翼两序，庖次井饮，百用皆给”。北宋后期规模更大，“崇宁元年舍法行，始自朝廷选择教授，增养士之额，益广为三百五十一区。有御书、稽古阁二，养源、议道、驾说堂三，斋二十有八：审礼，由智，祖义，隆仁，崇德，事道，兴能，宾贤，尚志，逢原，爱日，誉髦，久中，端身，通理，嗣音，明善，拔萃，逊志，依仁，养浩，育英，致道，烝髦，壮猷，制胜，小学自讼”③。元代校舍规模也大于庙宇。南海县学泰定三年（1326年）时大成殿宽六十尺，深四十五尺，高三十尺；仪门九间九标，宽一百零四尺，深二十六尺，高十八尺；明伦堂十一标，宽七十二尺，深二十五尺，左右夹室各宽四十一尺，深二十五尺；东西两厢各十一室，宽一百二十尺，深二十五尺；校舍建筑面积是庙宇的1.8倍。集庆路学从平面图看，校舍建筑面积恐怕是庙宇的两倍还多。

从明代开始，校舍和庙宇的规模差不多相等，学校建筑数量一般比文庙多一些，但是文庙建筑要比校舍高大得多，尤其是大成殿，作为庙学主体建筑，不论高度还是面宽、进深都是其他建筑无法相比的，一座大成殿几乎能

---

① 〔元〕至正二年《四明续志》，见上海古籍出版社《续四库全书》第705册。

② 〔宋〕宝祐《仙溪志》，见上海古籍出版社《续四库全书》第660册。

③ 〔宋〕《淳熙三山志》卷八，见上海古籍出版社《文渊阁四库全书》电子版。

抵得上一半校舍的面积。造成这种转变的原因，一是随着孔子地位的提高，文庙建筑物越来越多，由唐代一殿一门增加到宋、元的一殿、二庑和重门，明代增加了启圣祠和门坊，而且随着对孔子的尊崇，文庙建筑规模越来越大，大成殿由三间扩大到五间或七间，两庑也从三间扩大到五间、七间甚至九间。

校舍建筑减少，文庙建筑增加和扩大，一长一消，孔子庙建筑也逐渐超过了校舍，校舍根本无法在外围护文庙，中庙外学的布局方式也就绝迹了。

第二节　右庙左学式

右庙左学式是中国已知最早的庙学布局形式，东晋初建的国子学就是这种形式，以后也成为庙学极为常见的布局形式之一。北宋时采用这种形式的比较多。景祐二年（1035年）重修的兴国军庙学，“露寝奕奕，负阴向明……筵廾黉堂，以登师儒，局列校室，以来隽秀，是焉者处于东偏；又为二库，藏赐书

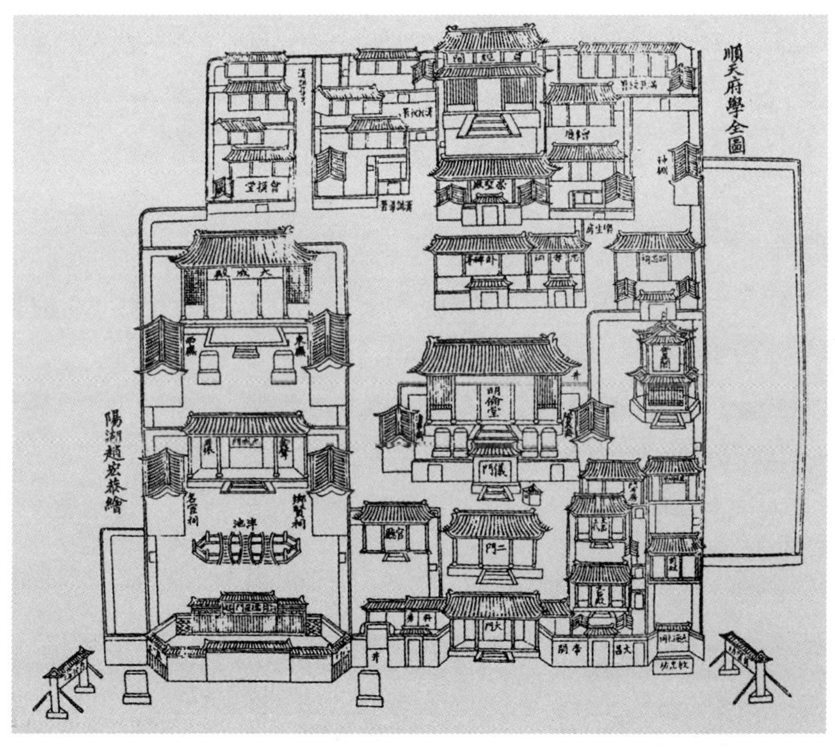

清　顺天府学平面示意图

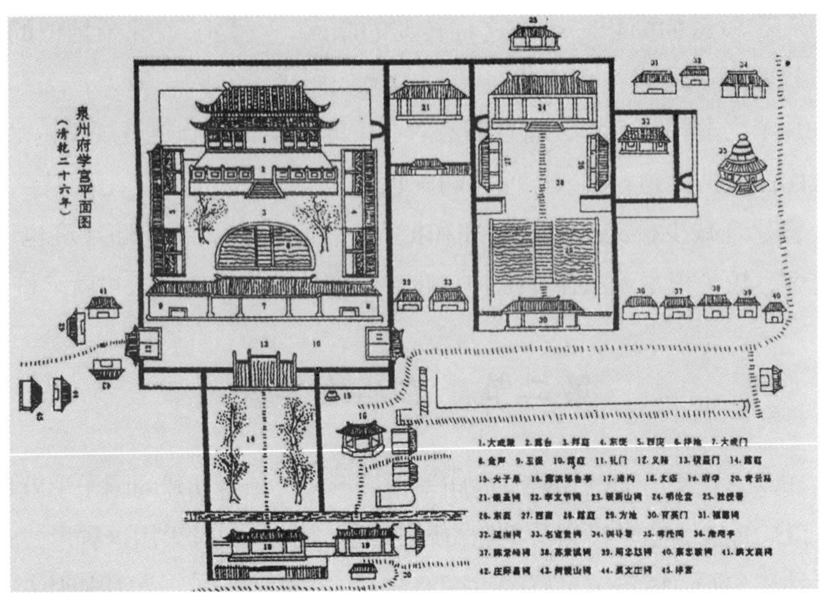

泉州庙学平面示意图

以勗生徒之业，椟礼器以谨春秋之祀，是焉者居于西偏”[①]，庙宇在西，校舍在东，虽然书库和礼器库位于庙宇西侧，但仍属于右庙左学的形式。庆历七年（1047年）新建的浔州州学“为堂乎东”，“筑宫乎西”；至和元年（1054年）新修并州庙学，先建庙宇，“复徙庙东州兵之居以置学，南书楼，北讲堂，东西斋舍，庙学异门。又设射侯于庙学之间，以备男子之习。至于起居饮食之事，必严其所，俾称是焉”，都是右庙左学的布局。安庆府学原来“肄业之斋环于庙殿”，知府认为“非所以尊先圣也”，嘉定六年（1213年）改为“右庙左学”。宋末重修华亭县学，仍然采用右庙左学形式，“修大成殿，前门后阁，左右二翼，而馆乡贤于夹，又东甃泮水，建讲堂，一斋庐八，令佐之欵谒有次，诸生之公养有廪，通为垣以宫之，翼翼沉沉，邃严靖深”。

采用右庙左学形式的原因，北宋学者余靖认为“为堂乎东，尊师教也，筑宫于西，洁斋祠也”[②]。

---

①〔宋〕余靖：《武溪集》卷六《兴国军重修文宣王庙记》，见上海古籍出版社《文渊阁四库全书》电子版。

②〔宋〕余靖：《武溪集》卷六《浔州新成州学记》，见上海古籍出版社《文渊阁四库全书》电子版。

福建安溪县学鸟瞰图

右庙左学式比较常见，明代福安、建阳、兰阳、宁德、永嘉和清代海州、永嘉、顺天府、嘉定和江宁府学都是采用的这种形式。

北京顺天府学是比较典型的右庙左学式布局，文庙在西，校舍在东，崇圣祠由于是后来添建的，所以位于明伦堂后，虽然在学校以东还有文昌祠和文天祥祠，但这两部分并非国家规定的学校内容。

地方学校中，泉州府学也是文庙在西，学校在东，各自设门，但学校退至文庙棂星门之后，崇圣祠位于庙学之间，教授署和训导署、尊经阁位于学外，布局不算规整，这是由历史造成的。泉州府学建造于南宋绍兴七年（1137年），当时规模较小，后世扩大和增加建筑都很难。崇圣祠前身启圣祠于明嘉靖九年（1530年）增设，庙内无地，只好建在了庙学之间。泮池在大成殿前非常罕见，应该是大成殿扩大，两庑也要相应扩大，但泮池原来已备，只好留在原处，所以泮池不在大成门外而在大成门内，是目前所知唯一的一例。府学附祀建筑很少，只有名宦乡贤祠，其他的忠孝、节义、孝悌等祠都没有，但在庙西和学门两侧及校外东北分布着十多座名人专祠，这在全国各地各级学校中也是少见的。

安溪县学也是右庙左学式，文庙照壁前设泮池，照壁内依次为文庙门、大成门、大成殿、崇圣祠，不开正门，两侧设腾蛟、起凤角门以供出入，东侧为明伦堂及其正门和两厢，现在仅存这一组建筑。

第三节　左庙右学式

左庙右学式最早见于唐代国子监，宋代成为比较常见的布局方式之一。新安县学“绍兴十一年，汪内相始复营建，左庙右学，规制雄丽”①，兴国军学绍兴二十一年因“旧学庙屋中峙，旁置诸生之馆”改为“东庙西学”，端平三年（1236年）常熟县学“以孔庙居左，庙之南为大门，北为言□之祠，又东北为本朝周子、邵子、二程子、朱子、张子之祠，以明伦堂居右，东西为斋庐四以馆士，为塾二以储书，凡祭器、祭服藏焉。通为屋百有二十楹，

---

①〔宋〕罗愿：《新安志》卷一，见上海古籍出版社《文渊阁四库全书》电子版。

苏州府学鸟瞰图

而为垣以宫之”，采用左庙右学形式，至今仍然保存着这种形式。绍定二年（1229年）所刻的平江图中，平州府学图即府学在右，文庙在左，苏州文庙至今仍然保持着这种布局形式。

地方学校采用左庙右学形式的比较多。明代临江、龙溪、平湖、威县、吴县、淄川、夏津和清代承德、定州、杭州、嘉定、乌程、乾州、元长等都采用的是这种布局方式。

北京国子监也是典型的左庙右学式，太学在西，文庙在东，各自设有正门，但有围墙连在一起。门前路南也有一区名为南学的建筑，那是清雍正九年（1731年）增设的。南学本来计划是作为国子监学生和教师的宿舍使用的，因为国子监除了是国家的最高学府，还是国家管理国子监以外的培养贵族子弟的八旗官学、培养科技人才的算学及培养留学生的俄罗斯学的主管机构，同时要负责在京小官和贵族子弟参加顺天乡试的录科（资格）考试，兼有教学和教育管理两项职能，为了将职能区分开来，将教室迁到南学，原来的太学就成为专门的教育主管机关。

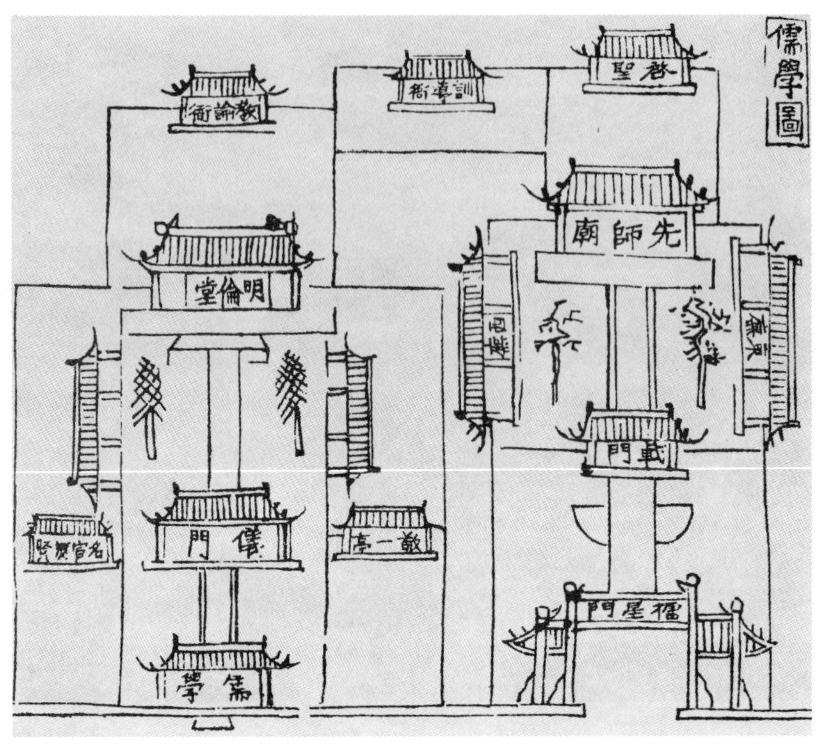

明嘉靖　山东淄川庙学平面示意图

明代地方学校左庙右学的布局形式，淄川县学比较典型，文庙在东，有棂星门、泮池、戟门、先师庙（大成殿）及两庑和启圣祠，儒学在西，有大门、仪门、明伦堂及两斋，仪门东侧为敬一亭，西侧为名宦乡贤祠，学官宅邸位于学后，教谕衙居中，训导衙在东；学校西侧设射圃，一门一亭，亭名观德，非常简洁。

清代地方学校中定州儒学比较典型，也很独特。学校在西，有照壁、大门、仪门和明伦堂，现在示意图中没有两斋，应该是被拆除了，原来不会没有的。文庙在中，中轴线上依次为照壁、泮池、棂星门、戟门、大成殿，棂星门前东西庙墙上设礼门和义路，戟门两侧设官厅，即官员的斋戒所，两厢设名宦祠和乡贤祠，大成殿前设两庑，除了崇圣祠设在他处，是非常标准的文庙设置；后部设教官宅邸，西为学正宅，东为训导宅，都是前设照壁，一门一堂，比较独特的是正中有雪浪斋一组建筑，也是一门一堂，但堂前设月台。东路前为文昌阁，后为崇圣祠院落，一门一祠，这在文庙中是比较独特

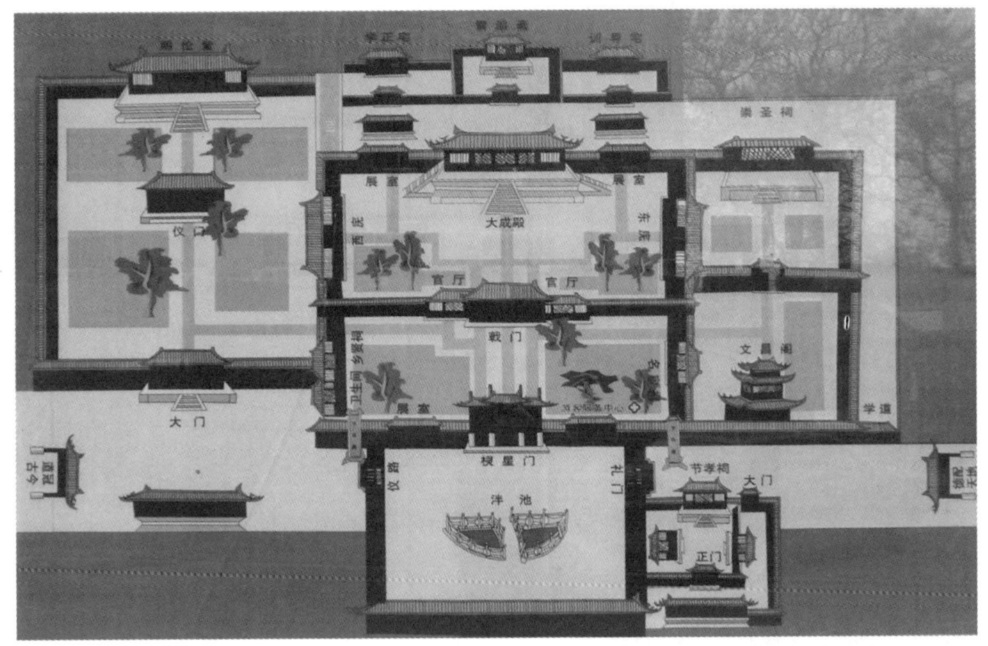

河北定州儒学平面示意图

的。其所以出现这种现象，是因为文庙东侧原来就有文昌阁，国家要求增设崇圣祠，文庙内无法建造，就建造在文昌阁之后，由于文昌阁并非文庙礼制规定建筑，而且文昌阁建造在前，不能称之为东庙。庙前东西立下马牌，庙外跨路建造“德配天地”和“道冠古今”两座牌楼，与设在庙墙上的角门礼门和义路相对，文庙将庙前道路堵断，是比较罕见的。比较独特的还有节孝祠依东侧庙墙而建，但位于路南，祠前设照壁，正门面南，门内一祠两厢，大门设在祠堂东侧，临街，不能直接进入祠内，需要绕到正门。

第四节　前庙后学式

前庙后学也是中国庙学极为常见的布局方式之一。宋代时，并州州学“庆历初，文烈明公镐又建礼堂于夫子之殿北而讲始有容”，元祐三年（1088年）长乐县学“背殿有堂，翼以两序”，都是前庙后学式。四明府学金兵南下时遭到严重破坏，唯先圣殿岿然独存，绍兴七年（1137年）重建，“前为仪门，又前为台门，后为明伦堂、稽古堂”。奉化县学南宋庆元二年

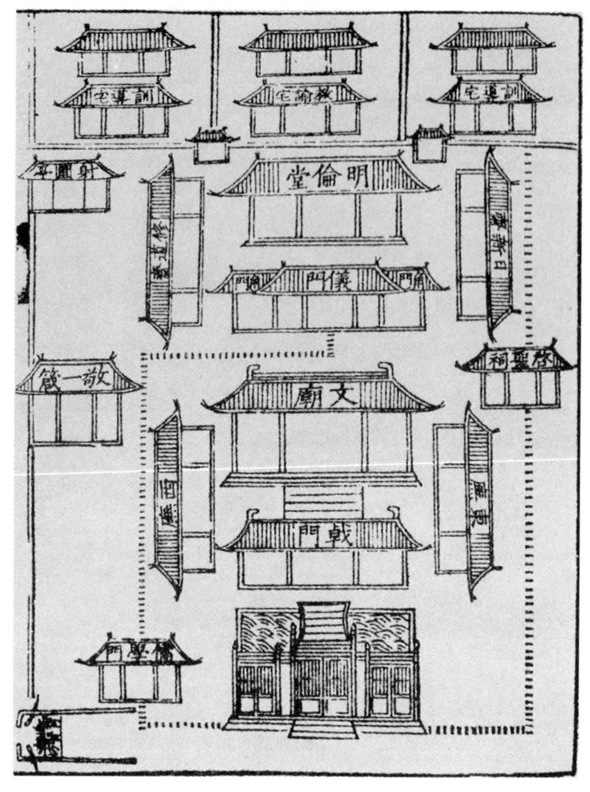

明嘉靖　夏邑儒学平面示意图

（1196年）重修，“直殿后作堂曰彝训，东西四斋曰养正，曰达材，曰成德，曰升俊”。此外，永嘉县学在宋绍定时于庙后建学，吴兴县学嘉泰五年（1205年）创建时“命讲堂在大成殿后”[1]，鄞县县学宝庆二年（1226年）重修时“直殿后为讲堂”[2]，看来前庙后学是宋代常见的形制。明代淳安、福宁、建平、泾县、莱芜、绍兴、夏邑、宿州、瑞金、宿迁、如皋、思南、南康、新昌、萧山、襄城、营山、许州、永宁和清代慈溪、汾州、赣榆、泸州、宁国、镇海、沭阳、太仓、永清、韩城、历城、淮安等都是前庙后学的布局形式，此形式在明代文庙所有布局方式中是最多的。

文庙在前，学校在后，由于人们不能从文庙出入，所以在庙门一侧另设学门，就布局形式来说，这种形式是很不科学的，因为出入非常不方便。明清时期许多文庙之所以采用这种方式，可能是因为许多文庙原来是中庙外学式，本来学校的主要建筑讲堂就在庙宇后面，学习的教室在庙外，明代时由于教室减少，很容易将教室安排在讲堂两侧，随着大成殿建筑的扩大，两庑也要外推，原来的教室位置正好安排两庑，另外文庙地位高于学校，也需要安排在上位，所以前庙后学的布局方式就比较多。

① 〔宋〕嘉泰《吴兴志》，见上海古籍出版社《续四库全书》第704册。

② 〔宋〕宝庆《四明志》卷十二，见上海古籍出版社《文渊阁四库全书》电子版。

明代夏邑县学是比较典型的前庙后学式，文庙在前，有棂星门、泮池、戟门、大成殿及两庑、启圣祠，启圣祠是增加的，所以位于文庙的东北角；学校在后，有大门、仪门、明伦堂及两斋，官员宅邸位于明伦堂后，教谕居中，训导分居左右，正门设在庙西侧，直北东转入学，西转为敬一箴堂，再后为射圃，整个布局非常简洁有序。

清代前庙后学式中，赣榆儒学比较典型，文庙在前，学校在后，中轴线上依次设外泮池、照壁、棂星门、内泮池、戟门三间、大成殿五间、明伦堂五间、尊经阁五间重层，照壁东西两侧设栅栏，与庙墙相连，戟门东西有耳房，再外设名宦祠、乡贤祠，大成殿前东西设两庑各七间，明伦堂西侧设门，但没有两斋，查文献可知，原来两斋各五间，东名存心，西名养性，绘图时已经倒塌无存。明伦堂两侧各设一门，东门内为教谕署，西名训导署，都有一门一堂，教谕署另多东厢三间。崇圣祠设在大成殿东略后，祠五间，一门向西开。除了外泮池，属于标准的儒学配置，但比较简陋。庙东南有文昌阁，三间重檐。

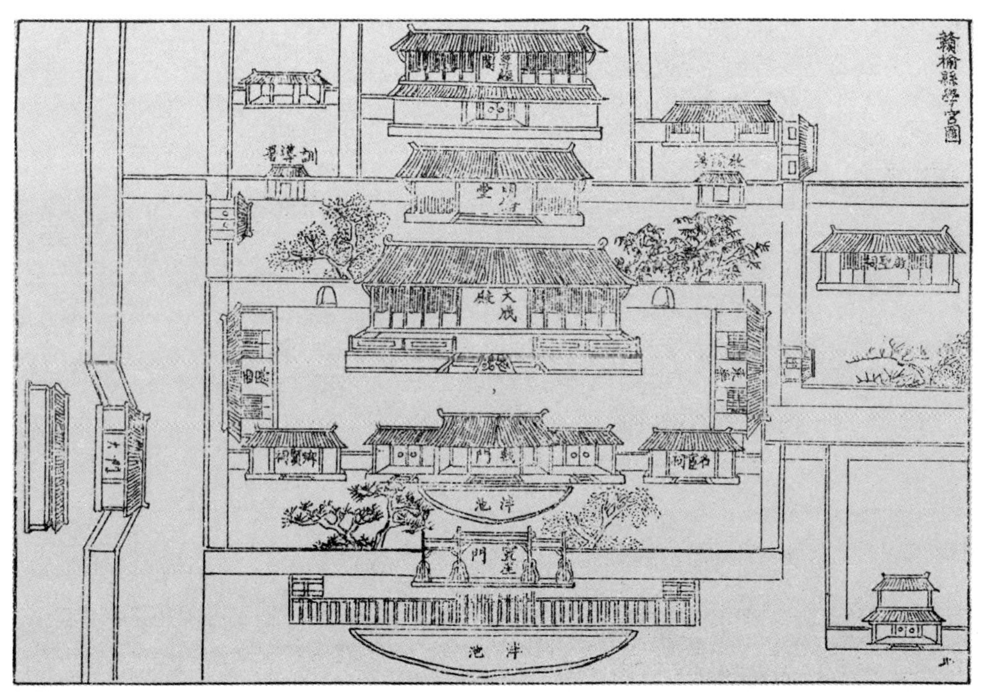

清　赣榆儒学平面示意图

第五节　庙学分离式

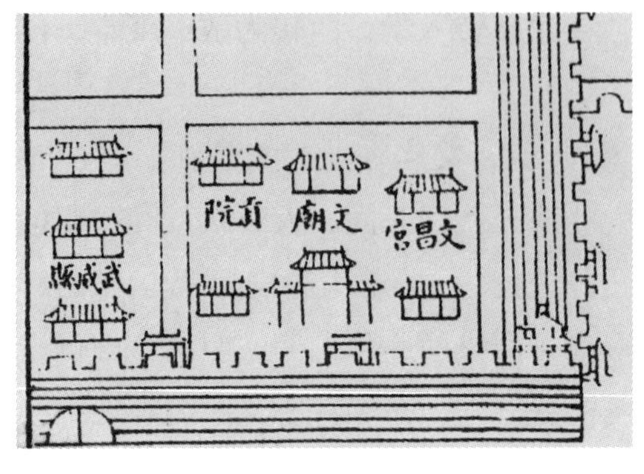

清　凉州府庙学位置示意图

庙学分离式非常罕见，仅见甘肃凉州府学一例。从清雍正《甘肃通志》“凉州府”城图看，文庙位于城内东南角，前临城墙，东为文昌宫，西为贡院，府学却在文庙的西北，东门内大街的路北，南北间隔一个街区，东西也隔着一条大街。

第六节　布局形式的变形

布局形式当然也有个别特殊的情况，但只能算是这五种布局形式的变形，而不能称作新的布局形式。

一种是一庙两学，此种形式始见于南宋。黄公度认为庙学并列有助于尊敬孔子和学子学习，“旧学庙屋中峙，旁置诸生之馆，今兹东庙西学，俾祇祠肄业异焉”，所以绍兴二十一年（1151年）兴化军重建军学时改为东庙西学，“凡庙学之制细大毕具，庙之前有崇阁以闷御书，后有广堂以绘三礼名物，学之中庭砻石潴水，约诸侯泮宫之度。又设县学于庙之东偏，传以廪藏庖湢，为屋凡四百八十间，复其余为教官治舍”。孔子庙居中，东侧为军学，西侧为县学，表面看好像是中庙侧学式或一庙两学式，但实际上是两学借用一座文庙，对军学是右庙左学，对县学是左庙右学。宋代时倚郭县不许设学建庙，倚郭县学多依附府学。

明代一庙两学的现象依然存在，即使在清代取消倚郭县不许设学的限制后，一庙两学的情况也比较常见。云南省建水文庙在中，左为临安府学，右为建水县学（原为州学，清乾隆三十五年改为县学）。甘肃庆阳庙在右，学在左，县学在前，府学在后，形制非常特别。甘肃平凉庙学也很特别，也是一庙两学，县学与文庙并列，县学在右，文庙在左，府学虽然在庙的左侧，但却退居在文庙的北面，因为府学大部分在庙后之东，所以不能称之为前庙后学。

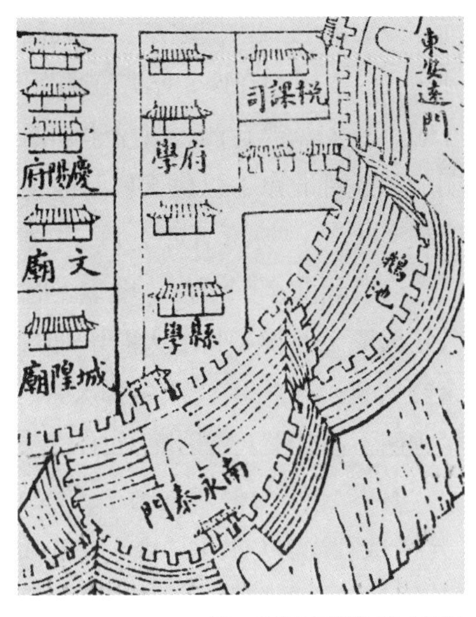

清　庆阳庙学位置示意图

天津也是府学、县学并设，但是没有减少文庙，而是两座文庙中间并立，两座校舍在外卫护，天津府学在左，布局形式是右庙左学，天津县学在右，布局形式是左庙右学，现在县学已毁，仅存府学。

一种是一庙二学。北宋时由于倚郭县不许设学建庙，有的府城设有两个倚郭县，就出现了一庙三学的县学。如福州倚郭县闽县和侯官二县原来均有宣圣庙，崇宁初推行三舍法，二县学校并寓府学西北，成为一庙三学。但是原来二县的宣圣庙仍然保存着，成为无学的孔子庙。明代虽然允许倚郭县设学建庙，但有的倚郭县并没有建造文庙，而是依附在府学旁。西安“学三

天津府学县学鸟瞰图

而庙一，庙当城南门之东，宅巽离，中郡学，掖而右咸宁，邑治在东，故学亦东，长安邑治在西，学亦在西”[①]，府学文庙居中，咸宁县衙在东，县学也在东，长安县衙在西，县学也在西。北京顺天府学文庙原是大兴县学，因为明成祖迁都北京，以顺天府学改为国子监，永乐元年（1403年）改大兴县学为顺天府学，“永乐元年五月，礼部言旧制应天府设学，不设上元、江宁二县学，今既设北京国子监，以顺天府学为之，革大兴、宛平二县学，而以大兴县学为顺天府学。其顺天府学及二县生徒通经能文者令充北京国子监生，其余皆充顺天府学生”[②]，裁掉大兴、宛平二县学，将学生分别拨入国子监和府学，而不设县学，所以顺天府学还是一庙一学。

有的学校为追求对称，于文庙一侧建设明伦堂，另一侧建设训导署（宅）或教谕署（宅），或于文庙后建设明伦堂，于文庙两侧分别建设教谕署（宅）和训导署（宅），但这几种形式都不能叫作中庙侧学，因为学校的主体是明伦堂，应该以明伦堂和文庙的位置关系来确定庙学的布局形式。如江苏沭阳县学，文庙居中，后为明伦堂，东西分别是教谕署和训导署，明伦堂在庙后，还是属于前庙后学式。同样的例子还有山西平遥县学，前为文庙，后为学校，东西两侧分别为教谕和训导的衙宅，有人称之为一庙三学，也有人称之为东学宫、西学宫，其实都是不正确的，平遥县学仍然属于前庙后学的布局形式。有的学校中间为文庙，左侧或右侧为校舍，而对应的一侧建有书院或文昌祠。如浙江永嘉县学在明正德年间右为书院，中为文庙，左为校舍，到清光绪年间西侧的书院改成文昌宫，因为书院和文昌宫不是学校规定的组成部分，所以还应称作右庙左学式。

较为复杂的是广东揭阳县学，居然东西成四路布局。左起第一路由南向北依次为忠孝祠、明伦堂、教谕署、教谕大堂、教谕内宅；左起第二路为文庙，由南向北依次为照壁、棂星门及东西墙上角门金声门和玉振门、泮池、大成门及明宦祠与乡贤祠、大成殿与东西两庑、崇圣祠及东西两厢、尊经阁；左起第三路由南向北依次为土地祠、文昌祠、文昌阁、节孝祠，享祠；左起

① 《陕西通志》卷二十七，见上海古籍出版社《文渊阁四库全书》电子版。

② 《钦定日下旧闻考》卷六十五，见上海古籍出版社《文渊阁四库全书》电子版。

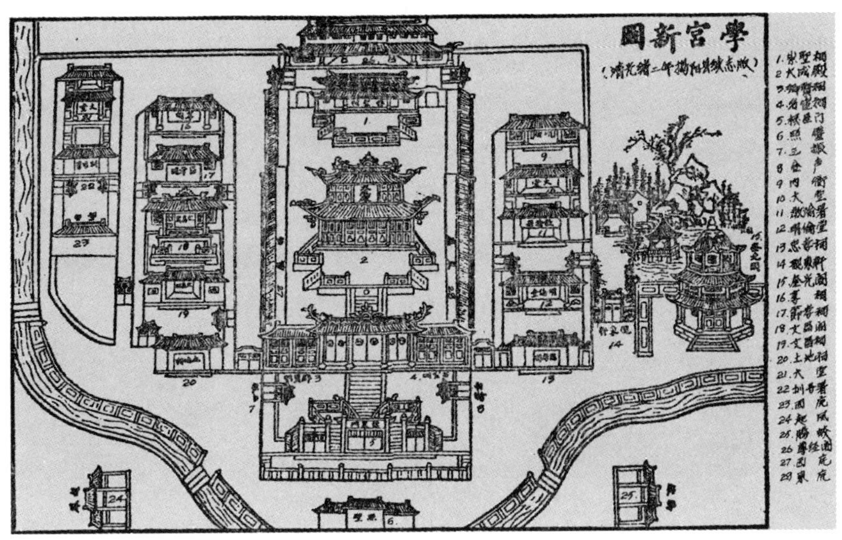

广东揭阳文庙平面示意图

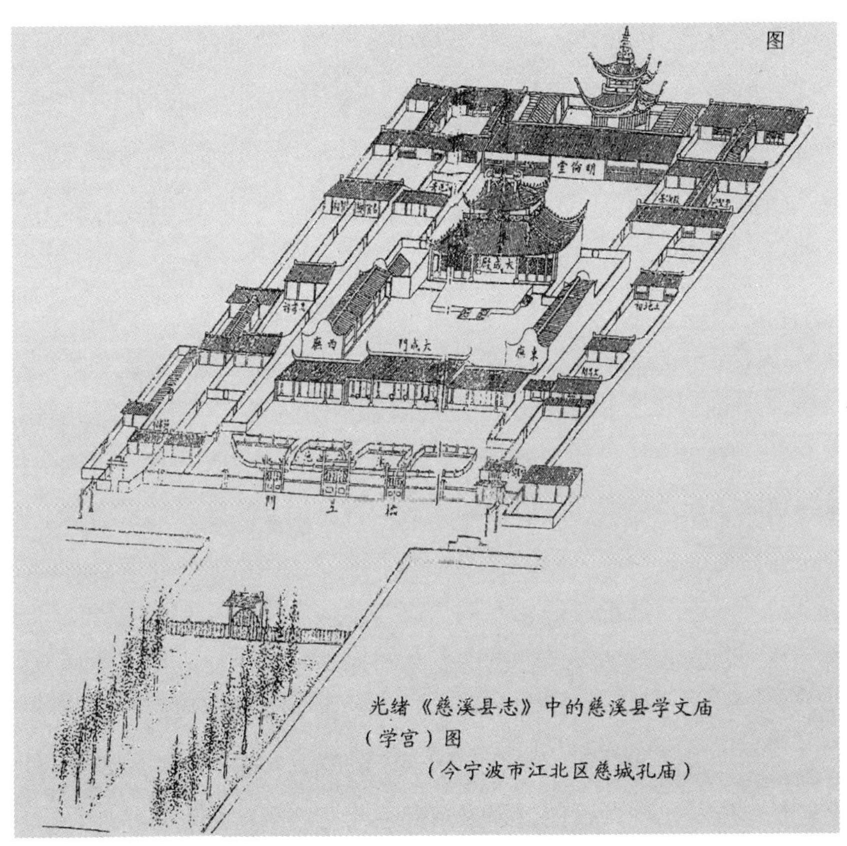

光绪《慈溪县志》中的慈溪县学文庙（学宫）图

（今宁波市江北区慈城孔庙）

浙江慈溪儒学平面示意图

福建同安县学全景

第四路由南向北依次为园庑、训导署、训导大堂、训导内宅，在学校围墙以东还有观泉轩、奎光阁等建筑。左起第一路主建筑是明伦堂，后面是教谕的衙斋，前面是附祀建筑忠孝祠，都是礼制学校的组成部分；左起第二路是标准的文庙；左起第三路土地祠、节孝祠和享祠是学校的组成部分，但主要建筑文昌祠、文昌阁却不是学校礼制的建筑；左起第四路是训导的衙宅，所以就整体来看，揭阳县学还是属于右庙左学的布局形式。

浙江慈溪县学也是一个复杂的例子。整体呈三路布局，中路前为文庙，后为明伦堂和梯云亭；西路前部依次为节孝祠、忠义孝悌祠、名宦乡贤祠等附祀建筑，后部为训导署和训导内宅；东路前部依次为儒学门（上层为魁星阁）、文昌祠、宰牲所、土地祠和崇圣祠，后部为教谕署与教谕内宅，布局虽然很复杂，礼制建筑、附祀建筑、民俗信仰建筑均有，但功能区分非常清楚，以大成殿后墙为界，前部是奉祀部分，后部是校舍部分，属于前庙后学式。而且设计者专门将属于文庙的祭祀建筑和附祀建筑与不属于文庙礼制和民俗信仰奉祀建筑严格分开，西路的节孝祠单独设门，东路的魁星阁、文昌祠也单独有门，都与文庙不相连，属于文庙附祀建筑的忠义孝悌祠、名宦乡贤祠各自成院，向东设门，通过西夹道与庙内第一进庭院相连。同样，东路的土地祠和宰牲所、崇圣祠也是各自成院，向西设门，通过东夹道与庙内第一进庭院相连，将礼制建筑与文庙相连，非礼制建筑区隔在文庙之外，设计非常合理。

还有一个特殊的例子是福建同安县学。大成门、大成殿一组在中间，左边为泮池和牌坊，右边为明伦堂和附祀建筑。造成这种布局形式的原因是初建的文庙规模较小，后来扩建时因为庙前有城墙而无法前扩，只好将扩建的部分安排在庙的左侧。明伦堂是学校的主体，大成殿是文庙的主体，应该以两者的位置来确定庙学的关系，所以同安县学仍然属于左庙右学式。

庙学的布局形式由于历史的种种原因也在不断变化。德庆州学原来是前庙后学式，清康熙五十八年（1719年）将明伦堂改为启圣祠，在庙东重建明伦堂，就将学校改成右庙左学式。

第七节　孔子庙与学校规模的变迁

虽然孔子庙的位置比学校重要而且突出得多，但在明代以前，学校的规模要比孔子庙大得多。

唐代孔子庙一般一殿一门而已，虽然个别孔子庙有两门或两庑，但学校规模更大。涿州学校“置食钱二百万，徒三千员”[①]，江都庙学在唐代已有三礼堂、学院等建筑，五代十国时又添建了讲书堂和供学子学习的长廊广室及主祀斋戒的斋院等，建筑远远多于孔子庙。

宋代时，学校规模扩大更多。

景祐四年（1037年）福州就庙增设府学，五年后落成，“植宇六十楹”，“有九经阁、三礼堂、黉舍斋庐，旁翼两序，庖次井饮，百用皆给”，熙宁三年（1070年）火后，士人捐资重建，“不一月集钱三百万，为门为殿，为公堂，环列十斋，以居学者，如其旧。公堂之后又别为室以藏书，为堂以讲议，为斋以处师长，盖合百有三十间”，“崇宁元年舍法行，始自朝廷选择教授，增养士之额，益广为三百五十一区。有御书、稽古阁二；养源、议道、驾说堂三；斋二十有八：审礼，由智，祖义，隆仁，崇德，事道，兴能，宾贤，尚志，逢原，爱日，誉髦，久中，端身，通理，嗣音，明善，拔萃，逊志，依仁，养浩，育英，致道，烝髦，壮猷，制胜；小学自讼。其后舍法罢，

① 〔唐〕韦稔：《涿州新置文宣王庙碑》，《全唐文》卷四百八十。

寻省为十二斋，养士二百人（兴能、事道、崇德、时习、祖义、由智在东庑，明善、嗣音、通理、端身、隆仁、誉髦在西庑。外职事位四，祭器、乐器库各一，印书库一），有先贤堂”[①]。

庆历四年（1044年）扩建的吉州州学“学有堂筵斋讲，有藏书之阁，有宾客之位，有游息之亭”[②]，庆历五年迁建的饶州州学“凡为屋百二十楹，昼夜讲习，各有攸居”[③]，元丰三年（1080年）迁建的寿州州学“凡为屋百一十楹，孔子庙居其中，师堂生舍列其旁，宾有次，射有圃，楼庑庖湢罔不具”[④]，宣和元年（1119年）扩建后的杭州府学有供学习的经德、进德、炳文、颐正、贲文、蒙养、时升、益朋、履信、复古、宝贤等十二斋。南宋绍兴七年（1137年）重建的四明府学也是学大庙小。建炎年间，金兵南下，四明府学被毁，只有先圣殿幸免于难，重建后大成殿“前为仪门，又前为台门，后为明伦堂、稽古堂，堂之上旧有五经阁，八斋、庖廪、先贤祠，备见旧志”[⑤]，庙宇部分只有一殿二门，学校部分则有二堂、八斋、庖廪等，建筑远远多于文庙。绍兴二十一年重建的兴化军学，“庙之前有崇阁以閟御书，后有广堂以绘三礼名物，学之中庭砻石潴水，约诸侯泮宫之度。又设县学于庙之东偏，传以廪藏庖湢，为屋凡四百八十间，复其余为教官治舍”[⑥]，一庙二学，规模达到四百八十间。乾道七年（1171年）重建的仙溪县学“殿曰大成；讲堂曰尊道；斋有六：曰忠告、明伦、笃志、懿文、宣哲、诚意；位有四：曰学长、直学、学谕、教谕；六经有阁，祭器有库，瑞策有堂，土地有祠，庖湢有舍”[⑦]，学校建筑远远多于庙宇。绍熙五年（1194年）赣县县学“中峙大

① 〔宋〕《淳熙三山志》卷八“福州州学”，见上海古籍出版社《文渊阁四库全书》电子版。

② 〔宋〕欧阳修：《吉州学记》，《文忠集》卷三十九，见上海古籍出版社《文渊阁四库全书》电子版。

③ 〔宋〕余靖：《饶州新建州学记》，《武溪集》卷六，见上海古籍出版社《文渊阁四库全书》电子版。

④ 〔宋〕刘挚：《寿州学记》，《忠肃集》卷九，见上海古籍出版社《文渊阁四库全书》电子版。

⑤ 〔元〕至正二年《四明续志》，见上海古籍出版社《续四库全书》第705册。

⑥ 〔宋〕黄公度：《兴化军重建军学记》，《知稼翁集》下卷，见上海古籍出版社《文渊阁四库全书》电子版。

⑦ 〔宋〕宝祐《仙溪志》，见上海古籍出版社《续四库全书》第660册。

成之殿，缭以七十余区之房，讲习有堂，入直有庐，肄业有斋，东西有序，庖湢有所”，很明显，学校建筑远远多于庙宇。景定时建康府学孔子庙大成殿三间加两耳，两庑各三间，大成门三间加六间耳房，再加上棂星门，庙宇部分总共二十五间建筑，学校部分有两堂七斋，连同其他附属建筑共有七十多间，是庙宇的两倍多。虽然学校建筑多，但从平面图看，校舍三面围护，孔子庙位居正中，地位还是很突出的。

宋代之所以学校建筑增多，主要是因为国家重视教育，扩大了教育规模。庆历四年“诏诸郡置学，二百人以上许更置县学，若民力未给，许姑就孔子庙或系官屋宇，于是建学者始众”。王安石变法实行三舍法，增加了国学学生名额，以后又推行到地方官学。学生增多，教室也要随之增加。古田县学有八斋，长乐县学和闽清县学各有十二斋，福州州学更多达二十八斋。宋代地方官学还可设置小学，“十岁以上愿入学者听之”[①]，福州州学、怀安县学、长溪县学、长乐县学、古田县学、闽清县学、宁德县学、罗源县学都建造了小学。

元代时，学校规模仍多大于庙宇。元贞元年（1295年）重修的江阴县学“庙南向，前峙三门，东西列两序，绘先贤像，冠缨甚肃。后余八斋，中立讲堂，翼以二夹室，崇其北为藏书之阁，东序之东建学官厅事，西序之北筑小学基，下至米廪庖湢，内外缮修”[②]，孔子庙有正殿、两庑和三门，学校则有八斋、讲堂、小学、藏书阁、学官厅事以及米廪庖湢，规模更大。泰定三年（1326年）的南海县学是现在见到的唯一有建筑详细尺寸的地方庙学。据记载，大成殿宽六十尺，深四十五尺，高三十尺；仪门九间九标，宽一百零四尺，深二十六尺，高十八尺；明伦堂十一标，宽七十二尺，深二十五尺，左右夹室各宽四十一尺，深二十五尺；东西两厢各十一室，宽一百二十尺，深二十五尺；学校建筑面积是庙宇的1.8倍。集庆路学从平面图看，学校建筑多，面积恐怕是庙宇的两倍还要多。

---

① 〔宋〕《淳熙三山志》卷九“诸县庙”，见上海古籍出版社《文渊阁四库全书》电子版。

② 〔元〕陆文圭：《江阴修学记》，《墙东类稿》卷七，见上海古籍出版社《文渊阁四库全书》电子版。

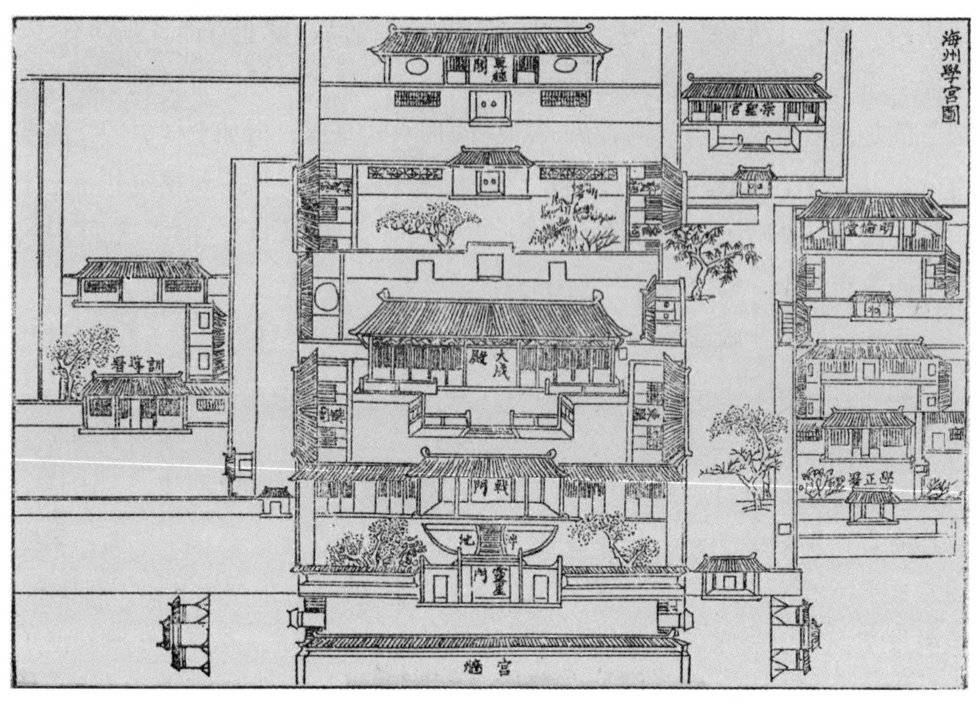

江苏海州学宫平面示意图

从明代开始，学校和庙宇的规模差不多相等。学校的建筑数量一般比孔子庙多一些，但是孔子庙建筑要比学校建筑高大得多。尤其是大成殿，作为庙学的主体建筑，不论高度还是面宽、进深都是其他建筑无法相比的，一座大成殿几乎就能抵得上半个学校的面积。造成这种转变的原因，一是随着孔子地位的提高，孔子庙的建筑物越来越多，除了唐、宋、元时期的一殿一门或两门和两庑，增加了启圣祠（清雍正时改为崇圣祠）和门坊等纪念建筑，而且随着对孔子的尊崇，孔子庙建筑规模越来越大，大成殿由三间扩大到五间或七间，清代则扩大到九间甚至十一间，两庑也从三间扩大到五间、七间、九间、十一间、十三间、十七间，有的甚至扩大到十九间。二是随着学校生员名额的确定，学生数量减少，学舍当然也随着减少。福州州学北宋实行三舍法时，有三堂二十八斋，废除舍法后，养士二百人，减为十二斋，到南宋时“岁春秋补终场各五千余人，取五百人，养士三百人”[①]。长乐县学“养士

① 《淳熙三山志》卷八，见上海古籍出版社《文渊阁四库全书》电子版。

几百人”，“为斋十二”[①]。到明代时，学校确定生员名额，府学、州学、县学一般分别为四十名、三十名、二十名。清代时，除了个别人口众多、经济富庶的地区能够达到甚至超过这些标准（极个别县学二十五名），绝大部分府学二十五名左右，州学二十名左右，县学十五名左右；经济欠发达、文化较落后、人口较少的地区名额还要少，偏远落后地区府学不到二十名，州学十名左右，县学甚至两三名，虽然可设置同等数量的廪生、增生和附生，但学生太少了。宋代学校动辄有十斋、八斋，少的也有四斋，到了明清时期学舍一般只有两斋，虽然教官的衙宅面积加大，但是学舍减少太多，所以学校的建筑面积越来越小，孔子庙建筑规模也逐渐超过了学校。

北宋时曾规定倚郭县不设学校，要附设在同城的府学或州学内，南宋时曾经不再限制。明代允许倚郭县建造学校和孔子庙，但是由于各种原因，许多倚郭县并没有建造，仍然附设在府学或州学内。如云南临安府学就附设了建水州学（后改为县学），文庙居中，府学在东，州学在西。明嘉靖时赣州府学附设了赣县县学，文庙居中，府学在东，县学在西；西安府学文庙附设了两座县学，东为咸宁县学，西为府学和长安县学，三学共用一座文庙；附学更多的是承德附学，有平泉州和滦平县、丰宁县、赤峰县、建昌县、朝阳县，一座孔子庙竟有七座学校。还有一种情况是两所县学共用一座文庙，如南京上元县和江宁县两所学校就共用了一座文庙，此文庙就是现在的南京夫子庙。

① 《淳熙三山志》卷九，见上海古籍出版社《文渊阁四库全书》电子版。

第三章

孔子庙的建筑

第一部分　前导建筑和构筑物

孔子庙建筑较多，为了便于读者了解，按照建筑功能分为前导建筑、奉祀建筑、附祀建筑和服务建筑四部分。为使章节体例一致，增加部分为目。

孔子庙的主要职能就是祭祀，以祭祀孔子和历代儒家的代表人物来显示国家对儒家思想的推崇和继承传统思想文化的国家意志。位于文庙前部的建筑和构筑物并无奉祀功能，只是以其名称来赞颂孔子思想和他的历史功绩，目的在于营造庄严肃穆的氛围，培养朝拜祭祀者的崇敬之情，所以将它们称为前导建筑物和构筑物。

前导建筑物和构筑物主要有照壁、牌楼、门坊、泮池和下马牌等。

第一节　照　壁

照壁，又名屏墙、宫墙，位于文庙的庙门前。辟有正门的文庙一般在门前道路的对面，未辟正门的文庙就成了文庙最前面的围墙。

照壁历史

照壁在唐、宋、元庙图和记述中均未见到，明代是文庙照壁的产生和发展期。

首先建造照壁的是曲阜孔子庙。明永乐十五年（1417年）在庙门前增建面墙一堵，面墙就是照壁。其次是岳州文庙。明弘治元年（1488年）成书的《岳州府

韩城文庙照壁

志》文庙图中，庙门前有一堵与庙同宽的照壁。再次是国子监文庙。弘治十四年（1501年）“乃贸地东西广七丈五尺，深四尺，筑屏墙，上覆青色琉璃瓦，两旁筑小红墙，覆以筒瓦，护以栏”[①]，在文庙门前添建照壁。照壁两端还有向北的小墙，属于八字形照壁，现在仍然保存着此种形式。稍后建造的是淮安府学文庙，明正德十一年（1516年）增修宫墙。明嘉靖年间，照壁逐渐增多，宁德、安溪、寻甸的庙学图中都已经出现，寻甸府学图题作“屏墙”，安溪庙学图题作“照壁”，大都是一字形。其后，溧水文庙和高淳文庙分别于万历五年（1577年）和三十二年建造了屏墙，崇明县学文庙也于万历二十九年修筑了万仞宫墙。

明代虽然有一些文庙建造了照壁，但照壁还很不普及，从现存的庙图看，绝大多数文庙没有建造。清代时照壁才普及起来，清代末期几乎没有一所文庙没有照壁的。

文庙前增加照壁最初是为了障蔽庙前秽物：“谢铎上言：‘棂星门外有小巷，横沟秽集，宜高筑屏墙，以为障蔽。’”[②]朝廷同意谢铎的建议，在国子监文庙前添建了照壁。

① 〔清〕文清、李宗昉等：《钦定国子监志》，北京古籍出版社，2000年，第55页。

② 〔清〕文清、李宗昉等：《钦定国子监志》，北京古籍出版社，2000年，第55页。

照壁形制

照壁有一字形和八字形、一堵式和三堵式等形式。

一字形照壁最多。福建永春、安溪，广东化州，贵州安顺，海南文昌、崖州，河北沧州、热河，湖南浏阳，江苏南京江宁府学，辽宁兴城，山西静升、平遥、太原、闻喜，陕西韩城、洛南、西安，四川安岳、德阳、灌县、富顺、犍为、清溪、渠县、中江、资州，台湾高雄、台中，天津府学、天津县学，云南景东，浙江天台，等等，文庙照壁都是一字形。福建安溪文庙照壁为一堵式，石方座，壁心红砖灰缝，红白斑驳，可能是为了加固，在立砖贴面中间增加两小段平砌砖垛，整体来看与文庙的庄严不称。平遥文庙照壁一字形，在文庙大门街道的对面，砖砌，须弥座，壁心中间设置圆形漏窗，檐部仿木构，用三踩斗栱，灰瓦庑殿顶。德阳文庙照壁一字形，左右与庙墙连接，石方座，砖砌到顶，菱角檐，黄色琉璃如意纹挂落，黄瓦庑殿顶，彩色灰塑脊；向外一侧设两层落膛式壁心，上层壁心中间题“万仞宫墙”四字，一字一心，左右两侧壁心为浮雕，下层壁心黄色琉璃镶边，中间一方为横长方形，中图为黄色琉璃二龙戏珠，菱形，两侧圆形，图案为瓶升三戟（平升三级）；向内一侧设三个落膛式壁心，中间横长方形，两侧竖长方形，镶嵌琉璃为边，中置彩色琉璃菱形图案，中间和两侧分别是二龙戏珠和游龙，装饰简洁大方。

八字形比较少。北京国子监，江苏南京夫子庙、六合，黑龙江哈尔滨，山西大同，等等，文庙照壁是八字形。北京国子监文庙照壁在对面路南，三壁独立，形式相同，石砌，须弥座，红色壁心，以绿色琉璃简单装饰四角，冰盘檐，黄瓦庑殿

德阳文庙照壁

顶，庄重大方。南京夫子庙照壁与国子监文庙照壁相似，设在秦淮河对岸，八字形，灰瓦顶，未设壁心，中壁设巨大的圆雕二龙戏珠。哈尔滨文庙照壁也为八字形，但八字向内与两侧围墙相连，建筑形式全仿国子监文庙，唯壁心除了装饰四角，中壁正中还装饰一方三彩琉璃花卉。江苏六合文庙照壁与哈尔滨文庙照壁形式相同，内八字，灰瓦歇山顶，外面壁心镶嵌“万仞宫墙”四块刻石，里面则没有装饰。大同县学文庙照壁八字壁很小，三壁各自独立，砖构，须弥座，主壁灰瓦庑殿顶，附壁悬山顶，檐部砖雕斗栱，单昂三踩，下垂垂花门挂落，主壁壁心砖雕五圆云龙，左雕鲤鱼跳龙门，右雕闻鼓化龙。

大同县学文庙照壁

绝大多数照壁是一堵式，三堵式比较少见。广西恭城、武宣，四川崇州，山西万泉，广东揭阳，台湾台北、宜兰，山西绛州、蒲城，河南许昌，等等，文庙照壁采用三堵式。

三堵式有一字形、八字形两大类，有墙壁式、墙壁加牌楼、牌楼式和仿

台北文庙照壁

牌楼式几种形式。

三堵式以墙壁式为多，一种平脊，一种翘脊。崇州文庙照壁一字形三堵，砖砌到顶，中高侧低，冰盘檐，平脊，绿瓦黄脊庑殿顶，三堵均设落膛式壁心，素面涂红，中壁题“宫墙万仞”。翘脊三堵式照壁主要出现在东南沿海一带。广东揭阳文庙，台北文庙、宜兰文庙照壁都是一字形三堵墙壁式，由于受南方建筑的影响，主壁两端上翘，辅壁与主壁相接，只有向外一端上翘，属于翘脊式。台北文庙照壁一字型，中高侧低，以砖墙界开，主壁南面题刻“万仞宫墙”，正脊黄瓦绿缘，灰塑花卉，两端上翘，以鱼尾龙为鸱吻，上置灰塑二龙戏珠，辅壁外端上翘，于鸱吻处置藏经筒。

墙壁加牌楼式仅见于山西蒲城文庙。照壁一字形，主壁左右各接一座双柱一间的石牌楼，虽然刻出门形，但并不能开启，左右坊额分别题刻“文章祖”和“帝王师”，除了坊额，其他构件均浮雕精美的图案。

牌楼式仅见于河南许昌文庙。许昌文庙照壁是纯粹的牌楼式，三间，庑殿顶，次间向内切断，全石雕刻，正面正间浮雕麒麟，坊心阴刻“仁义礼智信”五字，篆书，两次间浮雕二龙戏珠，背面正间浮雕二龙戏珠，两次间各浮雕一只麒麟，明嘉靖间雕刻，造型古朴，可惜残破严重，近年虽然进行了补刻，但质量较差。

仿牌楼式仅见于山西万泉文庙。照壁一字形三堵，中高侧低，设计成牌楼式。绿瓦硬山顶，正脊为琉璃花卉，两端置鸱吻，菱角檐，檐下装饰砖雕带垂花柱头的挂落。落膛式壁心，如同大门，明间装饰三踩琉璃鲤鱼化龙图，上嵌“太和元气”石额，两侧分别镶嵌“人文启孤峰，教泽千秋开道统”和“至德流两涧，宫墙数仞仰儒宗”对联，两次间分别装饰

许昌文庙照壁

瑞鹿和凤凰。

照壁一般不设门，如皋文庙明代庙图中“万仞宫墙”下面设置了三个洞门，这种例子是很少见的。近年很多文庙在照壁上辟门，如吉林文庙、武宣文庙、浏阳文庙等照壁中开设拱门，既然是照壁就不应该在中间辟门，破坏了照壁的完整性。广西恭城文庙照壁为一字三堵式，中高侧低，向外突出，两侧北折再接围墙，围墙再低一份，须弥座，通体刷红，瓦顶，壁心中间设拱形门，应该是近年为出入方便所辟。

山西万泉文庙照壁

照壁结构

照壁结构一般由下碱、墙身、墙檐和墙顶几部分组成。

下碱多以石、砖为基座，有的是须弥座，有的是方座，简单的不设座；基座有的施以雕刻，有的朴素无文。墙身大多是砖砌实体墙，部分为石雕。砖砌照壁有的界出壁心，有的直接与围墙相接，高出一份，有的则用撞头界出，有的素面无纹饰，有的装饰琉璃，也有的用石雕。墙檐一般用砖，也有的用琉璃，形式一般用冰盘檐，考究的用菱角檐，简单的就是砖墙檐。墙顶多用瓦，黄色、绿色琉璃瓦和灰色陶瓦都有，形式多庑殿顶，也有歇山顶、悬山顶和硬山顶。

兴城文庙照壁为石须弥座，束腰浮雕缠枝牡丹，砖砌到顶，以撞头界出落膛式壁心，壁心刷红，无纹饰，冰盘檐，灰瓦硬山顶。北京国子监文庙照壁石须弥座，主照壁和附壁都是以黄色琉璃件界出壁心，并在四角装饰三角形琉璃花卉，檐部用绿色琉璃件，顶部用黄色琉璃，庑殿顶。福建永春文庙照壁石砌方座，两端以小砖砌出撞头，壁心砖砌刷红，檐部以灰塑装饰，顶部黄瓦歇山顶，比较简单。大同县学文庙照壁八字形，全体用砖，须弥座，

辽宁兴城文庙照壁

主壁壁心装饰五个圆形砖雕云龙，八字壁分别砖雕鲤鱼跳龙门和鱼龙变化，檐部仿木构，砖雕单昂三踩斗栱，下垂垂花挂落，非常精美。山西蒲城文庙主照壁除了下碱，全部为琉璃饰件，檐部装饰斗栱，正脊全部为琉璃镂空，也很精美。静升孔子庙照壁周围砖砌，壁心为石雕，镂空浮雕，檐部仿木构，斗栱重昂五踩，墙顶灰瓦，绿瓦剪边，正脊三彩琉璃，主图二龙戏珠，辅以花卉，脊上中设琉璃宝刹，边设走兽，是特别精美的照壁之一。

近年新建的照壁有的比较简单。广东揭阳文庙照壁三堵式，中高侧低，石方座，以颜色界出壁心，主壁墙顶为悬山式，次壁为硬山顶，正脊尾端均无鸱吻，卷棚式垂脊，黄瓦，冒头、滴水为绿瓦。化州文庙照壁未设撞头与围墙界开，只是将照壁提高以区别，石方座，红墙灰瓦硬山顶，照壁题字按现代书写习惯改为从西侧起。

贵州安顺文庙照壁

全石照壁比较少见，檐部和墙顶多仿木构。四川安岳文庙照壁为一字形，庑殿顶，石块叠砌，须弥座，两端设撞头，壁心嵌石三块，中间前后阴刻“万仞宫墙”，前面两侧浮雕鲤鱼化龙，背后浮雕人物故事，遗憾的是题字和石刻图画过小，与照壁不称。安顺文庙照壁如同穿斗式建筑，除了下碱和“宫墙数仞”额，全部为镂空石雕，檐部冰盘式，也为石雕，只是墙顶用砖瓦，硬山顶。

照壁题字

照壁本来的功能是障蔽庙前的污秽，挡住庙前的垃圾，不让它刮到庙内去。庙前的门坊都用题字赞颂孔子，庙前既然有了照壁这块墙面，为什么不在上面题字来赞颂孔子呢？于是照壁题字就出现了。

曲阜孔子庙在正德年间的庙图中有一字形照壁。正德六年（1511年），刘六、刘七农民起义军攻陷曲阜城，焚毁县城，当晚驻军曲阜孔子庙，“秣马于庭，污书于池”，地方官分外惊恐。第二年，东兖道签事潘珍建议迁移曲阜县城保护孔子庙，经朝廷同意，于嘉靖元年（1522年）建起以孔子庙为中心的新县城，由于当时孔子庙前面没有城门，就在城墙上镶刻了山东巡抚胡缵宗题写的“万仞宫墙”石额。石额初题年代不详，孔子庙门前还有嘉靖十七年胡缵宗题写的“金声玉振”坊额，两者应该是同时题写的。现在曲阜孔子庙前的城门上仍保存着“万仞宫墙”石额，但是换成了清乾隆皇帝的题字。

“万仞宫墙”的出处在《论语·子张》中，鲁国大夫叔孙武叔在朝中说子贡要贤于孔子，子贡听后说，如果将人的学问比作宫墙的话，“赐之墙也及肩，窥见室家之好；夫子之墙数仞，不得其门而入，不见宗庙之美，百官之富”，孔子的学问高深，别人是无法彻底了解的。后人认为数仞仍难以表达对孔子的赞扬，于是就题作“万仞宫墙”。

清高宗题写“万仞宫墙”

外地文庙照壁题刻“万仞宫墙”始见于崇明县学，明万历二十九年（1601年）建造，崇祯年间的吴县庙学图的照壁上也有“万仞宫墙”四字，但照壁位于庙学之间而非正对文庙。

照壁的题字以“万仞宫墙”为多，也有的题刻其他文字。四川富顺文庙题刻“数仞宫墙”，浙江黄岩县学文庙、四川崇州州学文庙、云南晋宁州学文庙和四川渠县文庙照壁题刻“宫墙万仞”，安顺文庙题作“宫墙数仞”，文字大同小异，都有“宫墙”，只是数字和位置有差异。揭阳文庙、清平文庙、万泉文庙、原郑州文庙、玉溪文庙、泸州文庙、广南文庙等题刻“太和元气”。“太和”典出《周易》，“保合大和，乃利贞”，“大和”即“太和”，“元气”本指产生天地万物的原始物质，宋代理学家程颢以此比喻孔子思想，明英宗又以“太和元气”赞颂孔子，明嘉靖二十三年曲阜孔庙添建了以此命名的牌楼。海南崖州文庙照壁向外一侧题刻“德侔天地”，向内一侧题刻“道冠古今”，当是近年复建新添的。苏州文庙复建的照壁为八字形，题字“万世师表”，也应该是新题的。

照壁题刻的文字虽有不同，但以赞颂孔子者为绝大多数，就照壁位置来说，题刻赞颂孔子的文字是贴切的。照壁题字以“万仞宫墙”为最多，应该说也最切题，所以有的文庙即使没有照壁，也将“万仞宫墙”题刻在庙前。浙江慈溪文庙棂星门临街，前面没有照壁，就将“宫墙万仞”四字刻石分别镶嵌在棂星门与两侧门之间的四堵墙壁上。湖南安化文庙照壁朝外一面题刻“瀛洲”，向内一面题刻“龙门”，都是明万历年间知县陈明扬题写的，寓意通过学习孔子思想就能如同鲤鱼跃过龙门而进入国家最高文化政治机构，名称也还是切题的。有的文庙将“礼乐名邦”题在文庙前照壁的外面，将“鸢

富顺文庙照壁题刻“数仞宫墙”

四川安岳文庙照壁

飞鱼跃”题刻在里面，是不太合适的。在孔子面前，本地的一点文化是不值得夸耀的。“鸢飞鱼跃”是形容万物各得其所，题在孔子庙内是什么意思呢？如果赞颂孔子思想使人各得其所、各种思想和文化和谐发展，“鸢飞鱼跃”也是一个不错的词语。云南景东文庙照壁南面设庙门，背面题“鸢飞鱼跃”四字，是近年新增加的，不是原来的题刻。

有的照壁两面题字，安顺文庙前后均题刻“宫墙数仞”，云南通海文庙照壁向外一面题刻“礼乐名邦”，向内一面题刻“鸢飞鱼跃”。

有的照壁正面题字，背面雕塑图案。郑州文庙原来的照壁正面题刻“太和元气”，背面装饰彩陶鲤鱼跳龙门图案。台湾高雄文庙新建照壁绿瓦庑殿顶，仿木结构，两端设置两柱，左右前后均以额枋相连，檐下置单翘三踩斗栱，额枋施以金龙合玺彩画，壁心刷黑，朝向文庙一侧装饰阳文“万仞宫墙”，向外一侧装饰浮雕孔子故事，有夹谷会齐、杏坛设教、陈蔡绝粮、删述六经等内容。台北文庙照壁为三堵式，向外一侧壁心镶嵌“万仞宫墙”四字，向内一侧壁心装饰麒麟。

照壁题字有的过大，有的过小。四川犍为文庙照壁比较简单，没有基座，也没有撞头、壁心，墙长约15米，高约3米，但题字“万仞宫墙”字高约1.7米，字写得不错，遗憾的是不成比例。清溪文庙照壁石刻基座，以砖砌墙，照壁与庙墙同宽，所以也没有撞头，壁心倒有装饰，将“万仞宫墙”石刻镶嵌于壁心之上，位置太高，而且字也略小。安岳文庙照壁“万仞宫墙”也是题字太小，字体行书，既与照壁不成比例，也与文庙的庄严不称。

照壁装饰

照壁位于孔子庙的最前面，是给人第一印象的孔子庙建筑，许多地方非常重视，精心设计，装饰精美，但也有不少只是略加修饰，还有的干脆不加修饰。

有的文庙照壁既不题字，也不装饰。惠安文庙照壁石基座，与围墙相连，以撞头与两侧栅栏围墙相界并界出落膛式壁心，砖砌墙顶，与围墙相同，非常简单。台湾宜兰文庙照壁三堵式，中高侧低，黄瓦悬山顶，通体砖砌，直接呈现砖色；安溪文庙照壁黄瓦庑殿顶，瓦色发乌，壁心用红砖砌成而不着色；永春文庙照壁黄瓦歇山顶，石基座，壁心砖砌刷红，这些照壁显得很粗糙，看来这是闽台一带的风格，与闽台喜欢用灰塑装饰繁缛的风格迥然不同。其他地域的照壁也有不加装饰的。兴城宁远州学文庙照壁一字式，前后两面未刻一字，青砖灰瓦，红色壁心；天津文庙府学、县学文庙照壁都是一字式，青砖灰瓦，壁心涂红，既不题字，也不装饰；广西恭城文庙照壁为一字三堵式，中高侧低，石座瓦顶，通体刷红，不设撞头，三堵相连，这些照壁非常简朴。

有的照壁略加装饰。西安文庙照壁一字形，灰瓦顶，通体砖砌，檐下装饰简易斗栱和垂花柱头，壁心题刻阳文“孔庙”二字，民国年间所刻，在文庙前直书孔庙似乎俗了点。台中文庙照壁一字形，文庙按照宋代建筑风格新建，照壁也呈现宋代建筑风格，仿木结构，黄瓦庑殿顶，檐下设置单翘三踩斗栱，两端额枋出头，壁心也不题字。海南文昌文庙照壁一字形，只装饰壁心，正中设置透雕二龙捧珠，点缀祥云，五色彩绘。陕西洛南文庙照壁前后都不刻字，只是装饰五彩琉璃的二龙戏珠方

福建永春文庙照壁

南京夫子庙照壁

形壁心。哈尔滨文庙照壁须弥石座，黄瓦红墙，冰盘檐，下以琉璃砌出额枋，以三彩琉璃装饰如同彩画，壁心上部以黄色琉璃砖封边，四角和壁心正中装饰三彩琉璃花卉，简洁大方而庄重。德阳文庙照壁装饰略微复杂，照壁也是一字形，黄瓦庑殿顶，正脊装饰八龙朝珠，檐部装饰斗栱；庙内一侧壁心用琉璃界成三方，中间用菱形图案装饰，中间为二龙戏珠，左右则为一龙；庙外一侧也界成三方，两侧装饰图案与庙内一侧相同，中方上部镶嵌“万仞宫墙”四字，中方除了二龙戏珠，还装饰两个圆形图案，中为球形花瓶连升三级。南京夫子庙照壁设在秦淮河对岸，始建于明万历三年（1575年），八字形，灰瓦庑殿顶，红色壁心，全长110米，是中国最大的文庙照壁，虽然墙面朴实无华，但一对黄色行龙增色不少。山西太原文庙照壁装饰并不复杂，一字形，石基须弥座，下肩和墙顶均用蓝色琉璃，庑殿顶，檐下装饰重昂五踩斗栱，垫栱板下还下垂两个花蕾柱头，四角各装饰一条五彩游龙，两端砖砌，与壁心结合处以蓝色琉璃竹节界隔，比例适当和谐，简洁大方；壁心砖砌涂红，正中装饰方形五彩琉璃，雕塑二龙戏珠，升一降，翻转对翔，点缀祥云、海水和西番莲，为照壁中的精品。

许多文庙照壁装饰非常精美。山西蒲城县学文庙照壁一字三堵式，明万历四十四年（1616年）建，高6米，长17米。主壁通体用三彩浮雕琉璃装饰，正面为三组二龙对翔的图案，中间二龙一升一降，两侧均为降龙，龙首向中，三组间均以花草间隔；背面虽然也为六龙，但均改为一升一降，也以花草间隔，中间二龙为圆形，左右以花卉、仙人、凤凰、麒麟装饰，下面也装饰花卉，两

四川资州文庙照壁

侧虽然仍为方形，但图案缩小，下部增加了双狮图；辅壁设计成石雕双柱一间冲天式牌楼，前后石抱鼓夹抱，悬山顶，石刻斗栱，柱子、额枋、抱框、裙板满布浮雕，二龙戏珠，双凤朝阳，团龙，蹲狮，花卉，并有“文章祖”“帝王师”刻字，艺术性很高。四川资州文庙有两座照壁，前照壁在庙外，长36米，高7.6米，须弥座，刻卷草纹，黄瓦庑殿顶，正脊琉璃陶塑，正中设宝塔，两侧各四龙朝塔，圆雕镂空，非常精美，壁心镶嵌“万仞宫墙”额；后照壁为文庙南墙，长19米，高8米，左右以弧形墙连接礼门、义路两座侧门，也是须弥座，装饰卷草纹，庑殿顶，正脊琉璃陶塑，中置牌楼，两侧各三龙竞奔，壁心设置七个直径1.8米的圆形漏窗，雕塑楼台亭桥等。山西大同县文庙照壁八字形，装饰砖雕五龙，中心为正龙，两侧为降龙，最外为升龙，翻转腾挪，间衬祥云波涛，八字墙装饰砖雕鲤鱼跳龙门，都非常精美。

山西闻喜文庙照壁

鱼龙变化是许多照壁常用的装饰图案。民间传说鲤鱼跳过龙门就能变化成龙、飞黄腾达，以此鼓励士子读书上进。陕西韩城文庙照壁建造于明万历间，长17米，高4.2米，壁心用五彩琉璃装饰，五个圆形图案内分别陶塑浮雕一条立龙，两侧各有一个圆形砖雕，浮雕鲤鱼跳跃，形象逼真，工艺精美。山西闻喜文庙照壁也是以三彩琉璃装饰，主图为五龙，正中为鱼龙变化，一鱼张口上喷化作一条游龙，左右两侧各为两条行龙，在上者回首向后，在下者龙首向内，翻转升腾，气韵生动；全壁系小块拼成，上下五行，每行二十一块，最上层有十八位人物，最下两层为山水，其他主要装饰云欑，间或有瑞芝、动物、飞禽、花卉等，虽然制作不够精细，但仍具有较高的艺术水平。四川资州文庙后照壁比较特殊，雕塑不是鲤鱼而是鲇鱼，后照壁建于清同治六年，壁心设七个圆形镂空雕塑，图案分别为水宫龙府、亭塔园林、云海波涛、蟹虾鱼龙、鹰翔鱼跃、龙凤呈祥、鱼跃龙门，寓意读书人如同江河中的鲇鱼，只要不断努力发奋进取，也能跳过龙门由鱼化龙得成正果。广东揭阳文庙照壁三堵式，向内一侧全为绘画，东段图绘荷池鸳鸯与仙鹤，西段图绘硕果累累的桃树下鹿鹤同春，中部一条巨龙从天上吐出水带，穿过题有“南天门”的牌坊，一条游龙正欲乘势而上，也有鱼龙变化的寓意，应该是近年新画的。

山西静升孔子庙照壁

最精美的是山西静升乡学文庙照壁。照壁长10米，高约7米，壁心石雕，双面镂空，雕刻鲤鱼跳龙门图案，龙门牌楼居中，左右两龙显首藏尾，翻腾于云雾之中，右侧龙张口喷水直穿龙门，一鱼迎浪前冲，头已成龙，鱼尾未变，另有七鱼波浪中翘首眺望龙门，寻找跳跃机会。整幅图案气势生动，雕刻精美，是雕刻艺术的珍品。

照壁之所以如此多姿多彩，是因为国家没有统一的礼制规定，建造时有的根据主持者的喜好设计建造，有的则是为了显示本地的建筑艺术和装饰风格。

第二节　庙前坊楼

随着孔子地位的提高和孔子庙规模的扩大，宋代开始在孔子庙添加建筑和构筑物，一是为了显示孔子庙地位，添建了棂星门；二是为了赞颂孔子及其思想，添建了庙前坊楼；三是为了迎合周代学有泮宫的说法，当然也是为了突出学校教育的重要性，在庙内添建了泮池。

庙前坊楼就其位置来说有两种，一种是在孔子庙正前，一种是在孔子庙前的两侧。在前者都是作为单体存在的，在庙前两侧者一般是跨越街道成对存在的。就其重要性来说，庙前的当然要超过两侧的；就其数量来说，庙前坊楼要少于跨街坊楼。考虑到两者的不同和数量的众多，笔者将其分成两种——“庙前坊楼”和“跨街坊楼”分别进行研究。

历　史

孔子庙设置坊楼，当与古代城市坊巷制度有关。福州“治平图进德坊内之北有文宣王殿，今兴贤坊是也；熙宁二年图，进德坊之北又二州学坊，坊内之北为文宣王庙；是时庙学皆从西出也，元祐外门自中门之南，于是南出”[①]，治平（1064—1067）年间的地图中孔子庙在进德坊内，淳熙时名兴贤坊；熙宁二年（1070年）的地图中在进德坊内有两座州学坊，坊内之北为孔子庙，并将西出的庙门改为南出。这两座虽然名州学坊，但改门后正对着文宣王庙，可以说是最早的孔子庙前坊。崇宁初常州“郡守朱彦建状元坊于学南”，庙学前建造了状元坊。大观三年（1109年），常州向中央政府贡士考中五十三人，皇帝赐诏予以“进贤”的褒奖，郡守和学官并各进秩一等。地方官员为感谢皇恩和显示本地文化发达，就在状元桥之南建造了“进贤”坊，并在坊侧建造了荣赐亭[②]。状元坊和进贤坊是已知最早建造的庙前坊。

南宋时，天台州嘉定四年（1211年）“登俊坊在州东南九十步，以州学在

---

① 〔宋〕《淳熙三山志》，见上海古籍出版社《文渊阁四库全书》电子版。

② 〔宋〕《咸淳重修毗陵志》，见上海古籍出版社《续四库全书》第699册。

焉故名”，天台嘉定七年建“崇化坊在县东南二百三十一步，以其通县学故名”，黄岩嘉定十一年建“振文坊在县南一百三十步，以县学在焉故名”，宁海“登俊坊在县西南二百步，以学在焉故名，旧名崇儒”[①]。上述的坊名，应该是为了突出学校孔子庙进行的改换，并非专门建造的牌坊，但均位于庙学前，应该视为庙前的坊楼。淳祐九年（1249年），嘉定文庙在庙前建造了“仰高”坊，东西两侧建造了“兴贤”坊和“育才”坊，庙学前三坊并立，开创了庙前坊与跨街坊并立的先河。

上海嘉定文庙“仰高”牌楼

明代是庙前坊楼的大发展时期。天顺五年（1461年）同安文庙建造了“兴贤育才”坊，位于泮池后；同安文庙布局比较特殊，由于文庙大成门紧靠城墙，无法再在前面增加建筑，所以在左侧挖凿了泮池，建造了“兴贤育才”坊，虽然呈两路布局，但应该仍属庙前坊。天顺中丹徒县学建造“儒林”坊，弘治十三年（1500年）韶州府学建造“泮宫”坊，弘治年间寿州州学立“泮宫”坊，嘉靖十七年（538年）广州府学“立‘文明’坊于通衢”，二十七年亳州庙学建造“文明”坊，四十五年广宁左中屯卫学“中建石坊，外联石栏”，嘉靖年间六安州学建门外石坊，万历二年（1574年）迁建的当涂县学建造“大成”坊，万历后常州府学改建“天下文明”坊。毫无疑问，这些不是成对出现的建筑应该就是庙前的坊楼。弘治六年（1493年）都匀府学建造“万世宗师坊、继往开来坊、腾蛟起凤坊”[②]，其中的“万世宗师”坊也应该是庙前的坊楼。

---

① 〔宋〕《赤城志》卷二，见上海古籍出版社《文渊阁四库全书》电子版。

② 〔清〕《贵州通志》卷九，见上海古籍出版社《文渊阁四库全书》电子版。

从方志记载看，弘治时吴县文庙棂星门前建造了一座牌楼，两柱三楼，文字不清，嘉靖庙学图中此楼名“状元”，并增加了跨街“会元”和“解元”两座牌楼。嘉靖时，许州文庙门前建造了一座“大成”坊，四柱三间冲天柱式，立柱在额枋之上还出云朵；绍兴府文庙前正对着文庙建造了一座“泮宫”牌楼，四柱三间三楼。嘉靖十七年（1538年），曲阜孔子庙在庙前添建了“金声玉振”牌楼，十九年新会县学创“泮宫”坊。隆庆年间，临江文庙前建有三座牌楼，都是四柱三间三楼，前为日池，日池前还有一座“泮宫”牌楼，也是四柱三间三楼；长洲文庙前街南有“万代宗师”牌楼，也为四柱三间三楼。万历年间，宿迁文庙庙门棂星门前、照壁之前建有一座四柱三间冲天柱式牌坊。庙前牌楼已经比较普遍。

庙前添建坊楼也影响了学校，许多学校也在学校门前添建坊楼。赣州文庙一庙两学，庙前没有坊楼，嘉靖年间府学和学校门前分别出现名为“国家元气”和“邹鲁源流”的牌楼，都是四柱三间三楼的建筑。

清代是庙前添建坊楼的鼎盛期，几乎每座文庙前都建造了坊楼。康熙二年（1663年）通州儒学重修“泮宫”坊，康熙十一年安庆府学重建“泮宫”坊和“昭代文明”坊，康熙十八年南陵县学建造“大成”坊，雍正三年（1725年）徽州府学重建被暴风所毁的“东南邹鲁”坊。有的没有设置庙门的文庙也在照壁前建造坊楼，庐州文庙就有牌楼在照壁前；有的文庙前甚至不止一座牌楼，大同文庙门前大街上就有“云路”坊和“大成”坊两座牌楼，汝州文庙有“大成”坊和“文明”坊两座门屋；有的文庙门前坊楼横向三座，

安徽寿州文庙坊楼

呈一主二辅的形式，寿州文庙庙前三座坊楼，都是四柱三间三楼，中名“泮宫”，左右分别名“快睹”和“仰高”。

庙前坊楼多跨街建造，影响交通，大部分已被拆除。近年有的文庙恢复重建，在庙墙新辟大广场，同时恢复或新建了前面坊楼。苏州文庙由于历史原因，大成门以前被占用，棂星门被移到大成门内；近年重修，在照壁后新建四柱三间三楼的牌楼，前面题“德参天地”，背面题“道冠古今”，建筑规模合适，与文庙相称。泉州新建牌楼六柱五间五楼，明间题“文庙”，左右次间分别题“德侔天地”和“道冠古今”，黄瓦庑殿顶，气势雄伟。池州文庙修复新建的庙前牌楼更为雄伟，牌楼三座，一主二辅，建筑仿歙县文庙庙前牌楼，四柱三间五楼，全石雕刻，主楼明间题“池州府儒学”，次间分别题“斯文在兹”和“圣集大成”。此两处失之过大，似乎与整个文庙不相称。

受文庙建造庙前坊楼的影响，一些采用左右布局方式的学校庙前也建造了学前坊楼。明嘉靖时，赣州府学和赣县县学门前都建造了牌楼，四柱三间三楼，府学名“国家元气”，学校名“邹鲁源流”。建平文庙东侧儒学门前建造了泮宫坊，双柱一间。临江隆庆庙学图中庙前圆形水池前有泮宫坊，泮池前后各有三座牌楼，均是四柱三间三楼，分别正对着庙学的中路、东路和西路，前三座分别正对着泮池三桥，后三座分别正对着中路文庙、东路启圣祠和西路学校，启圣祠前名“仰圣”，学校明德堂前名“成贤”。

名　称

庙前坊楼名称比较复杂。已知建造最早的嘉定文庙名“仰高”，明嘉靖十七年（1538年）曲阜孔了庙所建名“金声玉振”，见之者录和现存的名称有“万代宗师”“高山仰止”“先师”“大成”“金声玉振”“万仞宫墙”“斯文在兹”“太和元气”“天下文枢”“道义之衢”“文明”“云路”“龙门”“天朝文献”“甲第”“绰楔门”“泮宫”等。“仰高”“高山仰止”表示对孔子的敬仰，“万代宗师”“先师”“金声玉振”表达对孔子的赞扬，“大成”“万仞宫墙”“太和元气”“道义之衢”表示对孔子思想的颂扬，“斯文在兹”“天下文枢”“文明”“天朝文献”表示对孔子庙的称颂，“龙门”“云路”称赞孔子思想的作用，

安徽歙县文庙前“甲第”牌楼

引导人们学习孔子思想，“泮宫”用以指明庙学，这些名称都是不错的。有文庙新建的庙前坊楼名“绰楔”，应该是传统的名称，绰楔只是用来表彰孝义，用于孔子庙前意义就太小了。安徽歙县文庙庙前建造了石构四柱三间五楼的牌楼，正面明间上层花板题刻“甲第”，下层题刻“状元”，左右次间分别题刻“会元”“解元”；背面明间上层花板题刻“科名”，下层题刻“榜眼”，左右次间分别题刻“探花”和“传胪”。本地确实人文辈出，科第连绵，但在孔子庙前夸耀本地功名兴盛似乎还是不妥的。

庙前牌楼的名称并不是一成不变的，常常会随着主修者的喜好进行变换，有的甚至屡经改换。嘉定文庙“仰高”坊在明正德元年（1506年）改称“应奎”坊，万历十四年（1586年）改称“仰止”坊，天启五年（1625年）又改称“仰高”坊。云南建水文庙庙前牌楼明万历三年初建时名“云路”，清雍正四年（1726年）改称“太和元气”。

万世（代）宗师

“万世宗师”坊始建于贵州都匀府学。弘治六年（1493年），都匀府学增建“万世宗师坊、继往开来坊、腾蛟起凤坊”。“万代宗师”命名庙前坊楼始见于长洲县学文庙。明隆庆时，文庙庙门前街道对面有牌楼题作“万代宗师”，从图看是一座四柱三间单檐三楼的建筑。清乾隆年间《元长县学图》图中有名为“万代宗师”的牌坊，从图看，牌坊位于庙门前，是一座三间四柱冲天式建筑。有的文庙题作“万世宗师”。清康熙时，牟定文庙就有“万世宗师坊”，但不是庙前坊，而是在庙内。“万代宗师”“万世宗师”赞颂孔

云南建水文庙“万世宗师”题字

子都非常合适，有的文庙就以其作为文庙大门的名称，或者题在大门的背面。从清康熙《楚雄府庙学图》看，文庙最前面建筑题“万世宗师”，是两柱一间的重檐牌楼，两侧还各有一座两柱一间单檐的小牌楼，示意图没有画出界墙，但其后为带状泮池，泮池两端分别为“德配天地”“道冠古今”牌楼。由此来看，此牌楼应该是文庙的大门。建水文庙没有以“万世宗师”命名建筑，而将其题刻在大门“洙泗渊源”坊的背面。

金声玉振

“金声玉振”最早出现于曲阜孔子庙，明嘉靖十七年（1538年）山东巡抚胡瓒宗建并题名。坊名出自《孟子·万章下》，孟子说“孔子之谓集大成。集大成也者，金声而玉振之也。金声也者，始条理也；玉振之也者，终条理也。始条理者，智之事也；终条理者，圣之事也”，以奏乐时击钟（金）以发众音、击磬（玉）以收众音赞扬孔子的德行，后人因此也用“金声玉振”比喻声名广布。

庙前坊楼名“金声玉振”的并不多，但由于其来自孟子赞颂孔子语且又很合体，所以被许多文庙所采用。有的文庙以“金声玉振”命名坊楼，并以“江汉秋阳”为对称，形成一组。南陵县学文庙于明崇祯年间、昌化县学文庙于清乾隆九年（1744年）都建造了这种建筑，昌化是文庙角门，南陵文庙可能是跨街坊楼。福州文庙原来以“江汉秋阳”和“金声玉振”作为角门牌楼的名称，牌楼已不存，石额仍然镶嵌在庙门两侧的八字墙上。有的文庙将其拆分成“金声”“玉振”来命名建筑。太仓州学、德阳府学文庙、澂江文庙将

曲阜孔子庙“金声玉振”牌楼

其作为棂星门翼坊的名称，湘阴文庙将“金声”和“玉振”两座牌坊作为“肃然起敬”坊的翼坊，永春州学文庙将其作为照壁左右两侧侧门的名称，曲阜孔子庙、资州州学文庙和泉州文庙都将“金声”“玉振”分别作为大成门东西掖门的名称，揭阳文庙以其命名第一对角门，恭城文庙则将其作为第二道东西角门的名称，石屏文庙将其作为跨街坊的名称，左右坊楼分别内题“礼门”“义路”，外题“金声”“玉振”。有的文庙将拆分的“金声”“玉振”题刻在其他建筑上。湖南新田文庙将“金声”“玉振”分别刻在棂星门背面的两侧门的花板上，凤庆文庙将其刻在“龙门”坊的次间花板上，仙游文庙将其作为大成门两边门的名称，刻制成匾悬挂在边门上。

太和元气

“太和元气”始见于曲阜孔子庙，明嘉靖二十三年（1544年）山东巡抚曾铣书。“太和”出自《易·乾》，“保和大和，乃利贞”，大和即太和，是指阴阳会合、冲和的元气，也就是构成天地万物的原始物质。明英宗以“太和元气”赞颂孔子，山东巡按郑芸在曲阜孔子庙棂星门后建造了“太和元气”坊。

庙前坊楼名称为“太和元气”者不算太多。云南建水文庙于清雍正四年（1725年）将庙前牌楼“滇南邹鲁”改称“太和元气”。富源文庙也位于文庙的最前面，也是四柱三间三楼的木构建筑，正间题刻“太和元气”，左右次间分别题刻“圣域”和“贤关”，介绍文字说还有“学海”“文澜”，应该是题刻在背面的次间上。萧县文庙“太和元气”坊为石构，四柱三间，文字阳刻。寿州文庙现在还保存着“太和元气”石刻，从形制看应该是坊额。

由于“太和元气”寓意深刻并且出自明英宗，所以许多文庙以其命名建筑。富源原平彝文庙以其为大门牌楼名称，湘阴文庙、西安府学文庙以此命名庙内牌楼。有的文庙将其刻在其他建筑上。泸西文庙、玉溪文庙、绛州文庙将其题刻在照壁上。石屏文庙将其题刻在棂星门左侧墙壁上，由清康熙年间本地举人涂晫书写，为与此相称，在左右题刻“鱼跃鸢飞”，由刘宣书写。武威文庙将其题刻在棂星门的背面。湖南新田文庙将“太和”“元气”分刻在棂星门牌坊正面左右次间的花板上。

云南建水文庙“太和元气”牌楼

大 成

孟子赞扬孔子说“孔子之谓集大成”，孔子集古圣先贤之大成。宋崇宁三年（1104年），徽宗“诏名文宣王殿曰大成”，将奉祀孔子的正殿改称大成殿，从此文庙正殿称大成殿，殿门称大成门。元大德十一年（1307年）秋，新即位的武宗加封孔子为“大成至圣文宣王”，“大成”就成了孔子的专称。虽然明嘉靖九年（1530年）将孔子封号改为“至圣先师”，将“大成殿”改名“先师庙”，将“大成门”改称“戟门”，但清顺治二年（1645年）就恢复了正殿殿门的旧称。可能是受取消“大成”称号的影响，明嘉靖时许州文庙就在庙前建造了大成坊，是一座四柱三间的冲天柱式牌坊。清代恢复文庙“大成”称号以后，有的文庙仍然以“大成”命名文庙建筑。清康熙五十一年（1712年），台南府学建造了东西大成坊，作为庙学的出入口。康熙

山西大同府学文庙“大成坊”牌楼

江苏南京夫子庙“天下文枢”牌楼

五十八年，浙江临安县学建造了大成坊和圣域坊、贤关坊，圣域坊和贤关坊应该是跨街坊，大成坊应该是庙前坊。安徽宁国县学文庙在棂星门前建造了名为“大成”的石坊，建平县学也在道光五年（1825年）重建了大成坊。大同府学文庙近年也恢复了“大成”坊牌楼。

由于文庙已有大成殿、大成门，所以以“大成”命名的建筑不多。

先　师

“先师”坊楼始见于山西汾州府学文庙，位于照壁南，正对着太和桥街。据庙图看，建筑四柱三间三楼，重檐，系汾州城内最为高大壮丽的牌楼。府学文庙是清康熙十五年（1677年）由明代庆成王府改造的，先师坊是由原来的“褒贤孝”牌楼改名的。

天下文枢

以“天下文枢”命名的庙前坊楼见于南京夫子庙，明万历十四年（1586年）创建。现存建筑四柱三间三楼，灰瓦歇山顶，明楼斗栱四昂九踩，边楼重昂五踩，位于文庙大门前，是二十世纪八十年代复建的。

天开文运坊

“天开文运”坊楼见于山东滕州文庙，位于庙门前。“天开文运”表达了本地人士的殷切期望和良好祝愿，所以有的文庙将其题刻在其他建筑上，黄岩文庙就将其装饰在大成殿的正脊上。

天下文明坊

“天下文明”坊楼见于常州府学，始建年代不详，明万历后曾经改建。

文　明

以“文明”命名文庙建筑始见于元至正元年（1341年）。浙江象山县学在庙前街道上建造了“宣化”和“文明”一对跨街坊。云南广通文庙于明嘉靖二十五年（1546年）建造了文明坊，富阳文庙于明隆庆六年（1572年）建造了文明门，但位置均不详。最早以“文明”为名的庙前牌楼始见于明万历二十八年（1600年），云南北胜州文庙建造了文明坊和腾蛟坊、起凤坊，三坊同时建造，腾蛟坊、起凤坊应该是跨街坊，文明坊应该是庙前坊。以“文明”命名的庙前坊楼不多，已知云南安宁州文庙（清雍正庙图）、昆阳文庙、元谋文庙及广东开平文庙（清乾隆五十年建）以其为庙前牌楼名称。

“文明”主要为牌楼的名称，大多位于文庙内，宜良文庙、楚雄文庙、通海文庙、赵州文庙在泮池后，宣威文庙、河西文庙在泮池前，禄劝州康熙前建造在尊经阁前，石林原路南州文庙位置不详。

“文明”一般题在正间的花板上，有的坊楼次间也题刻其他文字，通海文庙和河西文庙文明牌楼的左右次间均分别题刻“义路”和“礼门”。

以“文明”命名的坊楼的庙学中，象山位于浙江东部的半岛上，元代时文明程度可能也不高；开平位于南部沿海，设县虽早但在元代被废除，清康熙六年（1667年）才重新建学；其他主要在云南省，大都属于新设州县的少数民族地区。其所以以“文明”命名庙学建筑，一是表明孔子思想能够开化民智，二是显示地方政府急切盼望能够尽快提高本地的文明程度。保山县文庙没有以“文明”命名的建筑，在扩建孔子庙时就在庙前街中凿井，命名为“文明井”。

云　路

以“云路”命名的庙前坊楼文庙不多。云南临安府学（即今建水文庙）曾于明万历三年（1575年）建造云路坊于泮池之南，坊上还题额“滇南邹鲁”，但于清雍正四年（1725年）改为

山西大同府文庙“云路坊”牌楼

"太和元气"。广东阳春县学于明万历四年在棂星门外建造了云路坊。山西大同府学文庙在庙前建造了"云路坊"牌楼。云南蒙化府学在明万历年间也曾建造云路坊，可惜文献没有记载坊的方位，现在难以确定具体的位置。"云路"即青云路的简称，青云比喻官高爵显，人们因此以"青云直上"比喻仕途得意，速登高位。云路就是青云直上之路，文庙前设置"云路"，劝导人们苦读儒家经典，博取高官厚禄，虽然过于直白，但学习孔子思想确实是那个时代的终南捷径。

天朝文献

"天朝文献"坊楼见于广东新会文庙，明隆庆六年（1572年）建。明代时文庙都设正门，这种单独一座的坊楼应该就建在文庙前。

道义之衢

"道义之衢"坊楼见于海南琼山县学文庙，明洪武九年（1376年）建，属于较早的文庙庙前坊楼。

斯文在兹

"斯文在兹"坊楼见于江苏清江浦文庙，明天启六年（1626年）建，本属清江书院，清康熙三十七年（1698年）书院改为山阳县学。

东南邹鲁

"东南邹鲁"坊楼见于安徽徽州府学，石构，始建时间不详，清雍正三年毁于暴风，旋即修复。

少司徒

"少司徒"坊楼见于崖州文庙照壁前。司徒为古代国家主管教化的官员，清代以此代称户部尚书，以少司徒代指户部侍郎。牌楼为近年新建，应该与文庙全无关系。

建筑形式

庙前坊楼多是牌坊或牌楼，但也有名为坊实为门屋的建筑。

坊楼的建筑形式多为牌楼。牌楼有冲天柱式，有不出柱式，但冲天柱式很少，不出柱式为多，建筑规模多是四柱三间。个别为坊，江阴文庙前的"文庙"坊就是四柱三间冲天柱式。

冲天柱式牌楼

冲天柱式牌楼见于邓川州学文庙。庙前“文明”坊为冲天柱式石构牌楼，四柱三间，前后石抱鼓夹抱，石构而仿木构，额枋两层，中夹花板，坊顶平，以斗栱承托。

不出柱式牌楼

不出柱式牌楼主要为四柱三间式，有木构，有石构，也有木石合构，但以木构建筑为多。

曲阜孔子庙“金声玉振”牌楼系山东巡抚胡缵宗于明嘉靖十七年（1538年）添建，建筑三间四柱三楼，石构，四柱冲天，上踞石兽，造型简洁，只有一层额枋和屋盖，屋盖雕刻出瓦垄，牌楼名称题刻于明间额枋，胡瓒宗书。

云南建水文庙最前面牌楼名“太和元气”。牌楼始建于明万历三年（1575年），原名“滇南邹鲁”，清雍正四年（1726年）重建改名“太和元气”。牌楼虽然建造较早，且左右与围墙相连，但并非文庙的大门，后面的“洙泗渊源”牌楼才是大门，这是因为“洙泗渊源”牌楼前有跨街牌楼和下马牌，如果“太和元气”为大门的话，下马牌不会立在后面的。“太和元气”牌楼是三间四柱三楼的全木构建筑，四柱用夹杆石前后夹护。夹杆石石砌高座，中柱上置圆雕天禄，牙板高浮雕云龙，边柱前为圆雕石狮，后为大象。夹杆石高达花板中间，中柱承托担梁并通过担梁承托垂柱支撑屋盖。额枋两层，中夹花板，牌楼名题刻于正间，角替高浮雕云龙，龙首则为圆雕。斗栱米字形，主楼五昂十一踩，边楼四昂九踩，灰瓦歇山顶，边楼向内一侧切断且伸入主楼檐下。

山西代州文庙“万仞宫墙”牌楼

山西代州文庙“万仞宫墙”牌楼为四柱三间三楼冲天式建筑，全木结构，绿瓦歇山顶，

河南汝州文庙“大成坊”

三间三门。木柱，前后以石抱鼓夹抱，并以戗柱斜撑，顶罩琉璃罐，捏塑云龙。斗栱明楼五翘十一踩，补间三攒，边楼四昂九踩，补间一攒。额枋两层，中夹花板，南面无额，背面题“万仞宫墙”。现在两侧有墙，如同文庙的前门，但从棂星门两侧设置八字照壁看，牌坊原来应该是独立无墙的，因为不可能前门不设八字照壁而在二门设置八字照壁的。从“万仞宫墙”只题在牌坊的背面看，其功能如同照壁。

嘉定文庙“仰高”牌楼为木石合构建筑，四柱三间三楼，四柱为石，其他为木。四柱六面，前后以石抱鼓夹抱；额枋两层，中夹花板，牌楼名称题于明间花板；灰瓦歇山顶，次楼向内一侧切断，明楼斗栱补间七攒，三翘三昂十三踩，边楼补间三攒，重翘重昂九踩。

冲天柱式坊

冲天柱式坊见于清道光年间的《江阴县志》“学宫书院图”中，坊三间四柱冲天柱式，额题“文庙”。

屋宇式建筑

庙前坊楼名为坊其实为屋宇式建筑的仅见于河南汝州文庙。汝州文庙棂星门前有大成坊和文明坊两座建筑，虽然名为坊，但实际上均为屋宇式建筑。大成坊与文明坊建筑相似，都是单檐灰瓦硬山顶，面阔三间，进深两间。

第三节　跨街坊楼

为了向人们指示文庙学校的位置，也为了表达对孔子的赞颂和对学校的期待，许多文庙在庙前的道路上跨街建造了牌坊或牌楼。

历 史

目前已知最早的庙前跨街坊楼始建于南宋淳祐九年（1249年），上海嘉定文庙在庙前东西建造了“兴贤”坊和“育才”坊。元至正元年（1341年），浙江象山县学在庙前街道上建造了“宣化”坊和“文明”坊。跨街楼坊出现的不算晚，但到了明代才比较普及。

洪武中，扬州知府“周原福因旧规重建，东有成贤坊，西有育才坊”，已经有了跨街坊“成贤”和“育才”；成化五年（1469年），赣州府县学“立成贤、育才二坊于通衢”[①]。弘治七年（1494年），都匀府学建造了“万世宗师坊、继往开来坊、腾蛟起凤坊”，继往开来坊和腾蛟起凤坊应该是跨街坊。正德九年（1514年），恭城文庙“建腾蛟、起凤二坊于东西，棂星门外”。嘉靖二年（1523年），吴县县学“跨街建会、解两坊”，建造了会元坊和解元坊；嘉靖四十五年，广宁左中屯卫文庙“中建石坊，外联石栏，又于通衢之东，去四十步，西去二十步，各建坊，东之匾曰道冠古今，西之匾曰德配天地，壮伟华丽”。万历四十一年，肇庆府学“迁起凤、腾蛟二坊于街外”。

从明代文庙图看，到嘉靖年间跨街坊楼已经比较普遍。岳州弘治庙学图中，文庙门前左右分别有一座牌楼，四柱三间三楼，明称不详。嘉靖间的文庙图中，跨街坊楼大量出现。龙溪“县学旧图”中，庙前东侧只有一座“魁楼”，三间重檐；嘉靖“县学新图”中，泮池前“魁楼”西出现了“起

上海嘉定文庙“育才”过街牌楼

① 彭时：《新迁府县儒学记》，《江西通志》卷一百三十，见上海古籍出版社《文渊阁四库全书》电子版。

凤”和“腾蛟”跨街牌楼，四柱三间三楼；如皋嘉靖庙学图中出现了跨街牌楼“兴贤坊”和“育才坊”，都是一间重檐歇山顶的建筑；绍兴府学嘉靖庙学图中有一对题为“□才”“进德”的跨街牌楼和庙前“状元”牌楼，都是两柱一间一楼；吴县嘉靖庙学图中有“会元”和“解元”两座跨街牌楼，两柱一间，有屋顶；许州嘉靖庙学图中庙前跨街东西各有一座小牌楼，两柱一间；夏邑庙学图中有“育贤坊”，两柱一间，额枋上出云朵，如果两柱不向内弯的话很像乌头门；淳安嘉靖庙学图中在文庙前街道西侧有一座“泮宫”小牌楼，两柱一间；赣州文庙一庙两学，前街两对跨街牌楼，外牌楼为“腾蛟”和“起凤”，四柱三间三楼，内牌楼为“崇正学”和“育真才”，也是四柱三间，但是重檐；建阳嘉靖庙学图中庙前街有“兴贤坊”和“育才坊”，二坊均是两柱一间，歇山顶，图绘为与文庙和街道平行，恐怕图绘有问题，牌楼还有戗柱支撑，这种建筑影响街道的通行，最西还标有“泮宫坊”，有文无图，不知建筑样式。

嘉靖以后，跨街坊楼继续出现。长洲隆庆庙学图中，文庙前左侧跨街有“状元”小牌楼，两柱一间。宿迁万历庙学图中，跨街有“腾蛟”“起凤”一对牌楼，四柱三间三楼。营山万历庙学图中，棂星门前有跨街的“贤关坊”和“圣域坊”，由于是示意图，没有图画，不知建筑样式。万州文庙前的大街上，东西各有一座跨街坊楼，两柱一间，歇山顶。平湖天启间是左庙右学的布局形式，从庙学图看，文庙前没有坊楼，坊楼全在学校一侧，学门前有会元坊，四柱三间三楼，两侧跨街有一对小牌楼，两柱一间一楼。赣州赣县两学共用一庙，设置两对过街坊楼，外侧为“腾蛟”和“起凤”，内侧为“崇正学”和“育真才”；外侧为四柱三间三楼牌楼，内侧为三间重檐的亭或楼。

清代时，跨街坊楼更加普及，许多文庙在庙前街道上建造了跨街坊楼。雍正四年（1726年），六合县学“建两坊于棂星门外”；康熙五十七年（1618年），从化县学“建二坊于棂星门外”。

二十世纪以来，由于城市道路的扩建，跨街坊楼大多被拆除，目前留存的比较少。北京国子监、天津文庙、慈溪文庙、韩城文庙、嘉定文庙、平遥文庙、建水文庙等地还保存着，近年也有一些文庙在维修时进行了恢复重建。

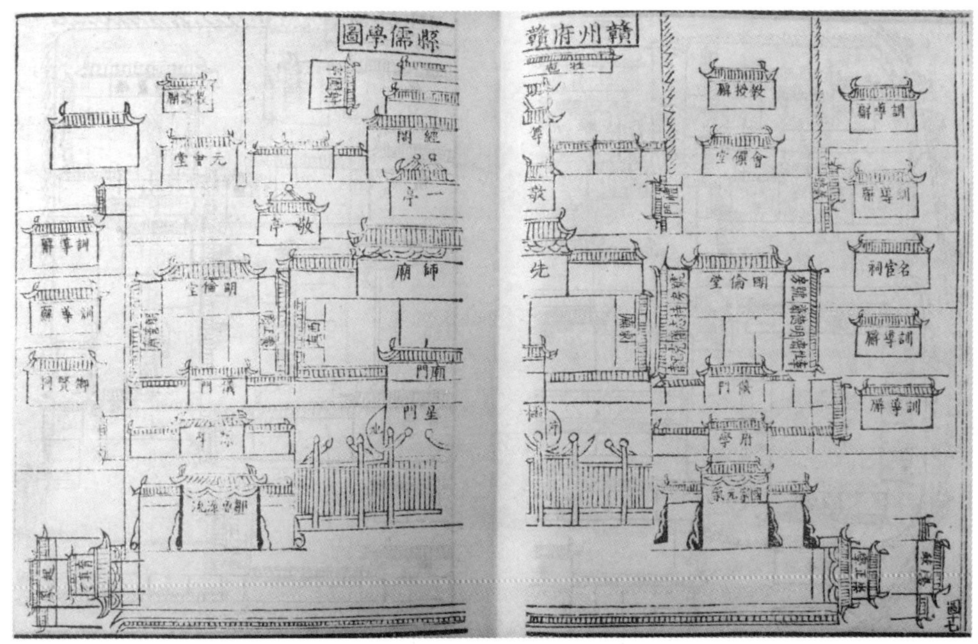

明嘉靖　赣州府县儒学平面示意图

嘉定文庙跨街兴贤牌楼与育才牌楼及石栏、仰高牌楼组成一个半封闭的空间，这种建筑空间在文庙中是独有的，与此相似的只有曲阜颜子庙，但颜子庙是封闭空间，已经不能称作跨街牌楼，嘉定文庙两牌楼之间仍然可以通行，石栏设置七十二根栏柱，每根柱头雕刻一尊石狮，以寓意孔子弟子七十二贤，设计是很巧妙的。

名　称

跨街坊楼一般成对，门前左右各一座，所以文字也一般成对。名称有的表达了对学校的期望，如：“兴贤”与“育才”，“腾蛟”与“起凤”，“崇正学”与“育真才”，“礼门”与“义路”，“钟灵”与“毓秀”，“文明”与“宣化”，“登圣”与“步贤”，等等；有的表达了对孔子的赞颂，如：“德配（侔）天地”与“道冠（贯）古今”，“删述六经”与“宪章文武”，“教垂万世”与“参天两地”，“执中含和”与“道洽八埏”；有的表达了对孔子庙的赞颂，如：“圣域”与“贤关”。由于庙学一体，名称还是切题的，但“鼎甲”与“解元”及“会元”与“解元”就有些不伦不类了。特

天津文庙跨街牌楼

别是吴县明嘉靖庙图中，文庙前为状元坊，跨街为会元坊与解元坊，看来是炫耀地方科举之盛，但在文庙门前炫耀功名，真有点像圣人面前读《三字经》了。

跨街坊楼也有单独一座的，但比较少。夏邑嘉靖庙学图中，文庙西侧跨街有“育贤坊”，两柱一间；淳安嘉靖庙学图中，文庙前街道西侧有一座“泮宫”小牌楼，两柱一间；长洲隆庆庙学图中，文庙前东侧跨街有“状元”小牌楼，也是两柱一间；规模都很小，而且都是位于文庙的一侧。

跨街坊楼一般两面文字相同，如天津文庙前一对牌楼分别题作“德配天地”和“道冠古今”；也有的两面文字相异，如承德热河的跨街东坊东西分别题刻“教垂万世”和“执中含和”，西坊东西分别题刻“道洽八埏”和“参天两地”，均为清乾隆皇帝御题。平遥文庙近年新建了东西跨街牌楼，向内一侧分别题作“德配天地”和“道冠古今”，向外一侧分别题作“祖述尧舜”和“宪章文武”。

山西平遥文庙跨街牌楼

跨街坊楼的名称常常会随着主修者的喜好不断变换，但万变不离其宗，都是为了更好地赞颂孔子及其思想或祈愿本地多出人才。嘉定文庙跨街的兴贤坊从元至正到明嘉靖间先后改称宾兴坊、腾蛟坊、解元坊，嘉靖三十一年（1552年）又恢复旧称；育才坊原名儒林坊，明正德、嘉靖间先后改称起凤坊和会魁坊，嘉靖三十一年改称育才坊。严格来说，“腾蛟”“起凤”作为文庙前牌坊的名称还说得过去，地方人士期望人才蔚起，而选拔人才的标准就是孔子思想，但是将“解元”“会魁”作为文庙前牌坊的名称就有点不合适了。崇明文庙前跨街牌楼东西相对，外侧名称不变，内侧名称不断变化。清康熙二十三年（1684年）初建时东牌楼朝外一侧题“学海”，朝内一侧题“腾蛟”，西牌楼朝外一侧题“朝宗”，朝内一侧题“起凤”；乾隆七年（1742年）重修时内侧分别改为“德配天地”“道冠古今”，光绪年间改为“礼门”“义路”，民国初年改为“奋斗”“和平”，1960年再改为“学而不厌”“诲人不倦”，1998年重修复改为“德配天地”“道冠古今”。

名称溯源

德配天地和道冠古今

“德配天地”本来是歌颂天子的，“天子者，与天地参，故德配天地”[①]。“道冠古今”亦然，“陛下道冠古今，恩溢天地”[②]，“道冠古今，功格上下”[③]，也可以用于赞扬臣子，“恭惟某官道冠古今，勋存社稷”[④]。但明洪武二十六年（1393年）遣官祭祀孔子的祭文说：“惟王德配天地，道冠古今。”[⑤]以后此二语几乎成为赞颂孔子的专用语。

“德配天地”又作“德侔天地”。《礼部志稿》卷六十八孔子祝文作“德侔天地，道冠古今”，所以明永乐十三年（1415年）曲阜孔子庙建造角门时将其作为角门牌楼的名称。潜山县学也作“德侔天地”，杭州敷文书院门前也有以此命名的牌楼。

---

① 《礼记·祭统》，见上海古籍出版社《文渊阁四库全书》电子版。

② 〔唐〕陈子昂：《陈拾遗集》卷三《为程处弼庆拜洛表》，见上海古籍出版社《文渊阁四库全书》电子版。

③ 〔唐〕穆质：《对》，《文苑英华》卷四百八十六，见上海古籍出版社《文渊阁四库全书》电子版。

④ 〔宋〕刘攽：《彭城集》卷二十九《贺张丞相除帅启》，见上海古籍出版社《文渊阁四库全书》电子版。

⑤ 〔明〕《礼部志稿》卷二十九，见上海古籍出版社《文渊阁四库全书》电子版。

山西大同府学文庙跨街牌楼

“道冠古今”又作“道贯古今”。宋张嵲曾赞颂张浚“道贯古今，学该流略”[①]。丹徒县学坊楼作“道贯古今”，杭州敷文书院门前牌楼原来也作“道贯古今”，现在改为“道冠古今”。

这组名称明代文庙使用很少，绝大多数是清朝建造命名的。有的作为庙前跨街坊的名称，有的作为侧门的名称，有的作为角门的名称；建筑形式有的是坊楼，有的是门屋，作为跨街坊楼的建筑形式则为坊或楼。

这对牌坊的命名一般是“德配天地”在左，“道冠古今”在右，明代广宁左屯卫卫学正好相反。

腾蛟和起凤

“腾蛟起凤”原来比喻人才华焕发，“腾蛟起凤，孟学士之词宗”[②]，文庙将其分开两用以祈愿本地人才辈出。

“腾蛟”和“起凤”一般是坊楼的名称，大多命名庙学前的跨街坊楼。恭城文庙于正德十三年（1508年）“兵备副使张祐建腾蛟、起凤二坊于东西，棂星门外”[③]，陕西肤施（今延安）县学于明正德年间、江苏元和县学于隆庆二年（1567年）、云南北胜州州学于明万历二十八年（1600年）、弥勒州学于天启二年（1622年）都建造了以这对名称命名的坊楼。嘉靖年间赣州府学、龙溪县学、宿迁县学和清代的镇海县学、宁国府学、慈溪县学的庙前街上也都建造了以此命

① 〔宋〕张嵲：《紫微集》卷十九载“张浚为前宰相，该遇明堂大礼赦恩，合行检举叙复，奉圣旨复观文殿大学士制”，见上海古籍出版社《文渊阁四库全书》电子版。

② 〔唐〕王勃：《滕王阁序》，《王子安集》卷五，见上海古籍出版社《文渊阁四库全书》电子版。

③ 《广西通志》卷三十七“恭城县学”，见上海古籍出版社《文渊阁四库全书》电子版。

名的跨街坊楼。有的文庙前还将此二坊的名称扩大为四字，带上地方色彩，如广东肇庆府学于明万历九年命名跨街坊楼为“崧山起凤”和“端水腾蛟”，高明县学于明万历三十三年将原来的坊楼改名为“玉山起凤”和“珠海腾蛟”。此二名一般是“腾蛟”在左，“起凤”在右，但也有的文庙相反，龙溪就是“起凤”在左，“腾蛟”在右。有的文庙只使用“腾蛟”，海南临高文庙就以此命名泮池边上的牌坊。济南文庙将“腾蛟起凤”作为一座坊楼的名称，“清顺治十年，巡抚都御史夏玉于梯云溪上建桥曰青云，建坊曰腾蛟起凤”[①]。

福建安溪文庙角门“起凤”坊

有的文庙将这对名称用作角门的名称，如福建安溪文庙；也有的庙学将此作为学校的角门的名称，如泾县县学是前庙后学式，在明伦堂院的东西墙上设置此二门作为学校的出入口。

兴贤和育才

兴贤和育才几乎是每一个王朝的国策。早在宋代，兴贤就是城市里坊常用的名称，但作为文庙前的牌坊名称始见于嘉定文庙，南宋淳祐九年（1249年）在庙前东西建造了兴贤坊和育才坊。明代时，庙学前流行建造跨街牌坊。正统间容县庙学建造了兴贤、育才二坊，嘉靖时建阳文庙、如皋文庙建造了以此命名的跨街牌楼。与此意义相同或相近的有兴贤和毓秀、兴贤和达材、仰圣和养贤、崇正学和育真才。永昌府学成化十七年（1481年）建造了兴贤、育秀二坊，淮安府学文庙明弘治十七年（1504年）建造了兴贤、毓秀二坊，元和县学明隆庆六年（1572年）将圣域坊、贤关坊改作兴贤坊和达材坊，昌平州学在明崇祯十二年（1639年）建造了仰圣坊和育贤坊，临淄文庙跨街建造了崇正学坊和育真才坊。

① 《山东通志》卷十四“济南府儒学”，见上海古籍出版社《文渊阁四库全书》电子版。

圣域和贤关

“圣域”本指圣人的境界，“禹入圣域而不优”；“贤关”本指进入仕途的门径，“太学者，贤士之所关也”；文庙以此为建筑物名称是很恰当的，文庙奉祀孔子当然是圣域，学校乃培养官吏的场所当然是贤关。

陕西韩城文庙“圣域”角门

“圣域”“贤关”一般用作跨街坊楼的名称。番禺县学于明成化四年（1668年）建造的跨街坊就以此为名，密云县学文庙于成化十一年建造了“圣域”“贤关”二坊，新兴县学于万历二十四年（1596年）将庙前二坊改作此名，营山县学在明万历年间、三水县学于清康熙九年（1670年）、和平县学于康熙五十四年、临安县学于康熙五十八年也都建造了以此命名的坊楼。

有的文庙将“圣域”“贤关”作为文庙侧门或角门的名称，富顺文庙以此命名照壁东西两侧的小门，韩城文庙以此命名第一进院的东西角门。也有的文庙将其作为其他门坊次间的名称，海州文庙就将此对名称刻在了棂星门两次间额枋上。这对名称一般是左为圣域，右为贤关，但也有个别文庙相反，如番禺县学和新兴县学都是左为贤关，右为圣域。

礼门和义路

“礼门”“义路”出自《孟子》，“夫义，路也；礼，门也。惟君子能由是路，出入是门也”[1]，为了激励学子，将礼门、义路作为文庙前正门跨街坊的名称。建水的临安文庙明代时就在洙泗渊源坊前东西两侧建造了礼门坊、义路坊，清乾隆二十九年（1764年）改为石构牌楼。

---

① 《孟子·万章下》，见上海古籍出版社《文渊阁四库全书》电子版。

云南建水文庙跨街牌楼“义路”

文庙更多的是将“礼门”和“义路”作为角门的名称，因为角门才是日常出入的通道。明代时由于文庙多设正门，所以很少有侧门或角门。清代时，由于本地没有出过状元不设正门，设置左右角门的文庙逐渐增多。临高县学文庙于康熙六年（1667年）、陵水县学文庙于乾隆十七年（1752年）建造了以此命名的角门，抚宁县学、崇明县学、富顺县学、资州州学、杭州府学、沭阳县学、定州州学、岳州府学等学校文庙也设置了名称为“礼门”和“义路”的角门。抚宁文庙

山西平遥县学角门“礼门”

未设正门，在照壁和文庙正门组成的封闭式庭院的东西庙墙上建造了以此命名的角门，作为进入文庙的出入口。有的文庙将其作为侧门的名称。安顺府学文庙未设正门，在照壁两侧建造了以此命名的垂花门，作为文庙的出入口。

有的学校将礼门、义路作为学校明伦堂的侧门。嘉靖年间的襄城文庙以此作为明伦堂前东西角门的名称；宁国府学也以此命名学校明伦堂前东西院墙上的角门，也就是明伦堂的出入口；平遥县学将明伦堂院东西院墙上的角门命名为“礼门”和“义门”，是比较特殊的。

至于二门坊的位置，一般是“礼门”在左，“义路”在右，但有的则相反，“义路”在左，“礼门”在右，如富顺、沭阳、抚宁文庙。有的文庙“礼门”“义路”两面题刻名字，泉州文庙在向内一面分别题刻“贤关”和“圣域”。有的庙学将“礼门”作为明伦堂的大门，如嘉定庙学。

建筑形式

跨街坊楼的建筑形式主要有牌楼式和牌坊式两种。

牌楼式

有楼式是最常见的跨街建筑。前面提到的明嘉靖庙图中，岳州、许州、

国子监文庙跨街牌楼

浙江慈溪文庙跨街牌楼

思南、绍兴、如皋、龙溪、建阳、赣州、淳安文庙都是有楼式，清代热河、定州、海州、揭阳、鄞县、淮安等文庙也都是有楼式。现存的跨街坊楼也是以有楼式为多。

贵州安顺文庙跨街牌坊

牌楼式有两柱一间和四柱三间两种建筑形式，两柱一间又有一楼和三楼两种。

也许是为了不影响交通，跨街坊楼大多是两柱式。北京国子监文庙的两对跨街牌楼，一对是街道“成贤街”名称牌楼，一对是“国子监”名称牌楼，都是两柱三楼，冲天柱式。其具体做法是，由柱上向外伸出额枋，额枋尽端悬挂一根短柱，短柱下端刻成花蕾，上端罩云罐，云罐上安设朝天犼，在伸出的额枋上构筑一个很短的小屋面。三楼都是硬山顶，檐下用重昂五踩斗栱，主楼七攒，翼楼二攒。天津文庙前的跨街牌楼分别名“德配天地”和“道冠古今”，也都是两柱一间三楼式牌坊。其具体做法是，在额枋上立两柱，建造两柱一楼的小牌楼，三楼都是灰瓦庑殿顶。

浙江慈溪文庙前的跨街牌楼分别名“腾蛟”和“起凤”，都是两柱单间一楼的小牌坊，牌楼是近年重建的，石柱木楼灰瓦顶。陕西韩城文庙和定州文庙庙前跨街牌楼分别名“德配天地”和“道冠古今”，都是两柱单间单楼；定州的现已不存，韩城的是灰瓦悬山顶。上海嘉定文庙庙前跨街牌楼分别名“兴贤”和“育才”，也是两柱单间单楼，石柱木构，灰瓦歇山顶。崇明文庙庙前跨街牌楼也都是两柱一间，但为重檐灰瓦歇山顶，檐下施单翘三昂九踩斗栱。

四柱三间牌楼式比较少，有木构也有石构。承德热河文庙跨街牌楼为四柱三间三楼式木构建筑，灰瓦硬山顶。榆次文庙跨街牌楼分别名“钟灵”“毓秀”，全木结构，四柱三间三楼，灰瓦悬山顶，主楼单翘重昂七踩斗栱，侧楼减一跳，重昂五踩，四柱均以石鼓前后夹抱，并加木斜撑。

云南建水文庙门前跨街牌楼分别名“礼门”和“义路”，都是四柱三间三楼，庑殿顶，全石雕刻；四柱前后以石件夹护，石砌高高的须弥座，中柱座上置圆雕石狮和圆雕降龙的牙板，边柱座上置石抱鼓，雕刻都很精美；遗憾的是牙板太高，竟达上额枋下皮，但仍然是已知现存最精美的跨街牌楼。

牌坊式

牌坊式比较少见。明万历间的宿迁庙学图和安顺文庙前都有四柱三间冲天柱式的牌坊。贵州安顺文庙跨街坊分别名“道冠古今”和“德配天地”，形制比较简单，方柱，前后石抱鼓夹抱，顶置圆雕石狮，南北相对，额枋两层，中夹花板，正间刻坊名。近年可能是为了保护石坊，安顺文庙在庙门前添建围墙，将石坊围在了庙内。

第四节　下马牌

下马牌，本来是立于皇宫、官衙、帝王寝庙等重要建筑群前以提示人们下马表示敬意的设施，如果不按照警示下马的话，就会受到法律的处罚。《大清律例》就明确规定：“凡至下马牌不下而竟过者笞五十，看守人役失于防范者笞四十。”[①]明代时，名将李成梁之孙的家奴骑马经过文庙而没有下马，被南京国子监学录李维极抓住鞭打。李氏家奴数十人到邸寻衅。李成梁之孙时官都督，娶魏国公之女，魏国公徐弘基也上门讨要说法。国子监祭酒郭正域据理力争，“今天子尚皮弁拜先圣，人臣乃走马庙门外乎？且公侯子弟入学习礼，亦国子生耳，学录非挟都督也”，鞭打家奴并非鞭打主人，最后双方互相道歉了事。[②]

历　史

孔子庙下马牌始立于金明昌二年（1191年），金章宗诏令孔子庙前置下马

---

① 《大清律例》卷十七，见上海古籍出版社《文渊阁四库全书》电子版。

② 《明史》卷二百二十六“郭正域传”，见上海古籍出版社《文渊阁四库全书》电子版。

牌，刻文为“文武官员军民人等至此驻轿下马”，曲阜孔子庙当时就刻立了下马牌，明永乐十五年（1417年）又重新刻立，应该是最早刻立下马牌的孔子庙。

孔子庙门前刻立下马牌，是为了昭示孔子的尊贵和孔子庙的威严，一般竖立在文庙前的左右两侧。所有经过孔子庙的人员，不论是文武官员还是庶民人等，到此都要下轿下马步行而过以示对孔子的尊敬。其实不仅是官员人等，就连皇帝到孔子庙祭祀也要步行而进。

由于各地执行不好，明宪宗成化十六年（1480年）专门诏命“过孔子庙者毋骑”。清康熙二十九年（1690年），京口将军张思恭奏请朝廷同意，国家再次重申，“文庙前左右竖下马牌：一应文武官员军民人等在此下马”。

曲阜孔子庙下马牌

文字内容

从现存下马牌看，各地文字不一。曲阜孔子庙、北京国子监文庙下马牌为“官员人等至此下马”，安徽霍山文庙下马牌为“奉圣旨凡文武大小官员及士农工商军民等至此下马”，洛阳河南府学文庙下马牌为“奉旨文武官员人等至此下马”，福建安溪文庙下马牌为“奉旨文武官员人等到此下马”，福建永春文庙下马牌为“奉旨大小文武官员军民人等至此下马”，河北定州文庙下马牌为“奉旨文武官员军民至此下马”，吉林文庙下马牌为“奉旨满汉文武官员军民人等至此下马”，江苏武进文庙下马牌为“文武百官军民人等至此下马”，浙江慈溪文庙下马牌为“一应文武官员军民人等至此下马”，贵州思南文庙下马牌为“一应文武官员至此下马”，江苏江阴文庙下马牌为“一应文武大小官员至此下马”，云南建水文庙下马牌为“官员兵民人等于此下马”，山西汾城原太平县文庙、辽宁兴城文庙、安徽池州文庙下马牌均为“文武官员军民人等至此下马”，贵州安顺府学文庙下马牌为“文武百官军民人等至此下轿马”，安徽歙县文庙下马牌为“凡一应满汉文武官员军民人等至此下马”，陕西韩城文庙、福建黄石孔子庙、台湾台南文庙与彰化文庙下马牌均为“文武官员军民人等至此下马”，山西绛州文庙下马牌为“奉旨文

洛阳河南府学文庙下马牌

福建安溪文庙下马牌

浙江慈溪文庙下马牌

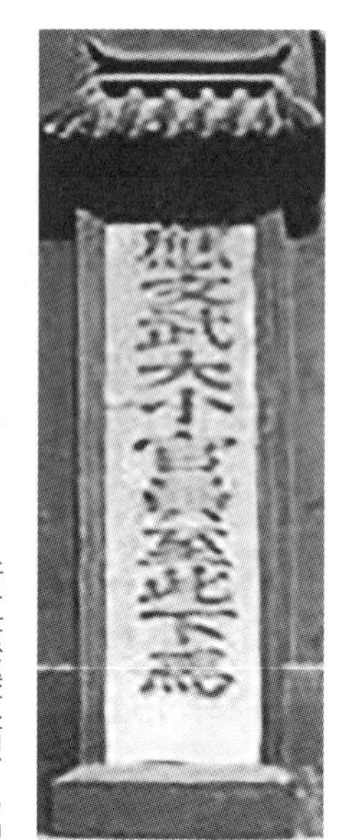

江苏江阴文庙下马牌

云南建水文庙下马牌

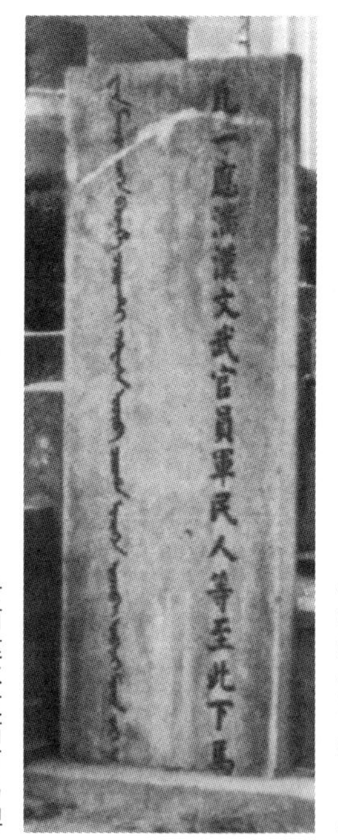

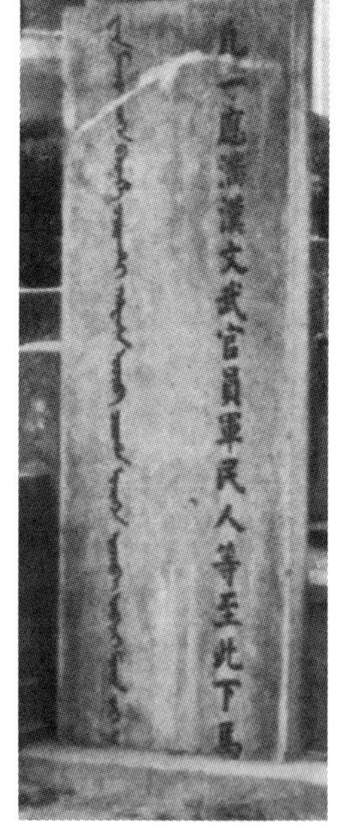

安徽歙县文庙下马牌

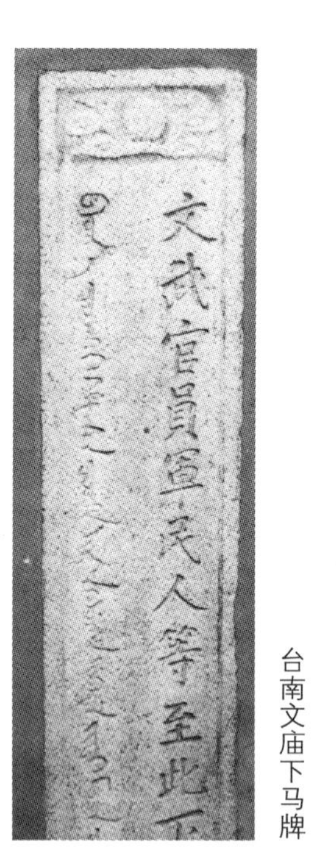

台南文庙下马牌

山西绛州文庙下马牌

江西安福文庙下马牌

四川资州文庙下马牌

四川阆中文庙下马牌

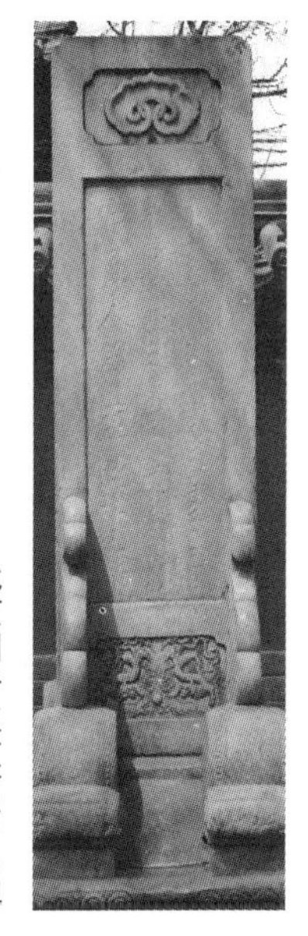
北京国子监文庙下马牌

武官员军民人等至此下马”，江西安福文庙下马牌为“文武官员于此住轿下马”，武宣文庙下马牌为“文武官员至此落轿马”，广西恭城文庙、四川资州文庙与犍为文庙、昆明文庙下马牌均为“文武官员至此下马”，甘肃镇远文庙下马牌为“文官止骑，武将下马”，四川阆中文庙下马牌为“文官下轿，武官下马”，富顺文庙则立有文字不同的两块石碑，一刻“文官下轿”，一刻“武官下马”，文字非常简单。上述文字中，只有慈溪文庙下马牌是清康熙时朝廷规定的文字。下马牌文字各异，但内容大致相同。其所以出现这种现象，是因为各地下马牌不是同一时间刻制的。

下马牌一般只刻汉字，台湾台南文庙、吉林文庙下马牌均刻有满汉两种文字。北京国子监文庙前的下马牌，石碑前后刻有满文、汉文、蒙文、回文、托忒文和藏文六种文字，是刻字种类最多的。

牌上文字一般刻作一行，四川清溪文庙下马牌虽然只有“文武官员至此下马”，但由于碑石很小，文字刻作了两行。重庆璧山文庙下马碑文字排列比较独特，“文武官员至此下马”，“文武”二字横一行，其他文字一字一行竖排。

形　制

河北定州文庙下马牌

早期下马牌主要用木头制作，所以称作下马牌。但木头制作的不耐久且易移动，明天顺间皇宫的下马牌就被大风刮到了郊外，所以后来大都改成石头刻制，因此又称下马碑。

下马牌各地形制不一。北京国子监文庙的下马牌最为精致，前后左右以石鼓夹护，文字下端还浮雕了二龙戏珠图案。定州文庙下马牌左右以石鼓夹护，碑上加石刻屋顶以保护。资州文庙下马牌上覆瓦顶，下置石座。慈溪文庙下马牌的碑顶作屋顶形，连瓦垄都是圆雕的。但大多数下马牌非常简单，只是一块朴素无华的石碑，如洛阳河南府学文庙、福建安溪文庙、广西恭城文庙、云南建水文庙、江西安福文庙。看来下马牌形制也没有统一的规定。

第五节　庙　门

中国传统建筑一般是封闭式的，周筑围墙，前面设门，文庙也不例外，但是由于国家没有统一的规定，有的文庙不设庙门，即使建造了庙门，也有不同的建筑形式。

历　史

唐以前，由于史料不足，难以确定孔子庙的规制，但庙门应该是有的。从《大唐开元礼》“皇太子释奠孔宣父”仪注看，皇太子祭祀孔子是从东门入，京师国子监孔子庙不应该只有东门，至少还应该有南门。日本遣唐使团的膳大丘说：“国子监有两门，题曰‘文宣王庙’。”[1]两门不可能都题作

[1] 〔日本〕德川光国：《大日本史·膳大丘列传》。

“文宣王庙”，应该是其中的一座，那座题作“文宣王庙”的大门应该就是文庙的庙门。明代《泮宫礼乐疏》有“唐释奠位图”，文宣王殿周有围墙，四面设门，不知资料来自何处。膳大丘所述是他的亲眼所见，《泮宫礼乐疏》应该是作者的想当然。从“诸州释奠孔宣父”仪注“设三献门外位于道东”看，地方孔子庙应该有南门。因为门外道东只能是南门或北门，祭祀孔子不应该从北门进入，只能是入自南门，如果有东门，三献位不应该设在门外道东。《泮宫礼乐疏》附录的“唐开元诸州释奠图”中作两重庙门是可能的。南唐时新建的舒州州学“重门以深之，周垣以缭之”①，也是两重庙门。

北京通州文庙庙门

从宋代开始，文庙建筑增加，殿前增加了重重门坊，与围墙相连的最前面的能够供人出入的建筑就成为文庙的庙门。明代时，绍兴府学文庙、云南思南府学文庙都有专设的庙门。思南文庙庙门临街，三间，屋宇式，是名副其实的庙门。绍兴文庙则棂星门临街，左右有墙相接，标有“文庙”字样的建筑其实为二门，屋宇式，三间，单檐。威县文庙嘉靖时设文庙门，是四柱三间的牌楼。

但到清代时，许多文庙不开正门，庙门退居到围墙以内，只能以偏门或角门作为文庙的出入口。清代时，大多设置正门的文庙以棂星门为大门，但也有个别孔子庙单独建造了庙门。

文庙前建造建筑单独题作“文庙”的不多。明嘉靖年间的贵州思南府学图中有文庙门，文字记载为三间。威县嘉靖庙学图中有牌楼四柱三间三楼，

① 徐铉：《舒州新建文宣王庙碑文》，《骑省集》卷十二，见上海古籍出版社《文渊阁四库全书》电子版。

题作“文庙”，右侧的学校也有学门，题作“儒学”。襄城庙学图中也有庙门，题作“文庙”，是四柱三间三楼的牌楼，东西两侧分别为“儒学”和“射圃”的大门，都是高台式建筑，台中辟门，台上建房，一间。国子监文庙棂星门门上悬挂着清乾隆皇帝题写的“先师庙”匾额，此棂星门就是名副其实的庙门。

现在见到的建筑实例有这样几所文庙：安徽桐城文庙和霍山文庙，福建安溪文庙，河北定州文庙和通州文庙，山东济南府学文庙，等等。

建筑形式

庙门主要有屋宇式和牌楼式两种建筑形式。

屋宇式

屋宇式是文庙庙门的主要建筑形式之一，按照建筑样式还可细分为纯正屋宇式、券门式和仿牌楼式三种。

纯正屋宇式 采用纯正屋宇式庙门的有国子监文庙、北京通州文庙和福建安溪文庙等几座文庙。

北京国子监文庙大门明代弘治时虽然名棂星门，但乾隆三十三年（1768年）改悬御书“先师庙”额，就成了文庙大门。庙门为屋宇式建筑，黄瓦歇山顶，檐下施单昂单翘五踩斗栱，分心式木架，三间三门，门安设在中柱间。

通州文庙大门三间，灰瓦歇山顶，从文献《学官图》看，设三门，两侧还各有一间倒坐，但现在只在中间设门，而且将门设在前檐柱下，也没有了倒坐。

福建安溪文庙庙门

福建安溪文庙庙门设在大成门前、照壁后，屋宇式建筑，黄瓦庑殿顶，两侧各有一间方形建筑，也是黄瓦，外端歇山顶，内端悬山顶，掩于门屋檐下。三间三门，三柱分心式木架，门安设在中柱间。虽然有的资料称之为棂星门，在当心间悬挂着“文庙”竖匾，按照以建筑匾额命名的习惯称作文庙门才合适，虽然门屋正脊设有柱头形装饰，带有棂星门的寓意，但也不能称之为棂星门。

济南府学文庙庙门

券门式　券门式庙门金、元以来多用于寺庙，一般称作山门。文庙以券门式建筑为庙门的比较少。

济南文庙庙门三间，屋宇式建筑，黄瓦歇山顶，檐下施重昂五踩斗栱，抬梁式木架，两柱七檩，四面砖砌实墙，前后墙上辟三洞门。

始建于清光绪八年（1882年）的澧州文庙头门应该是当时的庙门，后来被毁，2005年重建。新建的头门三间，黄瓦重檐歇山顶，檐下施单昂单翘五踩斗栱，抬梁式木架，除后面外三面砌墙，门设于前柱间，拱顶，每间一门，不知是否是按照旧制恢复的。

仿牌楼式　个别文庙庙门虽然属于屋宇式建筑，为了改变屋宇式的规整单调，仿造牌楼建造，屋顶中高旁低，样式比较美观。

安徽桐城文庙棂星门没有临街，为独立庭院中的牌坊，所以在棂星门前建造了一座庙门，屋檐下悬挂“文

安徽桐城文庙庙门

庙”竖匾，门屋三间，明间较次间高起许多，如同二层楼，虽然建筑很美观，由于与其他文庙前建坊不同，所以总觉得不够有气势。安徽霍山文庙与桐城文庙基本相同，建筑形制也基本相同，但庙内没有棂星门。

安徽寿州州学文庙庙门最为特殊。庙门建筑三座，中门题作“泮宫”，左右侧门分别题作“快睹”“仰高”，每座三间，中高侧低，灰瓦歇山顶，次间向内一侧切断，远看如同牌楼，但木架为三柱分心式，两端砌墙，属于门屋式，非常有气势，也非常美观。

牌楼式

牌楼式是最为常见的庙门建筑形式，云南建水文庙、富源原平彝文庙、楚雄文庙，安徽寿州文庙，山西太原文庙，陕西韩城文庙，河北定州文庙，等等，都以牌楼为庙门。

云南建水文庙的“洙泗渊源”牌楼属于庙门，其原因一是两侧设置了八字照壁，二是门外左右建造了“礼门”和“义路”跨街牌楼，三是跨街牌楼外刻立了下马牌。牌楼建于清乾隆四十三年（1778年），四柱三间三楼，灰瓦歇山顶，边楼向内一侧切断伸入主楼下。斗栱为“米”字形，明楼四昂九踩，边楼三昂七踩，以圆雕大象为座斗。全木建筑，木柱前后以夹杆石夹抱，中柱夹杆石圆雕麒麟，边柱南面圆雕狮子云龙，背面圆雕大象和高浮雕云龙。夹杆石很高，边柱高至额枋上花板，中二柱高达下额枋，麒麟顶置石人，石人顶承立柱以承檐。立柱为木，高浮雕云龙，柱础石雕，圆形束腰，上为仰莲座，就建筑结构来说设计不算好，但装饰还是很精美的。额枋两层，中夹花板，明间南面题刻“洙泗渊源”，背面题刻“万世宗师”，近年又刻制了

云南建水文庙庙门

“文庙”竖匾。两侧看墙砖砌到顶，砖雕重翘五踩斗栱，左右壁心分别浮雕二龙和双凤，灰瓦悬山顶，远看如同五间五楼，设计很巧妙。再外设八字照壁，左右壁心分别题刻“鸢飞”和

山西太原文庙庙门牌楼

“鱼跃”。庙门“洙泗渊源”牌楼前设平台，面对十多万平方米的学海水池，看墙、八字墙高度依次递减，两侧“礼门”“义路”石雕跨街牌楼和文庙“德配天地”“道冠古今”角门牌楼逐渐升高，错落有致，更加碧水倒蘸，可以说是最优美、最有气势的文庙大门。

云南富源原平彝文庙以牌楼为庙门，清乾隆元年（1736年）建，二十世纪六十年代被拆除，2002年按旧照片重建。牌楼为四柱三间三楼式，歇山顶，次楼一半伸入主楼之下，明间花板题“太和元气”，次楼左右分别题“圣域”和“贤关”。楚雄文庙庙门为重檐牌楼，面阔一间，两侧各有一座两柱一间单檐的小牌楼。

山西绛州文庙近年恢复的文庙门为六柱五楼式牌楼，灰瓦歇山顶，次楼和稍楼均是向内一侧切断，主楼施如意斗栱，五昂十一踩，次楼和稍楼均为四昂九踩斗栱，立柱均穿过上额枋，柱头科也是从柱上伸出。主次楼额枋三层，花板两层，稍楼仅额枋一层。主楼上额枋题刻“文庙”，次楼分别题刻“德侔天地”和“道冠古今”。辟三门，

河北定州文庙庙门

云南景东文庙新庙门　罗一华摄

稍间设砖墙照壁，主图为圆形，浮雕云龙。

太原府学文庙门原来位于庙前，现在迁于文庙西侧。牌楼式，四柱三间三楼，绿瓦悬山顶，稍楼向内一侧切断并隐于主楼下，主楼单翘五昂十三踩斗栱，补间六攒，次楼单翘四昂十一踩斗栱，补间四攒。大额枋两层，主楼大花板题刻“文庙”二字。立柱前后石抱鼓夹抱，并加木斜撑。

韩城文庙前设五龙照壁，东西庙墙设置“圣域”“贤关”角门为出入口，院内正面是三座两柱一间的灰瓦悬山顶的牌楼，一正两掖，中间悬挂“文庙”竖匾，虽然属于内庙门，但两侧设八字照壁，很有气势。介绍材料多称作棂星门，是不妥的。

定州文庙原来没有设置临街的正门，属于不开庙门的一类，在照壁后设置了四柱三间三楼的木构牌楼，于牌楼上悬挂“文庙”竖匾，介绍材料也称作棂星门，但是牌楼上悬挂的竖匾为“文庙”，而且是牌楼式建筑，应该称作文庙牌楼。由于牌楼是冲天柱式，也可以称作棂星门式的建筑。

仙游文庙正门名“绰楔门”，是一座三间四柱三楼的冲天式牌楼。牌楼悬山顶，檐下单翘三栱斗栱，石构。牌楼为新建，匾额为今人陈至立题写。

云南景东文庙在照壁正中设置庙门，门楼一间，黄瓦歇山顶，两侧并设小照壁，照壁也加黄瓦顶，远观如同小牌楼，这是1986年添建的，民国《景东县志稿》“景东厅学宫”图中照壁“宫墙”没有门，而是在照壁两侧建造了“龙门”牌坊，“宫墙”后设有东西角门“金声”和“玉振”。

近几年，许多未开正门的文庙在照壁上辟门。吉林文庙、恭城文庙、武宣文庙、宁远文庙都是在照壁中央辟出圆顶拱门。有的文庙还增设了庙门。安顺文庙就在照壁前添建了单间建筑，灰瓦歇山顶，檐下安设了题作“安顺文庙”的横额，并加题了“德配天地”“道冠古今”的对联。

第六节　棂星门

棂星门原作灵星门，位于文庙的前面。设置正门的文庙一般以其为庙门，不辟正门的文庙有的以其为内庙门，有的则独立于庭中，成为纯粹的纪念性建筑。但不论具体功用如何，棂星门几乎是每所文庙必备的建筑。

寓　意

灵星又名天田星，古人认为此星主管农事，周朝时于仲秋月祭祀于国都东南，以祈祷五谷丰登或报功谢恩。汉高祖曾令天下皆立灵星祠。宋仁宗天圣六年（1028年）令构筑郊坛外垣，设置灵星门，以象天体，太庙等大祀坛庙都以灵星门为正门，孔子庙也随之设置灵星门。

孔子庙为什么设置灵星门？元代鲜瑨曾经进行过详细考察：“庙学三门之

曲阜孔子庙棂星门

制，礼经无明文。璠尝踰巴蜀，浮荆襄汉沔，适梁宋郑卫，历赵代晋蒲秦陕之学，周咨弗能得。元贞初，职教成都，视绵州学，瓦砾中得宋故石碑《修学门记》，磨灭殆半而门制可考，云古营造法式，以上天帝座前三星曰灵星，王者之居象之，故以名门。先圣为万世绝尊，古今通祀，衮冕南面，用王者礼乐，庙门之制悉如之。”[①]孔子庙设置灵星门是显示“王者之居”、孔子用王者礼仪。

灵星本是二十八宿之一龙星的左角，角是天门，门形为窗棂，元代时有的孔子庙就改作棂星门或凌霄门。鲜璠认为“世所谓棂星及凌霄者承误也”，但后世许多文庙还是题作棂星门。其原因，清代袁枚在《随园随笔》中说“后人以汉灵星祈年与孔庙无涉，又见门形为窗棂，遂改为棂。”[②]清康熙间的《武定府志》说“门皆用板，古王者用棂，纵横相错，望之如星，取辟门求贤之意，惟孔庙用之，尊圣人之至也”[③]，给棂星门加上求贤的寓意。《古微书》说“天镇星主得士之庆，其精下为灵星之辰”[④]，又给灵星增加主管人才的功能。孔庙设置灵（棂）星门，既显示尊孔如同尊天，也寓意孔子思想广育人才。

明代罗伦曾经赞颂灵星门说：“此圣人之门也，上帝命之，圣人立之，天下古今之人由之。以太极为栋樼，以阴阳为阖辟，以五行为往来，以六合为垣宇，以诚为棖，以敬为钥，以礼为阑，以勇为卫，以知为先，入此门也然后为大成。其行天下之大道，其立天下之正位，其居天下之广居。升其堂其广无外，入其室其密无内。天下之高年皆吾家之老也，天下之孤弱皆吾家之幼也，天下之颠连无告者皆吾家之兄若弟也，天下之昆虫草木动植百物皆吾家之党与也。伏羲、神农、黄帝、尧、舜、禹、汤、文、武、周公、孔子之治，载之六经者，皆吾家之所以为教也。其教之成也，根于心，睟于面，盎于背，施于四体而达于吾家。父安其慈，子安其孝，君安其仁，臣安其敬，

① 〔元〕鲜璠：《庙学门记》，《全蜀艺文志》卷三十六，见上海古籍出版社《文渊阁四库全书》电子版。

② 〔清〕袁枚：《随园随笔》，见上海古籍出版社《续四库全书》第1148册。

③ 〔清〕康熙《武定府志·学校》，见上海古籍出版社《续修四库全书》第715册。

④ 《古微书》卷三十四，见上海古籍出版社《文渊阁四库全书》电子版。

长幼安其序，朋友安其信，男安于外，女安于内，士安于学，农安于耕，商贾安于贸迁，行旅安于役，天地万物无不各安于其所，此吾家之教化也。”①实际上是在借赞门而赞颂儒家思想。

历 史

孔子庙始用棂星门的年代，《辞源》“棂星门”条作“其移用于孔子庙，始于宋《景定建康志》《金陵新志》所记”。《景定建康志》“府学图”中棂星门作三座，单间，双柱。“儒学志”记载建筑说，“大成殿在棂星门北，戟门内；从祀位在两廊”；记述府学历史说，“本朝兴崇府学，雍熙中有文宣王庙在府西北三里冶城故基，天圣七年，丞相张公士逊出为太守，奏徙庙于浮桥东北，建府学，给田十顷，赐书一监。景祐中，陈公执中又徙于府治之东南，即今学基。建炎兵毁，绍兴九年，叶公梦得更造学，援西京例，奏增置教官一员。淳熙四年，刘公拱重修。庆元二年，张公杓建阁以奉御书，阁下为议道堂，稍重释奠礼仪，储典籍，增既廪，文风大振。淳祐初年，别公之杰增修学宇；六年，赵公以夫即命教堂更名明德，增造两廊以安从祀；十年，吴公渊列祠先贤，增学廪，创义庄。宝祐中，马公光祖兴学校，举孝廉，筑周汉以来名贤祠而赞之，士气兴焉”②；但都没有始建棂星门的记载。

在宋代，棂星门是大祀等级的坛庙才可以设置的建筑，由此结合孔庙的祭祀等级历史可以考察出孔庙始设棂星门的年代。

唐代时，确定孔子庙的祭祀为中祀。北宋崇宁四年（1105年）令孔子庙庙门树立二十四戟，孔子塑像冕用十二旒，服绘十二章，采用了天子服饰，具有了大祀的因素，但祭祀等级并没有改变，仍然为中祀，所以曲阜孔子庙也没有增设棂星门。南宋绍兴十年（1140年），高宗将孔子庙升为大祀，笾豆增加为十二，但庆元元年（1195年）又恢复为中祀。孔子庙升为大祀的时间虽然很短，

① 〔明〕罗伦：《安庆府学棂星门记》，《一峰文集》卷六，见上海古籍出版社《文渊阁四库全书》电子版。

② 《景定建康志》卷二十八，见上海古籍出版社《文渊阁四库全书》电子版。

江苏常熟文庙棂星门

但始设棂星门应该在此段时间内。建康于绍兴七年被确定为留都，九年分镇建康的叶梦得重修府学，“乃命有司因旧址尽撤而新之。起已未孟冬，讫庚申仲春，凡五月，为屋百二十有五间。辟其南向以面秦淮，增斥讲肄，列置斋庐，高明爽垲，固有加于前，不侈不陋，下及庖湢，罔不毕具。既，又作小学于大门之东”[①]。此次重修不可能建造棂星门，一是因为竣工时孔子庙尚未升格为大祀，二月竣工，七月孔子庙才升格；二是从府学图看，府学是以棂星门为大门的，而且东侧也没有小学，说明此图并非叶梦得重修后的形制。从上引修建历史看，棂星门很可能是淳熙四年（1177年）刘拱重修或淳祐初年别之杰增修时增设，而以刘拱增设的可能性最大，因为此时孔子庙祭祀等级为大祀。

从现有资料看，严州州学最早建造了棂星门。乾道五年（1169年），知州张宣公将庙门改为南向，“直北为棂星门，又北为泮水，为大成殿门”，已经建造了棂星门。“百度百科”认为“文庙中的棂星门是在明太祖洪武十五年以后出现的”，此说更是错误，使棂星门的出现晚了二百多年。

南宋时，建造棂星门的记载逐渐增多。常州州学“绍熙间，盛教授鹿修两庑，作棂星门”[②]，于绍熙（1190—1194）间建造了棂星门。庆元元年文庙复改为中祀后，仍然有孔子庙建造棂星门。福建泉州文庙于嘉泰元年（1201

① 〔宋〕叶梦得：《府学记》，《建康集》卷四，见上海古籍出版社《文渊阁四库全书》电子版。

② 〔宋〕咸淳《重修毗陵志》，见上海古籍出版社《续修四库全书》第699册。

年）建造棂星门。仙居县学嘉定元年（1208年）时县令姚偓“创明伦堂、棂星门”[①]；嘉定四年台州太守黄守㽦为台州州学增设棂星门，“嘉定四年黄守㽦作棂星门”，“庙学隘，首增修，创棂星门”[②]，“十五年齐守硕重造棂星门”；杭州府学文庙于九年建造了棂星门；桐庐县县学“嘉定间始建棂星门”[③]；溧阳县学于嘉定初年添建棂星门。端平元年（1234年）常熟县“仿郡庠之制，东为庙，庙之前为殿门，又前为棂星门，两庑绘从祀”[④]，仿照郡学平江府学建造了棂星门。淳祐七年（1247年），溧水县学“重建戟门及棂星门、东西两庑”，既然是重建棂星门，说明溧水孔子庙此前已经建造过。

南宋文庙始设棂星门后，元、明时期不少文庙陆续添建。吴江县学于元大德四年（1300年）“知州李玘建棂星门”，富顺文庙于至大五年（1312年）修建。明代时文庙棂星门已经十分普及，到清朝时期棂星门几乎成为文庙必设的建筑之一，只有个别文庙如福建同安县学文庙等没有设置，但也将庙门称作棂星门。

宋代时，文庙如坛庙一样也作棂星门。咸淳年间《重修毗陵县志》中毗陵孔庙就是如此，清同治年间德阳文庙也名棂星门。直到现在，有些文庙仍然题作棂星门，如：湖南新田，四川资州、名山、犍为，等等。

位　置

从现存的宋、元庙学图看，棂星门大多位于孔子庙的最前端，其实就是孔子庙的大门。从明嘉靖时的庙图看，大多数文庙仍然以棂星门为庙门，如嘉靖年间的赣州、建阳、思南、莱芜、如皋、夏邑、萧山、兰阳等，但到清代时发生了变化，据说没有出过状元的地方文庙不能开正门，棂星门退居到庙内，有的仍然作为内门使用，有的则成为装饰，失去了门的功能。

到清代时，棂星门的位置有三种情况：一是位于文庙的最前面作为大门

---

① 〔宋〕陈耆卿：《赤城志》卷四，见上海古籍出版社《文渊阁四库全书》第486册。

② 〔宋〕叶适：《黄子耕墓志铭》，《水心集》卷十七，见上海古籍出版社《文渊阁四库全书》电子版。

③ 〔宋〕《景定严州续志》卷七，见上海古籍出版社《文渊阁四库全书》电子版。

④ 〔宋〕宝祐《重修琴川志》，见上海古籍出版社《续修四库全书》第698册。

浙江慈溪文庙棂星门

使用，一是退入庙内作为内门使用，一是退入庙内成为纯粹纪念性建筑。

作为庙门使用的有北京国子监文庙，云南嵩明州学文庙，河北赵州州学文庙，江苏江阴县学文庙、赣榆县学文庙及元和县学文庙，上海县学文庙，广东番禺县学文庙、揭阳县学文庙和德庆州学文庙，辽宁赫图阿拉文庙，湖南岳州府学文庙，浙江慈溪县学文庙、乌程县学文庙和鄞县县学文庙，等等。

作为文庙内门使用的有云南姚州州学文庙、安宁州学文庙、楚雄州学文庙、江川县学文庙、建水临安府学文庙和景东厅学文庙，四川成都县学文庙、洪雅县学文庙、新宁县学文庙、雷波厅学文庙、射洪县学文庙、西充县学文庙、犍为县学文庙和资州州学文庙，山西代州州学文庙，河北定州州学文庙和承德文庙，江苏苏州府学文庙、江宁府学文庙、海州州学文庙和沭阳县学文庙，福建屏南县学文庙、安溪县学文庙和惠安县学文庙，台湾台北府学文庙，天津府学文庙和天津县学文庙，陕西西安府学文庙和韩城县学文庙，辽宁兴城卫学文庙，浙江杭州府学文庙、镇海县学文庙和永嘉县学文庙，安徽宁国府学文庙，北京顺天府学文庙，上海嘉定县

天津府学文庙棂星门

学文庙，山东历城县学文庙，甘肃武威卫学文庙，等等。如沭阳县学文庙，因为未设正门，前面以照壁和两侧的院墙组成一个封闭的空间，在东西庙墙上各设置一座角门作为文庙的出入口，棂星门虽然仍旧作为庙门使用，但已经退居到院内。

四川渠县文庙棂星门

作为庙内纪念建筑的有云南晋宁州学文庙，四川岳池县学文庙、安岳县学文庙、高县县学文庙、富顺县学文庙、德阳县学文庙、中江县学文庙和渠县县学文庙，贵州安顺府学文庙，山东济南府学文庙，安徽桐城县学文庙，广西恭城县学文庙，海南文昌县学文庙，哈尔滨文庙，吉林府学文庙，湖南澧州州学文庙、石门县学文庙、湘阴县学文庙、城步县学文庙、新田县学文庙和宁远县学文庙，安徽东流县学文庙，河北永清县学文庙，陕西旬阳县学文庙，等等。如四川富顺县学文庙因为未设正门，文庙正面设置“数仞宫墙”照壁，在照壁两侧设置了圣域、贤关两座小偏门，在棂星门略前的东西庙墙上设置了礼门、义路两座角门，所以棂星门就退居在大成门前、泮池以后，成了院中的牌坊。

形　制

棂星门虽然名为门，但就后世大多数建筑形制来看，其实应为牌坊或牌楼。其源头应该是古代的衡门，《诗经》就有“衡门之下，可以栖迟”的诗句。其形式，颜师古说“衡门，谓横一木于门上，贫者之所居也”，即两根柱子上面再加一根横木，现在东北仍有建造。后世的阀阅也应该由此发展而成，《册府元龟》说“正门阀阅一丈二尺，二柱相去一丈。柱端安瓦筒，墨染，号乌头染”，与宋代建筑专著《营造法式》中的乌头门形制相似，名称也相近。从绍定二年（1229年）的《平江府图碑》看，南宋时棂星门为三座建筑，都是两柱一间的冲天柱式，形制与《营造法式》中的乌头门相似，不同的是柱子上

《营造法式》中的乌头门

端斜出一物。今天苏州文庙的棂星门至今仍保持着宋代棂星门的形制。

宋代乌头门是棂星门的最初形式。梁思成先生注释《营造法式》时说，乌头门“到清代，它就只有‘棂星门’这一名称”①。张亦问先生不同意梁思成先生的说法，认为“乌头门”与“棂星门”非同一类门，棂星门使用等级规格要高于乌头门，只限于高等级祭祀性建筑，且结构上要远比乌头门宏丽豪华②。其实他们都搞错了概念，乌头门是建筑形式的名称，棂星门是建筑物的名称；棂星门可以是乌头门式的建筑，也可以是牌楼式的建筑，甚至可以是屋宇式的建筑；现在乌头门式的牌坊与牌楼、多间的牌坊与牌楼，甚至分心式木架的屋宇式建筑不都被命名为棂星门吗?

宋代孔子庙棂星门与宋代坛庙的形式应该是相同的，因为即使到明清时期，坛庙建筑仍然保存着这种形式，现在北京天坛圜丘坛、地坛方泽坛、朝日坛、夕月坛都是正门棂星门三座，其他三面一座，每座都是两柱一间。现在许多文庙棂星门仍然保存着宋代的制度，江苏苏州府学，上海县学、嘉定县学，浙江慈溪县学，福建永春州学，四川资州州学、中江县学，广东番禺县学、揭阳县学、德庆州学等处的文庙及福州螺洲孔庙、白鹿洞书院棂星门，等等，仍然是三座两柱一间的冲天式建筑。山西太原、代州学校文庙虽然增加了牌楼，但仍然是三座两柱一间冲天柱式的样式。四川德阳文庙棂星门虽然改成了三间，但两侧仍然设有两座一间两柱冲天柱式石坊，保留着棂星门三座的遗意。西安文庙泮池后的三座单间小石坊现在虽然分别题刻“文庙”“德配天

---

① 梁思成:《营造法式注释》，见《梁思成文集》第七卷，中国建筑工业出版社，2001年，第169页。

② 张亦问:《〈营造法式注释〉卷上“乌头门与灵星门”误作同类门的献疑》，载《古建园林技术》2004年第4期，第18页。

地”“道冠古今”，但应该是原来棂星门的遗存。

梁思成先生认为“宋元以前仅见乌头门于文献，而未见牌楼遗例。今所谓牌楼者，实为明清特有之建筑型类”，多间牌楼始出现于明清。刘敦桢先生认为“牌楼之始，殆限于一间二柱，其自一间增为三间五间，始于何时，尚属不明”①，虽然“推知牌楼之型成，必在明以前也”，但并没有找到证据②。笔者在《四库全书》中的《圭斋文集》中发现了已知最早的四楹棂星门的记录。纪念揭傒斯之父的贞文书院“其制为大成殿四楹于中，殿之北为明伦堂四楹，殿之南为门四楹，上为重屋，门之南为棂星门四楹”③，出现了四楹的棂星门，四楹就是三间。此书院于元至正九年（1349年）建成，可见元末已经出现了三间四楹的棂星门。非棂星门的四楹坊出现更早，南宋宝祐六年（1258年）庆元府新修牌坊，“贯桥居市中，设四楹于桥隅，且上刻华表鹤云”④，在市场修桥，在桥角建造四楹牌坊并刻制华表仙鹤祥云图案。

到明代，虽然许多孔子庙棂星门仍然保持着三间三座乌头门的形式，但也有采用三间四楹的牌楼式或牌坊式的。明弘治十一年（1498年），深州文庙棂星门改为四楹，“庙之东为省牲所、为神库各四楹，前为棂星门，亦如之”⑤。在明代方志的学校图绘中，明嘉靖时福宁、泾县、如皋、威县、萧山、莱芜、临江、瑞金等文庙棂星门都是三间式。到清代时，三间成为棂星门主流，并出现了五间式。四川犍为文庙、德阳文庙棂星门在嘉庆时还是三座单间建筑，德阳文庙同治年间将建筑改成三间三楼，两侧仍为单间单楼，犍为文庙大约在清末改成三间式。渠县文庙棂星门道光年间还为四柱三间，现在保存下来的是六柱五间式，应该是清晚期扩大的。

---

① 刘敦桢：《牌楼算例》，见《刘敦桢文集（一）》，中国建筑工业出版社，1982年，第196页。

② 梁思成：《中国建筑史》，见《梁思成文集（三）》，中国建筑工业出版社，1985年，第261页。

③〔元〕欧阳玄：《贞文书院记》，《圭斋文集》卷五，见上海古籍出版社《文渊阁四库全书》电子版。

④〔宋〕《四明续志》卷一，见上海古籍出版社《文渊阁四库全书》电子版。

⑤ 李东阳：《重建深州庙学记》，《怀麓堂集》卷六十六，见上海古籍出版社《文渊阁四库全书》电子版。

建筑形式

对于主要由中柱与额枋等组成的建筑，目前人们统称之为牌坊或牌楼。笔者认为，牌坊与牌楼是有差别的，应该将无屋盖者称为牌坊，将有屋盖者称为牌楼。因此，棂星门的建筑形式可划分为牌坊式、牌楼式、牌坊牌楼混合式和屋宇式四种。

（一）牌坊式棂星门

牌坊式棂星门主要为冲天柱式，也有不出柱式。出柱式是棂星门的最初形式，宋代的乌头门即属于这种形式，其建筑形式又有两柱一间、两柱一间三座、四柱三间、六柱五间等数种建筑形式。

1.冲天柱式坊

（1）两柱一间冲天式坊（简称“单间坊”）

两柱一间的棂星门非常罕见。四川乐山的原嘉定府学文庙有三座两柱一间的石构建筑，中间一座题刻“棂星门”，东西两侧分别题刻“德配天地”和“道贯古今”，虽然形式与三座一间式棂星门相同，但是两侧石坊既然已经分别题刻了文字，而且是文庙牌坊或牌楼常用的名称，那就不能再认为是三座式的棂星门，而应该将中间一座称作棂星门，两侧分别称作“德配天地”坊和“道贯古今”坊。方柱，接近顶端处束腰，额枋三层，上层额枋雕刻二龙戏珠，其上装饰也形如二龙戏珠，但宝珠上雕刻了鲤鱼跳龙门图案。此种情况还有二十世纪新建的台湾台中文庙，正坊题刻“棂星门”，侧坊分别题刻“金声”和“玉振”，也应该视作单间坊。近年广东永固孔氏族人新建的家庙棂星门是真正的两柱一间冲天式坊，两层额枋，中夹花

台湾台中文庙棂星门

板，花板浮雕云龙等图案，但坊名题刻在小额枋上，不太符合定制。

（2）三座两柱一间冲天式（简称“三单坊”）

三单坊是棂星门最初的常用形式，已知最早图画为宋绍定二年（1229年）刻立的《平江府图》中的苏州府学文庙，三座，每座两柱一间，设门，柱上端向内斜出者似为云朵。

从明代庙图看，三单坊有两种形式，一种是乌头门式，一种是额枋以上出云朵式。前者如嘉靖年间的夏邑文庙、宿州文庙、福安文庙、宁德文庙及万历年间的宿迁文庙，但与《营造法式》不同的是额枋均没有伸出柱外。后者如弘治年间的吴县文庙，嘉靖年间的赣州府学文庙、安溪县学文庙、淳安文庙及万历新昌文庙，除了淳安文庙，额枋也是均未伸出柱外。淳安文庙棂星门三坊额枋均伸出柱外，正坊并出云朵。吴县弘治时棂星门正坊带宝珠，新昌棂星门正坊下有字作“黉门”。

现在保存的三单坊棂星门还比较多，已知有江苏苏州文庙和江阴县学文庙，上海县学文庙、嘉定县学文庙和崇明县学文庙，浙江慈溪县学文庙，福建福州府学文庙、螺洲和永春州学文庙，广东番禺县学文庙，广西临贺县学文庙和北流县学文庙，四川资州州学文庙和洪雅县学文庙，全部为石造。现存范围主要在苏南、浙江、福建、广东、广西及四川，均在原南宋管辖区内，看来都是保存的南宋时期的形制。

三单坊棂星门一般比较简单。江阴文庙、嘉定文庙、上海文庙棂星门都是两层额枋中夹花板，上海、江阴文庙正间花板上题刻了门名，上海、嘉定文庙柱端都是平顶，浮雕云纹，江阴文庙柱端则是浅浮雕云鹤纹，柱顶雕成荷叶形，还带有宋代乌头门的遗意，主间穿柱云朵左刻金乌，右刻玉兔。慈溪文庙棂星门立柱方形，柱顶下为球形，顶为毡帽形，额枋两层，上额枋伸

《平江府图碑》中的棂星门

出柱外，中间置有一对双菱形相交图案，较宋代乌头门多了下一层额枋和额枋间的方胜及额枋下的角替。由此可见，江浙一带棂星门更多保留了宋代乌头门的风格。

广西临贺文庙棂星门双柱均为素面，无纹饰，柱端圆雕石兽，前后以石抱鼓夹抱，横向只有一层额枋和一层花板；北流文庙棂星门立柱及额枋均素面无纹饰，仅柱端刻成云罐形，上饰圆雕石兽，花板正坊镌刻“棂星门”三字，侧坊仅正面浮雕动物。福建永春文庙棂星门只有两柱和两层额枋，额枋之间设置花板，正坊题刻门名，左右各浮雕一只麒麟；福州文庙棂星门为两柱和三层额枋，仅中层额枋有浮雕装饰，立柱仅略微高出上额枋，雕刻也非常简单，只是顶部加了一个束腰。四川洪雅县文庙棂星门有两层额枋和一层花板，正坊柱子顶端装饰圆雕石兽，侧坊装饰莲蕾，均于额枋之上位置出云朵，正坊还装饰宝珠，柱子为素面，额枋阴刻云纹，上额枋伸出柱外一段装饰有简单纹饰，正坊为卷曲纹，侧坊为形如“8”的绦环纹。资州文庙棂星门两层额枋中夹花板，除了石抱鼓，额枋以下全无装饰，上层额枋正中装饰圆雕石兽，石兽正坊外向，两侧坊左右相对，额枋上皮处于立柱上出云板，立柱顶端装饰圆雕朝天犼，所有朝天犼均面向大成殿方向。广东揭阳文庙棂星门形式发生了变化，额枋变薄，花板加高，正坊立柱置云板，但只在向内一侧，而侧坊云板改成了龙头。番禺文庙棂星门最为复杂，三层额枋，两层花板，主门花板雕刻有云蝠，两侧门浮雕双凤朝阳和龙凤呈祥等，顶层额枋上都是装饰宝珠，并有云朵插入柱上，柱子顶端圆雕石首。

江苏江阴文庙棂星门

建筑最为精美的是苏州文庙灵星门。它建于明洪武年间，是现存最早的棂星门之一。三坊额枋均是

广东揭阳文庙棂星门

两层，中坊上额坊浮雕云龙，下额坊浮雕双凤，侧坊上额坊浮雕双凤，下额坊浮雕对鹤，上额枋以上均出云板，中坊云板向内一侧西刻桂树和玉兔捣药，以象征月亮，但东侧只有树而不见动物，应该是以扶桑象征太阳，柱顶为平顶，雕刻云龙图案，侧门则只雕刻云纹。

三单坊棂星门作为门使用时，三坊之间一般以墙相连，墙有的砖砌抹灰，有的以石垒砌，许多还有装饰，有的还在两侧设置了八字照壁。院内装饰的一般是各自独立的建筑，为了加固，有的也进行了连接。永春文庙就在两侧坊的额枋处以石横梁相连，苏州文庙则是以墙连接。

（3）四柱三间冲天式坊（简称“三间坊”）

四柱三间冲天柱式坊是棂星门比较常见的形式。如前所述，元代后期已经出现了四柱三间的棂星门，明代逐渐增多。从天一阁藏明代方志所载庙图看，嘉靖年间时，福宁州文庙、泾县文庙、莱芜文庙、南康文庙、如皋文庙、瑞金文庙、绍兴文庙和淄川文庙棂星门都是四柱三间冲天式，夏津文庙棂星门为四柱三间牌楼式，许州文庙棂星门为屋宇式，但前面的大成门和大成坊全都是三间四柱的冲天式牌坊。由此可见，四柱三间坊棂星门已经成为仅次于三单间的大宗，到清代末期，四柱三间成为棂星门的主流。

三间坊形式多样，一般为石构。

海南文昌文庙棂星门最为简洁，两层额枋，仅正间额枋间置素面花板，上刻坊名，上层额枋上置火焰宝珠，四柱为方柱，顶置云罐，云罐下出云朵。桐城文庙棂星门与文昌文庙棂星门相似，不同的是两层额枋间均置素面花板，额枋均加雕刻，柱端云罐中柱装饰云龙，边柱仅装饰云纹，下层额枋以雀替

海南文昌文庙棂星门

承托。乾州文庙略微复杂，红砂岩质，方柱，中间斫作六边形，前后石抱鼓夹抱，除了明间下额枋浮雕双凤朝阳，其他均浮雕二龙戏珠，可惜的是四柱出头太短，不够挺拔秀丽。

吉林文庙棂星门柱端雕刻朝天犼，两道额枋之间正间花板题刻坊名，正间额枋上有山形装饰，造型简洁，但装饰丰富，所有构件上均有云龙、花卉等浮雕图案。四川建武厅文庙和名山县文庙棂星门也很简单，方形石柱，前者两层额枋中夹花板，仅正间上下额枋分别浅浮雕二龙戏珠和双凤朝阳，中柱柱顶刻成半球形，边柱装饰卧狮，正间花板题刻坊名，次间分别题刻文字，左为“德配”，右为“天地”，将一个词语分作两处还是比较罕见的；后者也是两层额枋中夹花板，但上罩龙门枋，额枋及花板均加浅浮雕，中柱柱顶成笔首形，边柱圆柱形，均装饰浮雕。湖南新田文庙棂星门三层额枋，两层花板，上层花板透雕装饰，下层花板题刻文字，正间额枋高浮雕云龙，柱顶蹲兽兽头向内相对。湖北浠水文庙棂星门比较复杂，正间额枋两层，中夹花板，题刻坊名，上下额枋浮雕龙凤，上置龙门坊，龙门坊上装饰火焰宝珠，次间下额枋与龙门坊中夹花板，素面无纹饰，四柱于龙门坊上再置圆雕蹲狮为柱首。湖南宁远文庙棂星门三层额枋，浮雕龙、狮、象等图案，下花板为素面，上花板镂空泉纹，柱端也置蹲狮，正间上置三层葫芦瓶。

曲阜孔子庙棂星门是清乾隆年间改为石构的，为冲天式三间四柱火焰石坊，石柱上部出云头，柱头圆雕四大天将，正间额枋二层，次间一层，略加雕刻，结构匀称，造型清秀，仰视10米多高的柱头确实有高耸入云之感，设计是非常成功的。

四川富顺文庙棂星门最为复杂，正间额枋四层，下两层额枋浮雕花鸟等图案，上层花板题刻坊名，下两层花板装饰浮雕人物故事；次间额枋三层，均透雕团寿图案，三间下层额枋下装饰飞罩，均为透雕，上额枋上也装饰浮雕。所有立柱上部浮雕云龙，下部抱鼓均圆雕石狮，所有雕刻都非常精美。

四川富顺文庙棂星门

可惜的是，吉林、建武、名山、浠水、宁远、富顺文庙棂星门柱上均未出云朵。

近年新建的许多文庙棂星门也采用了三间坊式。长春文庙棂星门全石质，额枋两层，中夹花板，正间题刻坊名，次间分别题刻“取士”和“必得”，正间上额枋上置山形石板，浮雕二龙戏珠，柱端装饰圆雕蹲狮。山东宁阳文庙棂星门全仿曲阜孔子庙。杭州文庙则是略作改变，石柱方形，柱顶天将改作浮雕云纹圆柱。福建漳平文庙方柱，额枋两层，中夹花板，额枋略加雕刻装饰，柱顶刻作莲蕾。

（4）六柱五间冲天式坊（简称“五间坊”）

五间坊出现较晚，现存也比较少。

湖南湘乡文庙棂星门最为简单，每柱之间仅有三道额枋，除了正间上、中额枋间安装花板以题刻坊名，其他额枋间均无花板；额枋除了正间浅浮雕二龙戏珠与卷草云纹，其他均为素面；石柱均为上下两段以卯榫相接，柱端圆雕蹲狮。

广西恭城文庙棂星门形式略微复杂，每柱间设置两层额枋，额枋间置花板，花板浅浮雕二龙戏珠、双凤朝阳、鱼跃龙门、封侯拜相等图案，坊名刻于正间额枋上面五重塔式的石板上，奇特的是柱端的卧狮均头朝大成殿孔子方向。

广西恭城文庙棂星门

四川渠县文庙棂星门最为复杂，正间额枋四层，次间和稍间三层，均素面无文，但花板全部透雕，正间花板由上而下分别是二龙戏珠、松鹤同春和双凤朝阳，坊名刻于中层花板中央，石刻匾形，匾框高浮雕云龙，左右为对称的松鹤同春，次间上下分别雕刻鱼跃龙门和麒麟玉书，稍间上下分别雕刻三鹤翔云和五福归真，坊顶均雕刻拐子龙捧寿，柱顶圆雕昂首蟠龙。石柱以前后石抱鼓夹抱，满雕夔龙、汉纹和蝙蝠等图案。此棂星门在清道光重修后还是三楹，同治年间的庙图为五间，很可能是同治年间重建的。

湖南岳州文庙棂星门形式比较简单，但题刻最多。柱端浮雕云龙，额枋两层，浮雕二龙戏珠等图案。中夹花板，花板均题刻文字，前面正间题刻坊名，左右次间分别题刻“德侔天地”和“道冠古今”，两稍间分别题刻“金声”和“玉振”；背面正间题刻“太和元气”，次间分别题刻“删述六经”和“垂宪万世”，稍间分别题刻“弘道”和“圣时”，是题刻最多的棂星门。

南宁文庙棂星门

近年新建的广西南宁和柳州文庙棂星门均采用六柱五间冲天式。南宁文庙棂星门为方柱，两层额枋中夹花板，正间花板浮雕二龙戏珠，次间浮雕人物故事，稍间浮雕仙鹤与动物吉祥图案，柱顶圆雕蹲狮。柳州文庙棂星门为圆柱，正间额枋一层，次间三层，稍间两层，均无花板，柱顶置圆雕人物，与传统形制差别较大。

2.不出柱式牌坊（简称“不出柱坊”）

不出柱式牌坊目前仅见一例——云南广南文庙的棂星门。牌坊三间四柱，额枋两层，中夹花板，下额枋下高浮雕二龙对翔，比较精美。花板正间题刻“棂星门”，两次间南面分别题刻“腾蛟”“起凤”，背面分别题刻“鸢飞”“鱼跃”。四柱下部先以石块砌护，其上再以石抱鼓前后夹护，抱鼓圆雕石狮，也很生动。由于石块砌护太高，石抱鼓牙板超过下额枋下皮，影响了牌坊美观。

云南广南文庙棂星门

（二）牌楼式棂星门

牌楼在明代中期已经非常普遍，从天一阁所藏方志看，许多庙学前建造了四柱三间的牌楼。赣州嘉靖年间庙学前有六座牌楼，分别是跨街的“腾蛟”与“起凤”及“崇正学”与“育真才”两对，府学和县学前的“国家元气”与“邹鲁源流”。龙溪庙学前也有六座牌楼，跨街有“起凤”“腾蛟”和“科甲”三座，学门前及庙两侧各有一座。临江庙学前嘉靖时也有六座牌楼，泮池前有三座，棂星门两侧牌楼分别题作“仰圣”和“成贤”，日池前还有“泮宫”牌楼。此外，南康、如皋、绍兴、岳州、平湖、威县、宿迁、襄城等处庙学前也有一座或两三座牌楼。但是棂星门很少采用这种建筑形式，仅有夏津一座庙学棂星门为四柱三间牌楼式，淄川文庙为四柱三间坊楼混合式。由此可见，至少在明代中期，棂星门仍然以冲天式坊为正宗。

山东夏津文庙棂星门

石质构造的冲天式坊不怕风吹雨打，但是木构的棂星门就难以持久，必须有屋盖遮风避雨，这应该是牌楼出现的原因。最晚明代中期开始出现牌楼式棂星门，此后陆续发展，到清末时牌楼式已经成为棂星门的主要形式之一。

牌楼式棂星门可以分作冲天柱式和不出柱式两大类。

1.冲天柱式牌楼（简称“冲天楼”）

冲天楼式棂星门更多带有坊的特征，其建筑形式有两柱一间三座、四柱三间、六柱五间等数种形式。

（1）两柱一间三座冲天柱式牌楼（简称“三单冲天楼”）

三单冲天楼是由宋代棂星门发展而成的，明代中期已经出现。明嘉靖年间的建阳文庙庙门（即大成门）前有三座两柱单间的牌楼，虽然没有标出棂星门，但从位置看，应该就是棂星门。但这种形式的棂星门还非常少，清代有所增加，保存到现在的有山西太原、代州，陕西韩城，以及四川中江等几座文庙。从现存建筑看，有木构也有石构。

太原文庙棂星门为木构，双柱单间，三座，蓝色琉璃瓦，黄瓦脊，悬山顶，旋子小点金彩画。正门斗栱五昂十一踩，六攒，立柱上罩琉璃瓦罐，上置蹲狮。掖门斗栱四昂九踩，四攒，立柱瓦罐浮雕云龙，上置莲蕾。三门之间均以影壁相连，影壁以蓝色琉璃件装饰，正脊为黄色琉璃，两端均加鸱吻，檐下置琉璃仿木单昂三踩斗栱，正门两侧墙壁斗栱间装饰人物。壁心置琉璃云龙，中间两座为单龙，外侧两座为二龙戏珠。影壁再外接撇山影壁，灰瓦装饰，两端置垂花，壁心砖雕云龙。门楼、影壁尺度和谐，非常优美。

代县文庙棂星门与太原文庙棂星门相似，也是三座冲天柱式牌楼。绿色琉璃瓦，歇山顶，柱顶瓦罐为黄绿双色云龙纹，顶置蹲兽。三楼之间也置影壁，但影壁上置夹楼，绿瓦悬山顶。斗栱正门单翘四昂十一踩，掖门单翘三昂九踩，夹楼重昂五踩。门楼之间影壁绿瓦顶，壁心装饰五彩云龙图，外侧壁心装饰蓝色琉璃云龙图。影壁形同一封书撇山式，装饰比较简单。

太原文庙棂星门

大同文庙棂星门也是三单冲天楼式建筑，灰瓦歇山顶，斗栱五昂十一踩，三楼补间均是七欑，三楼之间下部也置照壁，壁心以琉璃彩塑云龙图装饰。但照壁之上以额枋相连，额枋上并置小楼，以三昂七踩斗栱承托，中间两欑，两侧切断为半欑，灰瓦硬山顶。

陕西韩城文庙棂星门建筑比较独特，立柱直接穿过屋盖，柱头置琉璃瓦罐。屋盖为绿瓦悬山顶，檐下施如意斗栱，九踩，直接施于大额枋之上。立柱以前后夹杆石夹护，由于夹杆石太低，前后又加木戗柱斜撑，影响了美观。

四川中江文庙棂星门全石结构，三牌楼基本相同。双柱承托龙门枋，枋上以四摺柱支撑屋顶，柱间装饰透雕花板，檐下装饰垂花柱，庑殿顶，正脊中间装饰宝珠。龙门枋下装饰花板，下置小额枋，额枋下置雀替。柱子以石抱鼓前后夹抱，正门抱鼓装饰蹲狮，侧门装饰下

四川中江文庙棂星门

行走狮。冲天柱浮雕云龙，顶置蹲兽。牌楼间置石照壁，也是庑殿顶，壁心装饰透雕。除了柱身，满布浮雕，具有很高的艺术性。

（2）四柱三间冲天式牌楼（简称“三间冲天楼”）

三间冲天楼式棂星门比较少见，全石结构更为少见。四川德阳文庙棂星门独立于庭院内，全石构造，四柱三间三楼。方柱，柱顶承托龙门枋，龙门枋上以摺柱承托屋盖，屋盖全仿木构，庑殿顶，檐下垂花蕾，正间脊上置宝顶，透雕二龙戏珠等图案，冲天柱浮雕云龙。额枋与龙门枋浮雕二龙戏珠、双凤朝阳、鱼龙变化、麒麟玉书、鹿鹤同春等图案，可惜的是额枋以下略低，影响了美观。

全木结构多于石构。天津府学与县学相连，棂星门形式也相同，都是四柱三间三楼冲天柱式，木构，柱顶以瓦罐覆盖，悬山顶，两层额枋，大额枋直接承托斗栱，斗栱为单昂三翘九踩，正间有坊心以题写牌楼名称，次间则无。两牌楼不同的是，县学用灰色陶瓦，府学用黄色琉璃瓦，彩绘为旋子，府学点金而县学不点。晋源原太原县学文庙棂星门也是全木结构，四柱前后以石抱鼓夹抱，并以木戗柱斜撑，柱顶罩绿釉陶罐，顶踞四大天将，额枋两层，中夹花板，门名刻于正间，屋顶为绿瓦悬山顶，檐下施单翘重昂斗栱，主楼四攒，侧楼三攒。

最独特的是甘肃武威文庙的棂星门。它也是四柱三间三楼冲天柱式牌楼，但立柱不是独立于屋盖之外，而是穿过屋盖挺立于楼脊之上。牌楼黄瓦庑殿顶，次楼伸到正楼斗栱之下，向内一侧为悬山顶。檐下斗栱两段，下段三翘七踩，上段单翘三踩，属于地方做法。坊心前题牌楼名称，背题“太和元气”。从平板坊宽于额枋等特点看，牌楼当是明正统年间初建的凉州卫学的遗构。

甘肃武威文庙棂星门

山西绛州文庙棂星门比较独特，全石造，仿木构，四柱三间牌楼式，施三踩斗栱，悬山顶，中二柱穿过屋盖，顶踞圆雕石狮，左右相向，由于屋盖出山太少，正脊鸱吻只能龙首向外，两侧石柱承托屋盖，没有冲天。

山西绛州文庙棂星门

（3）六柱五间冲天式牌楼（简称“五间冲天楼”）

五开间的牌楼比较少，四川广汉原汉州文庙是其中的佼佼者。牌楼全石构造，方柱，立柱上部高浮雕云龙，顶端踞蹲兽，昂首向天。额枋两层，中夹花板，大额枋上置额枋承托屋盖，但仍分刻成摺柱和花板。正间为庑殿顶，次间、稍间向内一侧切断，向外一侧也为庑殿顶，正间脊上装饰宝珠，浮雕，局部透雕。正间、稍间辟门，内置抱框；次间中部设窗，透雕球文格眼，下碱分别浮雕麒麟和太狮少狮。石柱前后置石抱鼓，上踞蹲狮。除了立柱抱框，

四川广汉文庙棂星门

台湾高雄文庙棂星门

满布雕刻，浮雕二龙戏珠、鱼跃龙门、博古图、蔓草等图案，尤以赵孟頫《八骏图》为蓝本的图案最为精美。

上世纪新建的台湾高雄文庙棂星门为此种形式，方柱，顶部浮雕云龙。额枋两层，不置花板，牌楼名刻匾悬挂于大小额枋之间。正间、次间和稍间依次降低，黄瓦顶，屋面外展挡住了部分立柱，影响了美观。立柱以前后石抱鼓夹抱，左右安置抱框，也影响了美观。

2.不出柱式牌楼

不出柱式牌楼是牌楼式灵星门的大宗，按其形式可分为单间楼、三单楼、三间楼和五间楼数种。

（1）两柱一间式牌楼（简称“单间楼”）

此种牌楼非常罕见。四川安岳文庙棂星门全石构造，方柱，柱间设花板一层，额枋两层。柱顶置龙门枋，龙门枋上立搯柱承托三楼，一主二次，均为庑殿顶，但次楼向内一侧切断。主楼鸱吻很大，次楼则无。门名刻于主楼之下，装饰云纹。柱子粗硕，装饰较少，柱子与两额枋均素面无纹，仅额枋间花板浮雕双凤朝阳。建筑浑厚有余，灵动不足。棂星门两侧各有一形式相同的牌楼，分别题刻“圣域”“贤关”。三楼间以短墙连接，上覆瓦顶，中间装饰漏窗，透雕麒麟玉书。就其建筑形制看，此棂星门应该属于两柱一间三座式牌楼，是早期棂星门的形式，但是两掖题刻了文字，有了自己的名称，就不能视为三单楼式的棂星门。

西安文庙有三座单间石牌楼，正间题刻“文庙”，两次间分别题刻“德配天地”“道冠古今”，虽然习惯上将三座牌楼统称为棂星门，但三座牌楼既然都

西安文庙棂星门

山西左权辽州文庙棂星门

有名称，是不可以如此相称的。如果文献中有棂星门之称，也只能将正门称为棂星门。牌楼全石质，额枋两层，中夹花板以刻字，屋盖为庑殿顶，脊上中置宝珠，两端置相对独角兽。从建筑风格看，此牌楼应该是明代中期建造的。

（2）两柱一间三座式牌楼（简称“三单楼”）

三单楼比较少见，目前仅见山西左权原辽州文庙，三楼都是灰瓦悬山顶，绿瓦剪边。三楼中高侧低，主楼檐下施五昂十一踩斗栱，次楼斗栱减一跳，四昂九踩，都是补间四攒，额枋两层。“棂星门”题于主楼花板上。

（3）四柱三间不出头式牌楼（简称“三间楼”）

三间楼有木构建筑，也有石构建筑，但以木构为多。建筑平面有一字形、撇山形和“ > — < ”形，以一字形为多。

湖南石门文庙棂星门木构建筑，一字形，接近清代官式建筑，四柱三间三楼，黄瓦庑殿顶，次间向内一侧切断，重昂五踩斗栱。正楼三层额枋两层花板，次楼两层额枋一层花板，花板均施透雕，名称题刻于正楼上层花板。立柱以夹杆石环抱而不用斜撑，是很好的做法。

哈尔滨文庙棂星门与石门文庙棂星门相似，都是四柱三间三楼式，正楼檐下用四昂九踩斗栱，次楼斗栱减一等为三昂七踩，金龙和玺彩画。立柱虽然也以夹杆石环抱，但前后加斜撑，影响了美观。

榆次文庙棂星门全木结构，四柱三间三楼，绿瓦庑殿顶。两次楼向内一侧截断，主楼五昂十一踩斗栱，次楼斗栱四昂九踩。石柱前后石鼓夹抱并加斜撑，柱间还加边框，显得额枋部分很高，建筑厚重古朴。

2002年恢复重建的赫图阿拉兴京文庙棂星门也是四柱三间三楼，灰瓦悬山顶，无斗栱，旋子彩画，额枋两层，中夹花板，前后以柱斜撑，是极其简单的牌楼之一。

贵州安顺文庙棂星门也为一字形，石质构造，方柱，前后石抱鼓夹抱，顶踞石兽，左右相对。额枋两层，中夹花板，正间题刻牌楼名称，次间透雕，额枋浮雕云龙、人物等图案。石刻瓦垄，悬山顶。

山西襄汾汾城原太平县学文庙棂星门也是石构牌楼，一字型，四柱三间三楼，主楼庑殿顶，侧楼悬山顶，石刻瓦垄各脊，圆雕鸱吻，正间额枋两层，中夹花板，题刻“棂星门”三字，两次间额枋一层，分别题刻“德配天地”和“道冠古今”，正间背面题刻“金声玉振”。石柱前后以石抱鼓夹护并以石柱斜撑，中二柱斜撑石柱浮雕盘龙，爪握鲤鱼。造型古朴厚重，保留着明代特征。

哈尔滨文庙棂星门

云南江川文庙棂星门

四川崇州文庙棂星门

云南凤庆文庙棂星门四柱三间三楼，庑殿顶，次楼向内一侧伸入正楼之下，悬山顶，檐下用四昂九踩斗栱，中柱前后用石抱鼓夹抱，沿边柱前后砌墙。江川、八街、澂江、石屏、虹溪、景东、宾川等文庙棂星门也是沿边柱设纵向的墙壁，看来这是云南文庙牌楼流行的做法。江川文庙棂星门由于屋顶太大而立柱偏低，加之主楼檐下施九踩如意斗栱而次楼没有，愈发显得如同门屋。

四川都江堰灌县文庙棂星门

四川崇州文庙棂星门是撇山形，木构建筑，但形式比较特殊。四柱三间，平面呈撇山形，外柱以45度角向前伸出。庑殿顶，边楼向内一侧切断，檐下施如意斗栱。正间后接抱厦，两侧接廊，卷棚歇山顶。

近年新建的都江堰市原灌县文庙与崇州相似，但更为复杂，平面为“ > 一 < ”形。立柱均为两根，边柱各两根向前后均斜伸出45度，形成主楼一座而边楼各两座的样式，灰瓦庑殿顶，边楼均向内一侧切断，檐下施如意斗栱。牌楼外接方亭，方亭也是向内一侧切断、向外一端卷棚庑殿顶。

（4）六柱五间五楼不出头牌楼（简称“五间楼”）

六柱五间五楼仅见于新建的山西崞阳文庙，内柱前后以石抱鼓夹抱，边柱前后以夹杆石夹抱，都以戗柱斜撑，黄瓦歇山顶，次楼和稍楼向内一侧均切断并分别伸入明楼和次楼檐下。明楼用如意斗栱，斗栱六跳，每跳跳头各加45度斜间栱，次楼和稍楼斗栱均五昂，由于门的高度相近，只能以额枋调节，稍间两层额枋夹小花板，次间三层额枋夹二层花板，明间四层额枋夹三层花板，很有气势。但大成门五间，大成殿七间，且均是单檐，被棂星门所压制，破坏了文庙的等级次序与和谐，看来有钱也不能太任性。

山西崞阳文庙棂星门

台湾桃园文庙棂星门

广西泗城文庙棂星门

（5）六柱五间十一楼不出头式牌楼（简称“五间十一楼”）

五间十一楼棂星门仅见于上世纪新建的台湾桃园文庙，钢骨水泥建筑，五间五楼，每柱顶均有一座小夹楼。黄瓦顶，均施重昂五踩斗栱。正间及次间、稍间均为庑殿顶，夹楼稍间外侧为庑殿顶，其他均为切断，连斗栱也是半攒。方柱，柱枋比例都略显纤细。

（三）牌坊与牌楼混合式棂星门

六柱五间冲天柱式牌坊与牌楼混合式（简称“五间混合”）。

混合式棂星门早在明代就已经出现。嘉靖年间的淄川文庙图中棂星门为冲天柱式，正间额枋两层，中夹花板，题刻门名，次间有屋盖。混合式棂星门后世很少见到，现在仅有广西泗城文庙棂星门为混合式牌楼。

2008年新建的广西泗城文庙棂星门全石质，方柱，两层额枋，中夹花板，额枋浮雕二龙戏珠及花卉鸟兽等图案。正间花板题刻名称，其他装饰花卉等图案，唯正间上加悬山式屋顶，其他四间上额枋上加山形装饰，柱顶柱首圆柱，浮雕云纹。

（四）屋宇式棂星门

屋宇式棂星门最早见于明嘉靖许州庙学图中。棂星门为屋宇式建筑，位于大成殿前，前面为大成门，四柱三间冲天式坊，两侧向前斜伸八字形撇山影壁，庙前有四柱三间的冲天式坊——大成坊。此图可能有误，棂星门应该是大成门，而大成门应该是棂星门。如果无误，那就是最早的屋宇式棂星门。宁国府学庙学图中也是大成殿前为屋宇式棂星门，三间带两耳，前有泮池，泮池前有四柱三间的冲天式坊。现存屋宇式棂星门比较少，见于云南、福建、台湾和北京国子监孔子庙。

屋宇式棂星门可以分作两类，·类是屋脊上出柱，带有棂星门的遗意；一类是屋脊不出柱，为纯粹的屋宇建筑。

1.屋脊出柱式棂星门（简称“脊柱式”）

屋脊上出柱的屋宇式棂星门见于云南、福建和台湾的闽南式建筑。

脊柱式棂星门云南比较多，建水临安府学文庙、姚州州学文庙、石羊白井盐井司学文庙、楚雄州学文庙和安宁州学文庙棂星门都是屋宇式建筑。建水文庙棂星门为清乾隆五十年重建，三间，辟三门，分心式木架，灰瓦歇山

云南建水文庙棂星门

顶，檐下施三昂七踩斗栱。中柱高出屋脊两米多，柱头罩青花云龙瓷罐，瓷罐下穿柱装饰飞龙，仍保留冲天式棂星门的特点。石羊白井盐井文庙棂星门与建水相似，也是门屋三间、屋脊出柱，但仅当心间辟门，次间都是设窗。

福建安溪文庙大门面阔五间，中三间为正屋，高起为一脊，两端落鹅间[①]略低，另为一脊，屋脊上凡是柱子的位置都设置了柱形的装饰，如同门屋的中柱穿过了屋脊。门上虽然悬挂着“文庙”竖匾，但称之为棂星门。福建惠安文庙面阔三间，左右各带一间耳房，黄瓦歇山顶，辟三门，是标准的闽南式门屋建筑，正脊设四个藏经筒，也保有棂星门冲天柱的寓意。台湾嘉义文庙也是这种形式，正屋屋脊上设置六个柱头形装饰，落鹅间却没有，正屋的柱头性装饰也没有设置在柱头之上。这些建筑称作棂星门式建筑还是可以的，因为它们都还带有棂星门的遗意。

福建安溪文庙棂星门

① 闽南建筑行话。闽南式建筑中正屋略高，有正脊和两条垂脊，两侧建筑略低，有正脊和一条外侧垂脊。这样的建筑，正屋两侧的建筑就称作落鹅间或落规、落廒间。其所以以“鹅”取名，是因为屋脊上翘，如同鹅尾。北方将这样的建筑称作正房和耳房。

2.纯粹屋宇式棂星门（简称“纯屋式”）

纯屋式棂星门见于福建、台湾、青海和北京。

福建屏南文庙现存棂星门是标准的门屋建筑，面阔五间，中三间辟门，两稍间封闭，分心式木架，灰瓦顶，柱子不出头。文庙为清乾隆元年始建，从泮池、建筑基础多用卵石、块石看，当时的建筑确实非常简陋。

台北文庙棂星门

台北文庙棂星门与安溪文庙棂星门相似。台北文庙棂星门面阔五间，重檐歇山顶，两端各带门塾一间；安溪文庙棂星门黄瓦庑殿顶，面阔三间，辟三门，两端带门塾各一间，悬山顶，但屋脊上都没有柱头形的装饰。同样是门屋式建筑，但屋脊上没有柱头形装饰的还有北京国子监文庙大门和青海湟源文庙棂星门。国子监文庙大成门黄瓦歇山顶，湟源文庙棂星门灰瓦悬山顶，面阔三间，正间辟门，次间封闭设窗。文献中虽然将它们也都称为棂星门，但全无棂星门的意味，这样的建筑物称为棂星门是很勉强的。

题　字

许多棂星门只题刻门名，但也有的除了门名还题刻了其他文字。

犍为文庙棂星门是三间四柱冲天柱式石构牌坊，左右两次间前后分别题刻“德参天地”“道冠古今”和“金声玉振”“江汉秋阳”。西充文庙棂星门正间题门名，次间前后题字相同，左右分别是“金声”“玉振”。晋宁州州学文庙左右分别题刻“义路”和“礼门”。乾州文庙和新田文庙棂星门左右次间分别题刻“太和”和“元气”。赣县文庙棂星门正间题门名，次间分别题刻“道冠古今”和“德配天地”，此二组词语的使用与一般不同，将“道冠古今”题在前面。石屏文庙棂星门明间正面题刻“棂星门”，背后题刻“洙泗渊源”，

四川犍为文庙棂星门

次间前后的左右相同，都题刻了“德配天地”和“道冠古今”。云南弥勒文庙棂星门左右侧门分别题刻“兴贤”“育才”，广南文庙棂星门左右次间分别题刻“腾蛟”“起凤”。长春文庙新建棂星门两次间分别题刻“取士”和“必得”，表达了对人才蔚起的渴望，也是可以的。广南文庙棂星门背后分别题刻“鱼跃”和“鸢飞”，似乎离文庙远了点。四川建武厅次间正面分别题刻“德配”“天地”，背面分别雕刻“道冠”“古今”，将一组词语分刻在两处是不妥的。

题字最多的棂星门在岳州文庙。岳州文庙棂星门是六柱五间冲天柱式牌坊，造型简洁，柱头作云罐形，浮雕云龙，上下额枋浮雕二龙戏珠等图案，两层额枋之间的花板上刻字，前面正间题刻“棂星门”，两次间东西分别题刻“德侔天地”和“道冠古今”，两稍间东西分别题刻“金声”和“玉振”，背面当心间题刻“太和元气”，两次间西东分别题刻“删述六经”和“垂宪万世”，两稍间西东分别题刻“弘道”和“圣时”，是目前已知题刻文字最多的牌坊。其内容主要赞颂孔子，还是很合适的。

湖南岳州文庙棂星门

“棂星门”一般题于明间花板上。虹溪文庙棂星门只有一层额枋，没有花板，就悬挂在额枋下角替之间，是非常特殊的一个例子。

有的文庙棂星门名称有过改换。云南江川文庙清嘉庆年间的《文庙图》中名“棂星门”，但现存牌楼前后额均题“道冠古今”，在清嘉庆年间的《文庙图》中“道冠古今”是角门的名称，与“德配天地”相对。太和文庙重建的庙前牌坊名“太和胜景”，应该不是过去的名称，而是现代人杜撰的。

建筑的地域特点

从现存棂星门看，江南地区以石构建筑为多，北方地区以木构建筑为多，三单石坊主要分布在苏南、浙江、福建、广东、广西、四川等原南宋辖区，两端加筑墙体主要分布在云南地区。

第七节　偏　门

明代时，文庙大多设置正门，所以在明代庙学图中很少有角门或偏门，即使有的文庙有设置也不与街道直接相连。如嘉靖年间建阳庙学图中，大成门前有东西角门，分别通向公廨和号舍，但不接庙外道路。只有隆庆年间的临江庙学图中，大成门前的东西墙上有个小角门可以通向庙外。清代时，许多文庙据说由于本地没有出过状元而不设正门，只能在照壁两旁设门作为文庙的出入口；即使是出过状元设置了正门的文庙，由于正门不是任何人都可以通行的，所以也必须设置旁门供人出入。

供人出入的旁门有三种，一种设在照壁两侧，一种设在正门两侧，一种

四川富顺文庙偏门

四川犍为文庙庙内正门棂星门及角门、掖门

设在两侧庙墙上。笔者将设在照壁两侧的称作偏门，设在正门两侧的称作掖门，设在两侧庙墙上的称作角门。

有的文庙既在照壁两侧设置偏门，又在两侧庙墙上设置角门。云南晋宁州学文庙不设正门，在照壁两侧设置“圣域”和“贤关”偏门，偏门为屋宇式建筑，一间。富顺文庙在照壁两侧设立“圣域”和“贤关”两座偏门，在东西两侧庙墙上建造“义路”和“礼门”两座角门，由于角门离街还有一段距离，需要南转才能到达大街，到达大街的小胡同在南庙墙两侧建造了两座偏门，使富顺文庙偏门有了两组即四座，这是目前发现的唯一一例。

偏门和角门的用途各不相同。富顺文庙的偏门只供祭祀时使用，角门才是平时的出入口。犍为文庙不辟大门，庙内以棂星门为正门，东西设置“圣域”“贤关”一对角门，在棂星门两侧设置“礼门”“义路”一对偏门。最为奇特的是江西赣县文庙，大成门前设置一道横向漏墙，墙壁不设正门，只设两座偏门，门各一间，砖墙承重，灰瓦庑殿顶，辟拱顶小门。庙内不设正门且切断中轴线，这可能是一个孤例。

历　史

明代以前文庙图中尚未发现有偏门之设。偏门出现在明代，发展主要在清代，原因就是据说本地没有出过状元的学校文庙不能开正门。不设正门，出入不便，于是有的文庙通过在两侧庙墙上开设角门供人出入，而有的文庙由于两侧不便设置角门或因为其他原因，就在庙前照壁两侧开设偏门。设置

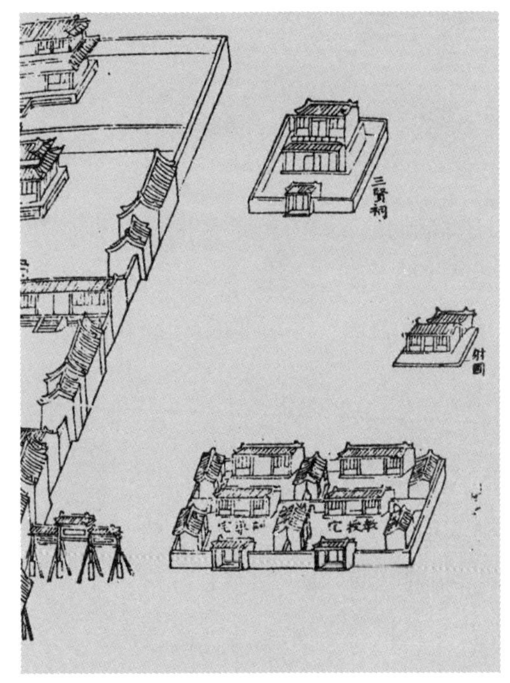

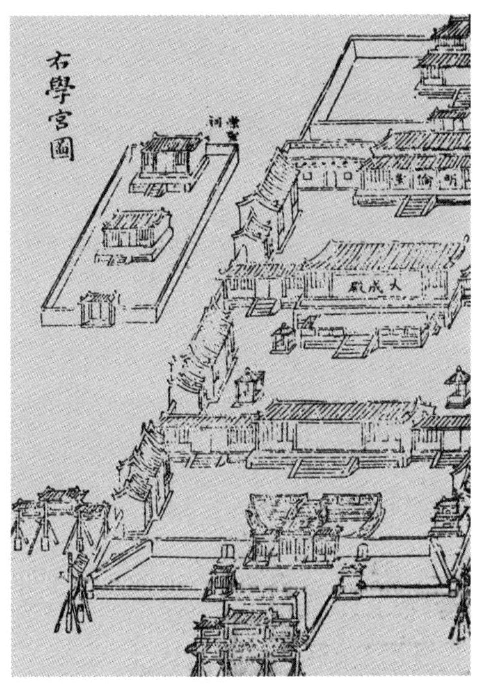

山西汾州府学文庙平面示意图

偏门的主要是不设正门的文庙，这种情况在清代也比较少，毕竟在文庙正前面设置两个小偏门不够庄重，有失文庙的庄严，虽然在左右庙墙上设置角门出入不便，但大多文庙宁愿设置角门也不设偏门。

偏门一般设置在照壁两侧。汾州府学文庙比较特殊，庙前有牌楼，牌楼后为照壁，照壁再后两侧设置偏门。奇怪的是，从示意图看，偏门左右并无墙壁，只是独立的建筑。

偏门朝向一般与正殿相同，但也有的文庙朝向不正，左右偏门分别与正殿的朝向出现夹角。东流文庙、纳溪文庙都是设在照壁与左右庙前转角处抹角，与正殿有大约45度的夹角。

名　称

偏门一般成对设置，所以名称也是成对的。但是由于偏门较少，名称只有数对：“圣域”与“贤关”，“金声”与“玉振”，“礼门”与“义路”，等等，在文庙的门坊中也是最少的。

建筑形式

偏门的建筑形式很少，有随墙式、门楼式、牌楼式等几种。

随墙式

随墙式是最为简单的偏门形式。四川富顺文庙偏门就是在照壁两侧庙墙上留下两个拱顶的门洞，分别题作“圣域”“贤关”，安设木板门，庙墙为鹰不落，连瓦也不用。照壁黄瓦庑殿顶，但也很简单，不设壁心和撞头，只在檐下题“数仞宫墙”。

门楼式

偏门的门楼式有两种，一种如同北方民居的广亮式，一种为垂花门式。

广亮式 四川渠县文庙偏门设于照壁两侧，分别名“圣域”“贤关”，都是一间，砖墙到顶，前与庙墙齐，灰瓦卷棚顶，小式元宝脊（过垅脊），垂脊装饰花瓦，穿斗式梁架，六檩，木板门，带抱框，如同北方民居的广亮式大门，但无正脊。

垂花门式 见于贵州安顺文庙偏门。此偏门是独立的垂花门式建筑，设在照壁两侧，分别名“礼门”“义路”，一间，灰瓦歇山顶，前后石鼓夹抱，下设七级踏步，棋盘门，屋脊高过照壁，虽然很美观，但不符合制度。贵南府文庙的角门也是设在照壁两侧，分别名“礼门”“义路”，一间，灰瓦悬山顶，前后设踏跺。

牌楼式

牌楼式偏门是比较庄重的。福建永春州学偏门为牌楼式，两柱一间，与庙墙同宽，立柱承托龙门枋，额枋上再立短柱承托上额枋，两层额枋间分别题刻门名“金声”“玉振”。楼为黄瓦歇山顶，略高于围墙，围墙为立式栅栏，也置黄瓦顶，分别与照壁和两侧庙墙相接。虽然永春文庙偏门也是随墙，而且与庙墙同宽，但其结构是牌楼式，所以不宜称作随墙式。江苏东流县学文庙偏门也是牌楼式，从清嘉庆庙图看，形式最为特殊，牌楼四柱三间三楼，为突出照壁，牌楼成斜向，分别朝向东南和西北。

山西蒲城文庙照壁两侧设置了一对两柱单间的石刻牌楼，分别题作“文章祖”和“帝王师”。牌楼的立柱、门框、门楣满布雕刻，是最为精美的偏

四川渠县文庙偏门

贵州安顺文庙照壁及偏门“礼门”“义路”　吴中兴提供

福建永春文庙偏门

门。虽然牌楼门扇、门框、门楣俱全，门扇上部还各自雕刻出九个方格，但门并不能开启，这对牌楼只是装饰。

第八节 掖 门

除了部分未开庙门的文庙，文庙每进院落都有正门。虽然正门一般都是安设三对门，但是按照尊卑观念和等级制度的规定，正门并不是任何人都可出入的，为了便于服务人员等地位低下人员出入，就在正门两侧设立了掖门。

历 史

掖门之设应该是从宋代开始的。南宋出现的棂星门均作三座一间，中间是正门，两侧的就是掖门。南宋时，仪门也出现了掖门。《景定建康府志》“府学之图中”仪门三间，两侧耳房三间，耳房中间一间就是仪门的掖门，掖门前还设有踏跺（台阶）。元代出现四柱三间的坊楼后，掖门开始增加。元至大《集庆路学图》中，三座棂星门之间增加了两座建筑图形，不应该是其他建筑，而应该是门，仪门两侧同样各有一间耳房，也应该是掖门。明代掖门逐渐增加，但主要在戟门，如莱芜县学文庙、蓝阳县学文庙、泸州府学文庙等，文庙大门的掖门还很少见。到清代时，一些文庙大门也添设了掖门。

山西平遥文庙大门棂星门及掖门

名　称

掖门比较少，又由于不是很重要，如同角门一样，名称也比较少。由于掖门一般也是成对出现，所以名称大多也是成对的，如：“礼门”和“义路”，“金声”和“玉振”，“德配天地”和“道冠古今”，“广大”和“高明”，等等。也有两门同名的，堂邑文庙均称作“持敬门”。

有的文庙大成门没有设置掖门，为了强化主门，就在大成门的稍间上悬挂“金声”和“玉振”门匾。广东化州文庙和福建仙游文庙的大成门都是面阔三间，没有掖门，大门正间悬挂“大成门”额，两侧门分别悬挂“金声”和“玉振”门匾。泉州文庙大成门掖门建筑独立，面阔三间，也是分别名为“金声”和“玉振”，遗憾的是倒坐式，南面全部砌墙，只在当心间辟门。

种　类

掖门根据其位置，可以分作大门掖门、内门掖门和大成门掖门几种。

大门掖门

有的文庙虽然设有大门，但为了出入的需要也在两侧设置掖门。平遥文庙临街正门为棂星门，两侧设立了掖门“广大门”和“高明门”，都是两柱一间的小牌楼。昆明文庙也是以棂星门为大门，两侧分别建造了“礼门”“义路”牌坊，都是两柱单间冲天柱式的石坊。福州文庙、番禺文庙也都是以棂

昆明文庙棂星门及掖门

山西大同府学文庙大成门及掖门

星门为大门，棂星门三座单间，已经属于一正两掖，在两掖之外庙墙上还分别设置了一个小门。

大成门掖门

大成门是文庙正殿前的大门，地位尤其重要，又是祭祀时众人必须使用的出入通道，为了显示文庙的重要地位和与祭人员的社会地位，许多文庙大成门除了设置三门，还在大成门两侧设立掖门，使大成门成为文庙设置掖门最多的文庙正门。北京国子监文庙，福建泉州府学文庙，山东曲阜孔子庙、巨野县学文庙、堂邑县学文庙，山西大同府学文庙、左权辽州州学文庙，上海嘉定县学文庙，河北沧州府学文庙，等等，曲阜、泉州、巨野掖门分别名“金声”和“玉振”。仙游文庙大成门虽然未设掖门，但将两次间分别命名为“金声门”和“玉振门”，并刻制了门匾。

内门掖门

有的文庙没有设置临街大门，就在庙内设置大门，这种庙内大门有的也设置了掖门。西安府学文庙未设临街大门，在庙内第一道正门“文庙”门两侧设置了“德配天地”和“道冠古今”一对掖门，三门均为两柱单间的石构牌楼，以砖墙相连。韩城文庙也未设临街大门，庙内第一道正门悬挂“文庙”竖匾，左右各设一座掖门，三门之间以砖墙相连，都是两柱一间的灰瓦悬山顶的牌楼。永春州学文庙也是如此，在院内棂星门两侧设置了“德侔天地”和“道冠古今”一对掖门。曲阜孔子庙内门设置掖门最多，除了大成门，中轴线上的弘道门和大中门也在两侧设置了小掖门。

福州文庙棂星门及掖门

建筑形式

掖门的建筑形式大都比较简单，有随墙式、门楼式、牌坊式、牌楼式、屋宇式等几种形式。

随墙式

随墙式是最简单的掖门，在围墙上留出一个门洞，安装门框和门扇。福州文庙大门棂星门掖门就是这种形式，庙墙留洞，石刻门框，上承石制门楣，刻出拱顶。犍为文庙未开庙门，以棂星门为庙内大门，两侧设立“礼门”“义路”一对掖门，建筑非常简单，在院墙上留出拱顶小门，上嵌门名块石，三层

福建永春文庙棂星门侧之掖门

曲阜孔子庙弘道门掖门

普通青砖出檐，与墙顶相同，只比墙顶高出一份并加装饰蔓草的花脊而已。永春文庙内大门棂星门两侧掖门也是随墙式，砖墙承重，与围墙同宽，以石制作门框和门楣，楣上分置“德侔天地”和“道贯古今”门额，顶置黄瓦歇山顶，比墙顶略高且为灰塑花翘脊。堂邑文庙恢复的大门棂星门掖门随墙设置，门垛略宽于围墙，砖墙承重，灰瓦硬山顶，形式与围墙相同，只是略高并加吻兽。

门楼式

门楼式是略为正规的掖门。曲阜孔子庙二门弘道门和三门大中门的掖门都属于小门楼，砖墙承重，灰瓦歇山顶，冰盘檐，棋盘门，无抱框，前后设踏跺，还是比较正规的。巨野文庙大成门掖门是小门楼，设在围墙上，一间，砖墙承重，灰瓦硬山券顶，前后设踏跺，如同北方民居中的如意门。辽州文庙大成门掖门虽然也设于院墙上，但采用分心式木架，不能算作随墙式，灰瓦，绿琉璃剪边，悬山顶，前后设踏跺，建筑低小。大同文庙大成门掖门灰瓦悬山顶，也是分心式木架，如同北方民居中的广亮式门楼，檐下用三彩斗栱，前后设一级台阶，是比较正规的掖门。

屋宇式

沧州文庙大成门掖门为屋宇式，各一间，夹于大成门和两侧的名宦祠与乡贤祠之间，连垂脊也没有，在前面墙壁上设拱顶门。嘉定文庙大成门掖门也是屋宇式，但与两侧的名宦祠、乡贤祠等连檐，其实就是将靠近大成门的一间南面不设门窗敞开而已，而且不直通大成殿，在靠近大成门一侧墙上设栅栏门，由掖门转入大成门门后。北京国子监文庙大成门掖门也是屋宇式，

河北沧州文庙大成门掖门

但非常简单，分别与大成殿倒座的礼器库和乐器库连檐，只是将靠近大成门一端的一间不设南北墙而在中间加门，连名字也没有。

曲阜孔子庙大成门掖门分别名“金声”和“玉振”，建筑与东西庑连檐，立面三间，绿瓦，黄瓦剪边，南北均设垂带踏跺，是规模最大的掖门。

垂花门式

堂邑文庙复建的大成门掖门为垂花式门楼，一间，分心式木架，前后石抱鼓夹抱，灰瓦悬山顶。

牌楼式

平遥文庙大门棂星门两侧掖门为牌楼式，设于庙墙上，一间，两柱，

山西平遥文庙棂星门掖门“广大”门

以砖墙护持，灰瓦悬山顶，前后设垂带踏跺，三级。

三座两柱一间牌楼式棂星门一正两掖，也应该属于牌楼式掖门，如辽州文庙大门棂星门。

牌坊式

昆明府学文庙以棂星门为大门，两侧掖门均是两柱一间的冲天式石坊，石柱前后以石抱鼓和牙板夹护，牙板很高，几乎接近下额枋，牙板浮雕花卉和抱鼓基座的石狮都比较精美。额枋两层，中夹花板，分别题刻“礼门”和“义路”，最上是一块石罩板，石柱穿过石罩板以上部分浮雕云纹，石罩板上装饰圆雕葫芦，并加莲花座。

三座两柱一间牌坊式或牌楼式棂星门也是一正两掖，也属于牌坊式或牌楼式掖门，这种形式比较多。

第九节　角　门

许多文庙未设正门，即使设置了正门，正门也不是一般人可以出入的，在正门或者在正面墙上设置的侧门一般只在祭祀时才可以使用，平常并不让人们出入，为了解决出入问题，就在左右庙墙上设置角门。

历　史

角门最早见于宋建康景定建康府学图，角门虽然位于明伦堂两侧斋房的南端，但由于建康府学采用庙中学围式布局，角门位于棂星门内、戟门前院的东南角和西南角，还应该视为孔子庙的角门。角门都是一间的小建筑，有屋顶、两扇门，设台阶。

明嘉靖间，建阳右庙左学，庙右侧还有讲经堂和学生号房，虽然示意图没有画出界墙，但在庙门（即大成门，嘉靖时改称）前左右各有一座小牌坊，两侧还各有一座同样的小牌坊。这两对小牌坊都是角门，内角门是庙学互通，外角门左通学官公廨，右通射圃。蓝阳文庙戟门前左右庙墙上也是各有一座小角门，分别通向左侧的儒学和右侧的训导宅。龙溪嘉靖以前的旧庙图中，庙门内左侧有一座小角门通向启圣公祠；县学新图中启圣公祠迁到正殿之后，左侧的

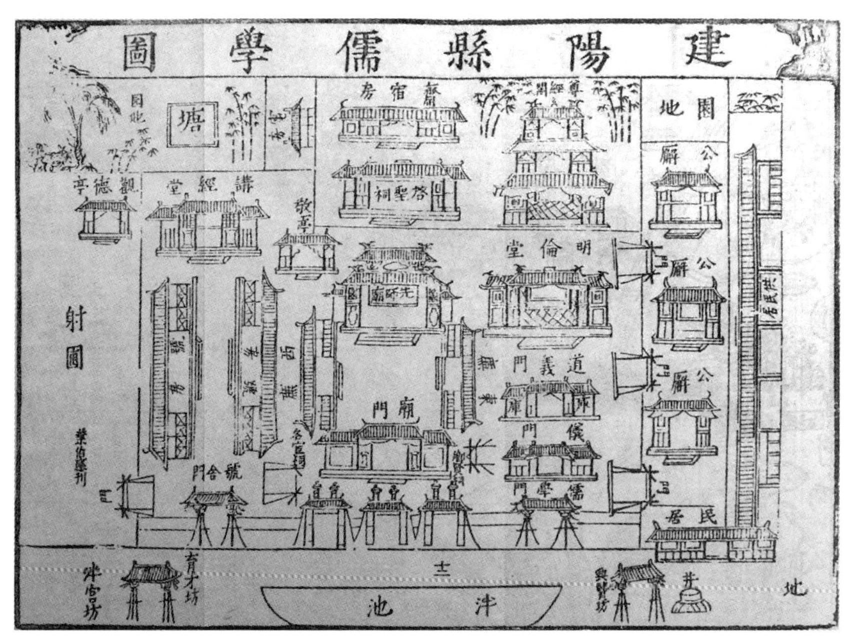

明嘉靖　建阳县学儒学平面示意图

小角门就取消了。如皋文庙戟门前左右庙墙上各设一座小角门，左通儒学，右通院内名宦祠、乡贤祠、宰牲所、馔堂。瑞金庙门前左右设洞门，左侧的通向儒学，右侧的通向敬一亭和名宦祠、乡贤祠。思南文庙戟门前左右有房各三间，左门向外通向儒学门，向后通向明伦堂；右门向外通向省牲所，向后也是通向明伦堂。吴县文庙戟门只有左侧有小牌楼，通向启圣祠。新昌文庙也是只有左侧有一座小角门，向前通向学门，向后通向明伦堂。上述所有小角门都没有通向庙前街道，只有明嘉靖宁德文庙角门通向庙外。宁德文庙角门左右各一座，位于戟门前两侧的庙墙上，右侧的通向号房，左侧的左转通向庙前街道。

通向庙外的角门主要是清代添建的，几乎每一所孔子庙都设置了角门，有的孔子庙还设置了不止一对。化州文庙有两道角门，第一道在照壁后，分别名“圣域”和“贤关”，通向庙外；第二道在大成门前，左右分别名“礼门”和“仪门”，都是圆形洞门，分别通向左侧的学校和右侧的书院。由于角门不临街，富顺文庙就在庙墙转角外建造了“义路”和“礼门”的外门，经此二门北行约10米后再转入角门入庙。曲阜孔子庙进深600多米，在东西庙墙上设置了三对角门：“德侔天地”与“道冠古今”，“快睹门”与“仰高门”，“毓粹门”

国子监文庙角门“持敬门”

与“观德门”，是设置角门最多的孔子庙。

角门一般是成对的。陕西旬阳文庙只设置了左角门“义路”，国子监文庙只在西墙设置了“持敬门”，东面对应的位置建造了井亭。国子监是右学左庙的形制，按照礼制，进庙应该由左边入右边出，但东庙墙外并未设置城市主要道路，仅有一条胡同，不能满足礼仪活动的需求。因此，国子监的礼仪活动在太学一侧准备，由持敬门直接进入。更为不合理的设计是准备祭品的神厨、省牲亭又都紧靠东庙墙，牺牲祭品不能从庙门进入，必须走持敬门，这对举行礼仪活动是不方便的。

长沙府学属于右庙左学式，西侧还有射圃和名宦祠、乡贤祠等建筑，前临城墙，左右分别接东学巷和西学巷，三者相连又各自独立成区，为了方便出入，在东西学墙上设置了“兴贤”和“育才”一对牌楼式角门，在文庙东西庙墙上又设置了“德配天地”和“道冠古今”一对牌楼式角门，但两对角门并不相对，而是文庙角门牌楼靠前。

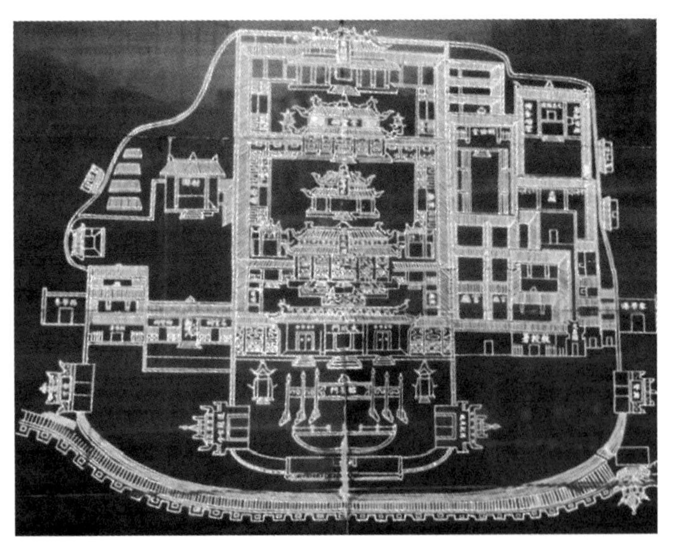

长沙府学平面示意图

角门一般位于第一进院的左右庙墙上。福建惠安角门位于第二进院内、棂星门后、大成门前，是比较特殊的。

云南大姚石羊的原白井提举司学校文庙，从清代庙学图看，文庙不设正门和偏门，只在左侧的学校前设小门，去文庙必须经学校小门后再左转经角门进入，角门分别名“德配天地”和“道冠古今”。现在照壁左侧有一座四柱三间三楼的牌楼作为偏门，牌楼灰瓦歇山顶，次楼向内一侧切断伸入主楼以下，应该是近年添建的。

名　称

文庙角门的名称一是赞颂孔子：“德配天地”和“道冠古今”，“金声”和“玉振”，赞颂了孔子的思想和品德，应该是极为适合的；二是对文庙的赞许：“圣域”和“贤关”，“礼门”和“义路”，“崇圣”和“育贤”，“毓粹”和“观德”，“钟英”和“毓秀”，赞扬文庙可以使人成圣成贤、修身成人，以此作为文庙角门的名称也是合适的；三是对庙学的期待，“腾蛟”“起凤”“育圣”寄予着对本地人才蔚起的期望，人才的蔚起须要依靠孔子的思想，以此作为文庙角门的名称也是可以的。“育圣”口气看起来有些大，但是儒家主张“人皆可以为尧舜”，每个人通过自己的道德修养都可以成为圣人，以此鼓励人修行向善，用“育圣”作为文庙角门的名称也是无可厚非的。由于礼门、义路和圣域、贤关对于人们修身立志太重要了，所以有的文庙角门向外一侧分别命名“圣域”“贤关”，向内一侧分别命名“礼门”“义路”，或者将二组名称对调。福建泉州文庙两角门在乾隆年间朝向庙内一侧分别题作“圣域”和“贤关”，朝外一侧分别题作“礼门”和“义路”。巨野文庙角门分别名“东华门”和“西华门”，应该是民间俗称，如同曲阜孔子庙的第三道角门“观德门”和“毓粹门”。

但有的文庙角门连个文雅的名字也没有，如清乾隆间永清县学文庙就直接称为东角门、西角门。这样的角门建筑都非常简单，永清文庙角门都是门屋一间，从姚州庙学图看，东角门和西角门也都是一间的小式建筑。

建筑形式

许多文庙角门的作用是很重要的，不设正门和偏门的文庙，角门就是唯一的出入口。角门的建筑形式很多，可以分为随墙式、门楼式、屋宇式、牌坊式和牌楼式五种。

随墙式

随墙式是最简单的角门，比较少见。复建的崖州文庙角门分别名“礼门”“义路”，形制很简单，就在庙墙上辟出拱顶门洞，檐部也与庙墙相同，只是高起一份而已，顶部正脊增加了灰塑。永春州学文庙左墙现在还保存的一座小角门也是随墙式、三川脊，向内一侧额题“无远弗届”。

门楼式

角门由于位置较偏，不受重视，所以门楼式角门比较多。建筑主要是一间式，个别为三间。建筑形式并不相同，参照北方民居大门形式可细分为小门楼、蛮子式、广亮式和垂花门式。

小门楼 小门楼是门楼的主体。武宣文庙角门一间，砖墙承重，黄瓦庑殿顶，门安设在前面，不设抱框，砖砌到顶，前后也不设踏跺，等级很低。揭阳文庙角门分别名“金声”“玉振”，建筑均为一间，黄瓦绿缘悬山顶，灰塑花脊，白色垂脊，石门框，门没有设在正脊之下，而是在庙内一侧，所以门内设石柱以承梁。番禺文庙东西角门与揭阳文庙相似，但为黄瓦红脊。洛南文庙复建的角门分别名“起凤”“腾蛟”，也是单间，黄瓦硬山顶，南

海南崖州文庙角门

广东揭阳文庙角门

墙与庙墙相接。恭城文庙角门设在大成门前，砖墙承重，一间，黄瓦硬山顶，门安设在脊檩下，石门框，再外砌墙，西角门外有九级石台阶。旬阳文庙仅有的东角门为砖墙承重，一间，黄瓦硬山顶，门两扇，安设在正中，不设抱框，门上走马板上前后题“义路”额，建筑规模不大，但还算周正，两侧上都设有墀头。

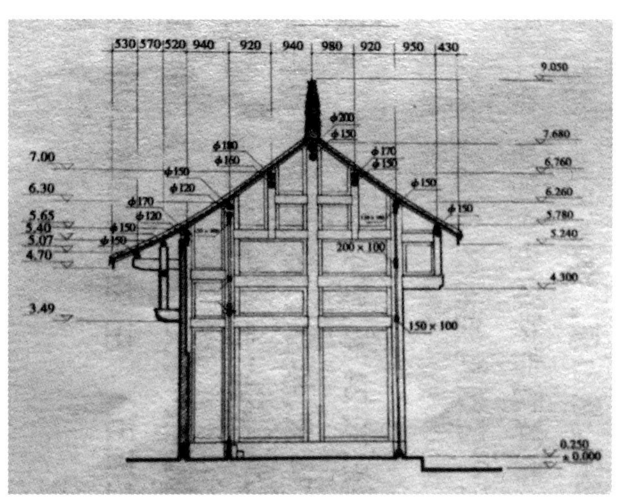

四川富顺文庙角门剖面图 选自《四川文庙》

蛮子式 富顺文庙东西角门“礼门”与“义路”均属蛮子式，三柱分心式木架，门设于外檐柱下，黄瓦悬山顶，灰塑正脊，无垂脊。

广亮式 文昌文庙角门是比较简单的广亮式，分别名“礼门”“义路”，都是一间，砖墙承重，硬山顶，正脊、垂脊均为灰塑，瓦面比较特殊，底瓦黄色，筒瓦灰色，设踏跺，六级台阶。北京国子监文庙只有一座西角门，通

海南文昌文庙角门“礼门”

台南文庙角门“义路”

辽宁兴城文庙西角门“观德”

向国子监，分心式木架，绿瓦悬山顶，是标准的广亮式大门。

台湾台南府学文庙院内的“礼门”和“义路”建筑原是文庙的东西角门，日本占领期间拆除前部的东西庙墙，使二门成为独立于院内的建筑。“礼门”“义路”角门砖墙承重，单间，黄瓦，灰塑脊，硬山顶，门设在脊檩下，石门框，两侧砖砌到顶，只在中部设置漏窗，如同北方民居的广亮大门。由于文庙角门成为独立建筑，原来东西侧分别供学校和学署出入的角门“大成坊”就成了整个建筑群的角门，东角门还悬挂了“全台首学”横匾。“大成坊”也是单间，但属于垂花式小门楼，两侧设置了小照壁，规制反而超过文庙角门，但是沿边柱向外出墙，遮挡了垂花，影响了美观。台北文庙东西角门也名“义路”和“礼门”，都是砖墙承重的单间黄瓦歇山顶建筑，门设在脊檩下，也如北方民居的广亮大门，但门两侧不用木抱框，而是砖砌，且不抹灰，档次就低了很多。

垂花门式　垂花门式角门比较少见，现在发现的有一间式和三间式两种形式。

辽宁兴城文庙角门为一间式，但向外一侧垂花，而向内一侧省去花蕾，三柱分心式木架，灰瓦悬山卷棚顶，两侧还设小照壁，是比较正规的，两门分别名“毓粹”“观德”。

三间式见于四川资州文庙，左右分别名“礼门”“义路”，三柱分心式木架，正间略高，黄瓦悬山顶，灰塑花脊，无垂脊。

屋宇式

屋宇式是最为多见的角门建筑形式，多为单间建筑，只有少数角门为三间。

单间式　化州文庙第一道角门各一间，设在照壁后的左右庙墙上，分别名“圣域”和“贤关”，灰瓦，灰塑正脊，封火墙，设门以通庙外。近年复建的四川崇州文庙东西两角门分别名“圣域”“贤关”，门屋一间，分心式木架，穿斗式结构，黄脊绿瓦悬山顶，体量比较大。西安府学文庙“礼门”“义路”角门建筑比较独特，从历史照片看，采用地方民间常用的半边屋面方式，临街一面只出墙顶，向庙内一面为硬山顶屋面；现在经过改造已经面目全非，大门三间，灰瓦庑殿顶，高大异常。西充文庙角门分别名“德配天地”“道冠古今”，均一间，灰瓦歇山顶，分心式木架，向外设垂带踏跺，六级踏步。犍为文庙角门分别名“圣域”“贤关”，外观一间，三柱分心式木架，为了安门，中柱增加了两柱，向外一侧檐下施如意斗栱，向内一侧则施垂花柱，黄瓦歇山顶，灰塑各脊，以青花瓷片嵌成变体“回”文和勾连“T”形纹，正脊中间宝顶和两端鸱吻及戗脊鸱吻鱼身也用青花瓷片镶嵌，非常精美，前后设踏跺，很有气势。

四川犍为文庙角门“贤关”

三间式 三间式门见于近年复建的灌县文庙，面阔三间，分心式木架，柱上出撑栱擎檐，灰瓦歇山顶，正脊鸱吻为彩龙，垂脊下端设插花花瓶，斜脊不设吻兽，上翘，如同闽浙建筑，是除曲阜孔庙“毓粹”“观德”外体量最大的门屋式角门。

四川都江堰灌县文庙角门“圣域”

福建安溪文庙西角门“腾蛟”坊

牌坊式

牌坊式角门最为少见。安溪文庙角门为石构牌坊，两柱一间冲天柱式，额枋两层，圆形，下坊浮雕二龙戏珠，花板夹在额枋之间，只占额枋长度的一半左右，分别题刻“腾蛟”和“起凤”。

牌楼式

牌楼式是角门比较常见的建筑形式。牌楼式角门可以分作冲天柱式、不出柱式和仿牌楼式三大类。

1.冲天柱式牌楼

冲天柱式牌楼的角门带有坊的性质，其建筑形式多为四柱三

天津文庙角门“礼门”

楼（简称“三间冲天楼”）。

天津府学、县学文庙的角门名称是“礼门”“义路”，由于两庙紧紧靠在一起，中间的一座以一当二，朝向府学文庙一面题作“义路”，朝向县学一面题作“礼门”。牌楼均为木构四柱三间冲天柱式，木柱顶罩瓦罐，前后以斜柱戗撑，灰瓦悬山顶，檐下施单翘三昂九踩斗栱。原来两侧有墙，现在拆除了庙墙，使其成了孤立建筑。

2.不出柱式牌楼

不出柱式牌楼的角门是牌楼式角门中的主要形式，其建筑多为四柱三间三楼式（简称“三间三楼式”），较为罕见的是单楼式和四柱三间五楼式（简称“三间五楼式”）。

三间三楼式 此种建筑样式较为多见。哈尔滨文庙、吉林文庙和建水文庙角门名称均为“德配天地”“道冠古今”。哈尔滨文庙角门黄瓦庑殿顶，明楼斗栱四昂九踩，次楼三昂七踩，旋子小点金彩画，等级是最高的。吉林文庙角门黄瓦悬山顶，斗栱重昂五踩。建水文庙角门灰瓦歇山顶，明楼斗栱五昂十一踩，次楼四昂九踩，两侧设照壁，照壁也是灰瓦歇山顶，远看如同五楼，很有气势，可惜的是每柱纵向前后设护墙，影响了建筑美观。中江文庙角门灰瓦庑殿顶，分别题作“德配天地”“道贯古今”，明间辟门，除了明间题门名，次间也题字，左角门分别题“圣域”“贤关”，右角门分别题“礼门”“义路”。岳州府学文庙原角门也是四柱三间三楼式建筑，东西分别名“礼门”和“义路”。济南府学文庙角门分别名“钟英”和“毓秀”，黄瓦庑殿顶，翼楼向内一侧切断，三间三楼，都是三昂七踩斗栱。岳麓书院孔子庙角门名“圣域”和“贤关”，四柱三间三楼的

哈尔滨文庙角门“道冠古今”牌楼

曲阜孔子庙西角门
“道冠古今”牌楼

石构牌楼，积木式层层叠加。通海文庙角门分别名“德配天地”“道冠古今”，四柱三间三楼式牌楼，灰瓦歇山顶，明楼檐下“米”字形斗栱，六昂十三踩，边楼斗栱四昂九踩，四柱先以须弥石座前后夹护，中柱上置石狮，牙板高至角替下，边柱以砖砌墙，置墀头，冰盘檐，灰瓦歇山顶。一间辟门，两侧设圆形漏窗，两侧设八字小照壁，门内有水，设三座拱桥，石栏，是最为豪华的角门之一。此角门并非原构，而是近年复建的。

单楼式 见于福州府学文庙图中，东额“江汉秋阳”，西额“金声玉振”，二楼图画均作五柱，并以二梁横穿，不知是何种建筑形式。福建惠安文庙角门位于大成门前，二柱单间单楼，黄瓦歇山顶。

四柱三间五楼式 见于曲阜孔子庙，自南向北第一对角门是全木结构的牌楼，始建于明永乐十三年（1415年），分别名“德侔天地”和“道冠古今”，应是最早出现的同名牌坊。牌楼四柱三间，黄瓦庑殿顶，翼楼顶向内一侧伸入明楼以下，为防止雨水下落打湿木构，在两檐相交处加设一个小屋顶，形成独特的四柱三间五楼式。如意斗栱，明楼庑殿顶，十三踩，翼楼歇山顶，斗栱九踩，小夹楼下斗栱五踩。

3.仿牌楼式

有的文庙为了美观，也为了俭省建设费用，就仿造木构或石构牌楼建造角门。

四川清溪文庙不开正门，紧接照壁设置“圣域”“贤关”两个角门为出入口。两角门对称，砖墙承重，仿牌楼式，三楼，灰瓦庑殿顶，辟一门，拱顶，形式比较简单。呼兰文庙略微复杂，仿木构牌楼，砖墙承重，三间三楼，灰瓦庑殿顶，两次间向内一侧切断，辟三门。德阳文庙角门比较复杂，砖墙承重，三楼，黄瓦庑殿顶，如同牌楼式，向内一侧加设了半边屋面，三间，明间高，次间低，上覆一阴一阳灰瓦。此角门虽然装饰很多，外观也很漂亮，但是未装饰出立柱，所以不太像牌楼。南京江宁府学文庙角门分别名“德配天地”“道贯古今”，也为砖墙承重的仿木结构，三间三楼，黄瓦歇山顶，额枋两层，花板一层，当心间花板很高，题刻门名，三门，门拱顶，形式最像牌楼。

南京江宁府学文庙东角门“德配天地”牌楼

湖南宁远文庙角门形制非常特别，从外面看如同四柱三间三楼庑殿顶式的牌楼式建筑，正间设拱顶门，三层额枋，两层花板，下层花板分别题刻“德配天地”和“道冠古今”坊额，向内一侧则设半边屋面，灰瓦歇山顶。

湖南宁远文庙西角门“道冠古今”牌楼

四川阆中文庙角门一间，砖墙承重，灰瓦悬山顶，外观很像小门楼，但两层额枋，门名题刻在额枋间的花板上，下额枋还有雀替，也应该属于坊牌楼式。角门向外一侧分别题刻“圣域”和“贤关”，向内一侧分别题刻“礼门”和“义路”。角门外还有两柱单间式木构牌楼，灰瓦歇山顶，分别题刻“德配天地”和“道冠古今”，但不在庙墙上，不能称作角门，属于庙外牌楼。

第十节　泮　池

曲阜鲁国泮池

泮池是古代诸侯学校必有的设施，《礼记·明堂位》说“頖宫，周学也”，“頖宫”即泮宫，是东、南、西三面有水的宫殿。泮宫始建年代不详，《诗经·鲁颂》有“泮水”一诗，歌颂鲁僖公修建泮宫、兴学设教、收服淮夷。鲁僖公于公元前659年至公元前627年在位，可见在公元前七世纪的春秋早期鲁国就有了泮宫。汉文帝命博士撰写《王制》，说天子之学有辟雍、诸侯之学有泮宫，从此学术界认为泮宫就是学宫，是地方诸侯的学校。泮池作为地方学校的象征就成为文庙必备的设施。

历　史

虽然西汉即确定泮池是地方学校必备的设施，但何时出现在地方学校中史书无载。目前已知最早出现在《吴郡图经续记》中，是书成于元丰七年（1084年），“学校”记载说“学中有十题，曰辛夷、百干黄杨、公堂槐、鼎足松、双桐、石楠、笼头桧、蘸水桧、泮池、玲珑石，或云苏子美尝掌学命名也”[①]。吴郡府学为范仲淹于景祐二年（1035年）创建，泮池很可能就是范仲淹

① 〔宋〕《吴郡图经续记》卷上，见上海古籍出版社《文渊阁四库全书》电子版。

创建吴郡府学时建造的。即便不是范仲淹建造，大概也不会晚于庆历八年（1048年）。引文中的苏子美即苏舜钦（1008—1048），大约于庆历四年被罢官为民，寓居苏州，庆历八年复起为湖州长史，未赴任即卒。此记载如果符实，吴郡学校泮池最晚也应该出现在庆历八年。从南宋《平江府图碑》看，泮池并没有在孔子庙内，而是在西侧学校内，图中庭院的方形水池应该就是泮池。大观三年（1109年），常州贡士多中，受到皇帝“进贤”的表彰，所以在状元桥南建造“进贤”坊。状元桥一般为泮池桥梁的名称，这样看来，常州庙学也建造了泮池，虽然不能确定是在庙内还是学校内。

《平江府图碑》中的府学图泮池

南宋是泮池的发展时期。绍兴六年（1136年）迁建的宁海县学建造了泮池。乾道五年（1169年）严州州学已有泮水。淳熙四年（1177年）广州府学“增创亭斋、泮池”①。盐官县学“凿池建桥”，海宁州学也“凿池造桥”②。庆元元年（1195年）前慈溪学校也有了泮池，是年县“令朱堂于泮池外建墙门六扉，左日右月”③。嘉定四年（1211年）前海县学也有了泮池，是年“叠石为泮水桥，设重门于桥之外”④。嘉定七年嵊县迁建文庙，“前有泮水、秀异亭”⑤。宝庆元年（1225年）前庆元路学也建造了泮池和泮桥，“校官方万里犹以泮桥湢室公厨未新为恨”。宝祐三年（1255年）苏州府学“学士赵与筹拓地凿池，作桥门”，五年嘉兴路学“疏凿璜池，增建泮桥”⑥。景定年间建康府学也有了泮池，从《景定建康府志》中的庙学图看，泮池呈半圆形，有栏杆围护，位

---

① 〔清〕道光《广东通志·学校》，上海古籍出版社《续四库全书》第670册。

② 〔清〕乾隆《杭州府志·学校》，上海古籍出版社《续四库全书》第701册。

③ 〔宋〕《宝庆四明志》卷十六，见上海古籍出版社《文渊阁四库全书》电子版。

④ 〔宋〕《宝庆四明志》卷十六，见上海古籍出版社《文渊阁四库全书》电子版。

⑤ 〔宋〕《剡录》，见上海古籍出版社《文渊阁四库全书》电子版。

⑥ 〔元〕《至元嘉禾志》卷七，见上海古籍出版社《文渊阁四库全书》电子版。

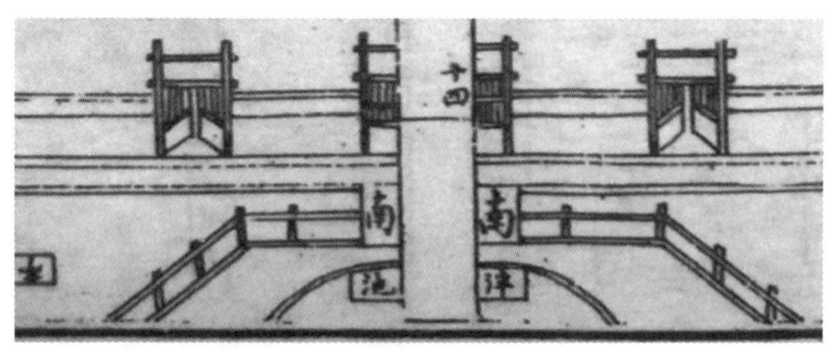

《景定建康志》中建康府学泮池

于棂星门前。

元代泮池继续增加。元贞间潮州路学砌泮池，泰定元年（1324年）建昌路学“戟门之外凿泮池如半月，跨以石梁”[①]，元统元年（1333年）定兴县学“知县王居敬作泮池”，至正五年（1345年）武昌县学凿泮池，七年衡阳县学恢复被僧寺占去的泮池，元末迁建湖州府学也建造了泮池。

明代是泮池的大发展时期。洪武二十三年（1390年）雷州府学凿泮池。永乐五年（1407年）开封府学迁建，新建泮池，十三年金溪县学教谕杨庆凿泮池。正统十二年（1447年）庆远府“知府杨禧重建，始凿泮池”。景泰中惠州府学凿泮池，大理府“知府于璠增修大殿，凿泮池”。天顺元年（1457年）镇江府学增建泮池石梁，南海县学“巡按御史徐瑄始凿泮池，跨以石梁，护以石栏”[②]，三年登州府学创泮池，天顺中丹徒县学“知府姚堂凿泮池”，东昌府学增建泮池。成化二年（1466年）会稽县学凿泮池置桥，六年景宁县学建泮池泮桥，十四年大名府学文庙“知府沈浩开泮池”，成化中安庆府学作泮池石梁，历山县学迁建后新建泮池，成化后清河县“知县刘慧作泮池而桥之”。弘治六年（1483年）辽阳州“凿泮池”，十二年临安府学凿泮池。成化嘉靖间金坛县学“凿泮池，为三石梁”。正德二年（1507年）瑞昌县知县黄源大凿泮池，十五年金齿卫学“兵备副使汪标凿泮池，建石桥”，十六年汾州知州郁浩“增凿内外泮池”。嘉靖七年（1528年）广宁县学“都御史满珍凿泮池于棂星门外”，二十一年安吉州学凿泮池，三十二年河津知县高文学买地凿泮池，三十八年容城县学“知县张大经凿泮池”，

① 〔元〕吴澄：《建昌路庙学记》，《江西通志》卷一百二十七，见上海古籍出版社《文渊阁四库全书》电子版。

② 〔清〕《广东通志》卷十六，见上海古籍出版社《文渊阁四库全书》电子版。

北京通州文庙泮池

四十五年广宁左卫屯学“始凿泮池一区，砖桥一座”，隰州知州储自俊缮学宫，凿泮池，嘉靖中长沙府学、太平县学、富川县学、姚安府学均凿泮池，六安州学开泮池。隆庆二年鹤庆府学，三年德平县学和广宁左中屯卫学分别凿泮池。万历元年（1573年）云南府学巡抚邹应龙凿泮池，六年金乡县学“新凿泮池于戟门外”，七年平乐府学凿泮池，十年邹平县学凿泮池，十一年济阳县学“凿泮池于棂星门外”，十三年仪征县学迁建原资福寺，“仍寺前巨浸为泮池，引淮水入泮，跨以石梁”[①]，二十二年怀柔县学“知县蒋守浩凿泮池”，安远县知县朱之桢捐买隙地，开泮池，章丘县知县董复亨凿泮池，二十八年北胜州学“凿泮池”，三十五年蓬莱县“知县邢琦开泮池”，四十年容县县学凿泮池，四十五年武城县学“创凿泮池”，四十七年玉田县学“知县徐廷松凿泮池”，万历间崇义县知县陆梦祖开泮池，蒙化府学凿泮池。天启三年（1623年）滕县县学始凿泮池。崇祯二年（1629年）行唐县学“知县解光炜开泮池”，十三年通州州学“开泮池”。到明末，泮池已经比较普及。

清代泮池继续普及。顺治十一年（1654年）凉州府学凿泮池。康熙六年（1667年）河池州学迁建，“开泮池”，八年修仁县学“凿泮池”，十一年桂林府学“开泮池”，二十六年甘州府学“凿泮池”，二十九年元江府学凿泮池，三十三年开化府知府李锡凿泮池，三十九年平遥县学凿泮池，四十二年荔浦县学凿泮池，五十八年县学迁建再次建泮池，四十八年左州州学、永北府学、博白县学均建泮池，五十年平乐“知县黄大成开浚泮池，建芹香桥”，曲靖府学

① 〔清〕《江南通志》卷八十八，见上海古籍出版社《文渊阁四库全书》电子版。

山西平遥文庙泮池

凿泮池，五十九年衡山学宫凿泮池。雍正七年（1729年）义宁县学建泮池，毕节县学“开凿泮池，砌石泮水”。

经元、明、清三代的发展，到清代后期，几乎所有的学校文庙都设置了泮池。北方缺水地区的文庙，即使泮池是一个干坑也一定要设置。只有极个别文庙没有泮池，赫图阿拉的兴京文庙没有泮池，苏州文庙、吴县县学文庙、常熟县学文庙和安宁州学文庙也没有泮池，但泮池设置在学校内。

位　置

泮池一般设在文庙中心庭院的前面，也就是大成门的前面。有的在棂星门前，有的在棂星门后。棂星门为庙门的文庙一般都在棂星门后，棂星门为庙内正门的一般在棂星门前，棂星门为庙内装饰坊楼的则前后都有。

有的泮池设在庙前。这种情况最早见于南宋景定年间的建康府学，泮池建在棂星门外，庙前道路的南侧。现在福建安溪县学文庙泮池建在照壁之外。

有的泮池设在了大成门内，也就是大成殿院内。此种情况见于泉州文庙、

福建安溪文庙泮池

太谷文庙、绛县文庙和涿州文庙。泉州文庙泮池设在了大成门内，也就是大成殿前，分析其原因，很可能是泮池原来在大成门外，后来大成殿殿庭扩大，大成门南移，泮池就留在了大成门内。太谷文庙泮池也是位于大成殿前，自然石砌垒驳岸。最为奇特的是绛县文庙泮池，不仅位于大成殿前，而且形状相反。泮池一般是弧线在前，弓弦在后，绛县却是弧线在后，弓弦在前。

山西绛县文庙泮池

有的文庙泮池位置还曾发生变化。全州于宣德九年“改凿泮池于戟门前”。长沙府学文庙于隆庆间“改泮池棂星门外”。济阳县学于万历十一年，知县李思维凿泮池于棂星门外，二十六年知县黄应魁以泮池洼下为积水所潴另凿池于门内。三水学宫“天启四年知县陈素养改泮池于棂星门内”。旌德县学于天启年间改泮池于棂星门外。蒙城县学于康熙十二年“移泮池于棂星门外，泮池南建照壁”。盱眙县学于康熙二十四年也曾移筑。有的文庙泮池位置不止一次变化。兖州府学“旧泮池原在棂星门内，万历二十六年鲁王改建于神路上，出百步外；三十八年知府吴汝显以泮池去学宫太远，复迁池于旧址”。邹县县学“旧泮池在棂星门外，万历九年知县许守恩改凿于棂星门内，清康熙三十三年知县韩峰起修大成殿、两庑，复改泮池于棂星门外”，都是迁而复回。

有的泮池不是在文庙内，而是在学校一侧。这种情况主要出现在左庙右学或右庙左学这两种布局方式中。宋代时苏州府学文庙前有洗马池，泮池在府学内。现在明伦堂前仍然有长方形水池，中间有桥将水池一分为二，因桥七孔，所以命名为七星池。明伦堂院门前有半圆形的泮池，现在文庙“德参天地”牌楼后面也有一个泮池，但它并不是原有的，而是本世纪初添加的。吴县县学明弘治十年

苏州府学明伦堂前水池

（1487年）于学门内凿泮池并建石桥，文庙内一直没有设置泮池。常熟文庙、安宁州文庙也没有泮池，泮池设在了学校大门的前面。西安府学两座泮池，一座在文庙内，一座在学校大门内。

绝大多数文庙只有一个泮池，也有的文庙设有两个。汾阳县学在明正德十六年挖凿了内外泮池，汾州州学也“增筑泮池及龙池”，公安县学清雍正元年新浚外泮池。其位置情况是，安徽宁国县学文庙泮池一在棂星门内，一在棂星门外。安岳文庙两泮池也是分别在棂星门前后，前泮池在照壁后，半圆形，无桥，后泮池在大成门前，带形，设三桥。德阳府学、崇州文庙、赣榆县学和汉州州学文庙泮池都是一在大成门前，一在照壁前，德阳文庙和崇州文庙两泮池都是半圆形。四川资州文庙泮池一在大成门前、棂星门后，一在文庙前、外照壁后，外照壁题刻“万仞宫墙”，内泮池半圆形。外泮池近方形，只是前岸两角略出弧形，池左端有桥洞，右侧有渠折向庙右。元和县学文庙泮池一在庙内，一在庙前东侧。临江文庙明嘉靖年间庙图显示，庙前泮池名“月池”，再前有圆形水池名“日池”。济南府学文庙大泮池在“海岱文枢”牌楼前，小泮池在牌楼后、大成门前，二池有泉水连接。比较独特

济南府学文庙大泮池

的是福建同安文庙，大成门外有一个名为泮池的方形水池，在文庙左侧还有一个半圆形的大水池，造成这种情况的原因是初建的文庙前靠城墙，空间狭小，泮池不能不建，所以建造了一个很小的方形泮池；明天顺时，为了振兴文运，在文庙东侧新建“兴贤育才”石坊，同时在坊前另建一个新泮池，新泮池为半圆形，直径三十多米，上架五孔石桥。

济南府学文庙小泮池

形 状

泮池，顾名思义应该是半圆形的，但真正符合半圆形的泮池不是很多，大多不足半圆，个别超过半圆，最多的是弦形。此外，泮池还有月牙形、圆形、心形、方形、带形、碗形等几种。

比较接近半圆的有资州、安溪、寿州、太和、桐城、德庆、辉县、许昌、郑州、应城、澧州、湘阴、赣州、兴城、代州、静升、太原、广汉、台南、宜兰、天津府学、天津县学、江川等文庙的泮池和济南文庙小泮池。

超过半圆的有旌德、罗定、文昌、新田、渠县、犍为等文庙的泮池。渠县文庙泮池弦宽21.7米，弓高12.9米。犍为文庙泮池超过半圆更多，弦宽21.4米，弓高14.31米。

小于半圆的弦形有番禺、揭阳、北流、恭城、涿州、叶县、哈尔滨、浠水、江宁府学、宁阳、嘉定、富顺、德阳、台北等文庙的泮池。德阳文庙泮

台南文庙泮池

四川犍为文庙泮池

广东揭阳文庙泮池

池外形比较规范，弦宽35.66米，弓高仅14.98米。

月牙形泮池见于吉林文庙泮池，弓弦内收成弧形，是标准的月牙形。平遥文庙泮池弓弦部分从桥头向外向两角斜伸，接近月牙形。另外，宁阳文庙近年重修泮池时，发现在弦形泮池的下面还保存着月牙形的旧基。

圆形泮池见于明隆庆庙图中，池位于庙学前，右侧有渠与后面的泮池相连，左侧有渠与城外江河相连，池后有三座牌楼，分别与泮池三桥相对，三桥再后分别与中间棂星门、左侧仰圣门和右侧成贤门相对。现存建水文庙前的泮池又称学海，借用自然水面，池接近圆形，正中有岛，岛上建造思乐亭，左侧有三孔石桥与岸相连，水面二十余亩，是面积最大的泮池。

山东宁阳文庙月牙形泮池遗迹

心形泮池见于山西绛州文庙。泮池接近半圆形，但弦为内收的弧形，如同心形，恐怕是唯一的心形泮池。平遥文庙泮池底弦不是直线，而是从桥头向两端外伸，端点基本与桥头的抱鼓外端平齐，也接近心形。

方形泮池也不多。明代夏邑庙学图中泮池为方形，近年修复的汶上、牟定文庙泮池也为长方形。晋源文庙泮池东、西、北三面为直线，只是东南、西南两角略微抹出弧形角，接近方形。泉州文庙泮池北、东、西三面都是直线，只有南面为弧形，也接近方形。

带形泮池也比较少见。楚雄府学泮池为带状，几乎与庙宽相同，上架三桥。现存大同文庙泮池也是带状，几乎横贯全庙，设置三桥，分别与大成门及其掖门相通。安岳文庙棂星门前泮池为半圆形，棂星门后泮池为带

云南建水文庙学海

山西绛州文庙泮池

福建泉州文庙泮池

形，设三桥，前面分别与棂星门三门相接，后面通向大成门。有的带形泮池是借用河道，镇海县学使河道从棂星门后直线穿过，面对大成门建桥三座。永嘉县学使河道从棂星门前流过，在河上架桥，在文庙的中轴线上和学门左侧各设置一个弧形的水池，庙内既有一座弧形泮池，还有一个带形泮池。曲阜孔子庙名为璧水，仿造太学水“雍绕如璧”意，其实也是带形水池，几乎与庙同宽。

碗形泮池有三种：乾州、岳州文庙泮池两侧弧线内收，桥头伸出池外，不计顶端，平面如同圈足碗；黄岩文庙泮池南面虽然呈弧形，但不合乎圆形，如同平底碗；新田文庙泮池超过半圆，两侧全部弧形，后半部突然内收成直线，如同直壁平底碗。直壁平底碗形状的还有太平县学文庙，泮池三面呈直线，只有南面为弧形。富顺文庙泮池仅正面为弧形，其他三面均为直线，也可以归为此类，但北面弦宽24米，弓高仅为9.5米，是很浅的平底碗。近年复建的辽州文庙泮池，前面及两侧前部弧形，后部直线，也属于直壁平底碗形。

曲阜孔子庙璧水

《江南通志》说靖江县文庙正德嘉靖间“知县赵应旟引泮池

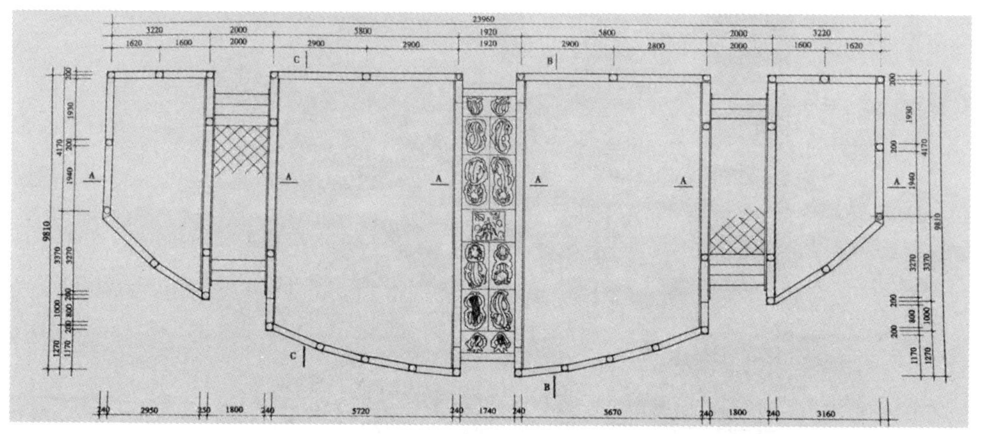

四川富顺文庙泮池平面图

作九曲势，与南市河通”[①]，不知是水渠九曲还是泮池九曲，如果是泮池九曲，就应该还有九曲式泮池。

泮池形状多种多样，即使开列了上述数种仍然不能全部包括，而且有的很难确定其形状名称。慈溪文庙由于地形所限，泮池南北两边均为直线，只有东西两端为弧形，池东西很宽，几乎横贯庭院，接近带形。嘉定文庙南面为直线，东西两面为弧形，桥头没有伸出，如同平底碗，但北面从翼桥桥头分别向西北、东北斜伸，弦不是一条直线。同安文庙泮池大于半圆，但弦不是直线，而是靠近两端弧壁处前突一栏板再折向弧壁。热河文庙泮池近年恢复，横长方形，不置栏杆，而是以乱石砌成驳岸，为随意形，这种园林水池的做法其实是不可取的。

有的泮池很小。沧州文庙泮池面宽不到10米，而庭院面宽约30米，尤显不称。浠水文庙泮池略宽于棂星门，面宽不过七八米。石门文庙泮池宽约10米，但不足庭院宽度的40%。静乐文庙更小，宽度与大成门止间相当，也就是3米多。静升文庙泮池宽度大约5米，也很小，但很规矩，栏板、栏柱都加浮雕，小而精致。代州文庙泮池比例适度，但是与宽阔的庭院相比，还是小了些。

泮池较大的有江宁、江阴、安福、嘉定等文庙，以及资州文庙内泮池、济南文庙大泮池。资州文庙内泮池两端几乎直接两厢，济南文庙大泮池则两

① 《江南通志》卷八十八，见上海古籍出版社《文渊阁四库全书》电子版。

浙江慈溪文庙泮池

河北沧州文庙泮池

山西代州文庙泮池

端几乎与庙墙相接，横贯整个庭院。

许多泮池不是很规范，一是弧线不符合圆形，二是前端用直线，三是两侧用直线，四是弦不用直线。造成不规范的原因，主要是地形所限，也有的是设计者水平所致。有的泮池比较规范，如叶县、哈尔滨、应城、澧州、赣州、代州、太原、广南等文庙泮池就比较中规中矩。

名　称

绝大多数文庙称作泮池，如寿州文庙将“泮池”二字直接题刻在泮池桥的拱形桥洞顶上。但有的文庙还有其他名称。汉阳府学文庙泮池名凤凰池，“凤凰池即府学泮池，明嘉靖七年知府孔凤甃砌”。武昌县学文庙名聪明池，“聪明池即今泮池，元至正五年创”。霍山县学清顺治十年重建时名跃龙池，“泮水名跃龙池，浚学西城河二百余丈以通水脉”。桂林府学名科甲泉，“科甲泉旧在府学西隅膳堂前，有两井东西相望，明永乐时西井堙塞，科第久乏，成化元年布政胡拱辰疏之，明年刘策兄弟同登进士，国朝巡抚马雄镇建学开泮池，掘得科甲泉旧石碑，因甃于泮池中”①。汾州文庙两座泮池，一座名泮池，另一座名龙池，“时庙学颓圮，大加修葺，增筑泮池及龙池”②。

桥　梁

如果大观三年（1109年）常州府学状元桥是建在泮池的话，它将是已知最早的泮桥。已知确切的泮池建桥是宋淳熙四年（1177年），海宁州学和盐官县学均凿池造桥，此后泮池建桥逐渐普遍。嘉定四年（1211年）定海县学“叠石为泮水桥”，八年“环泮水之岸皆甃之”，将整个泮池用砖石护砌起来。宝庆元年（1225年）以前庆元府学已经建造了泮桥，“校官方万里犹以泮桥湢室公厨未新为恨”。宝祐五年（1257年）嘉兴路学“疏凿璜池，增建泮桥”。

明代是泮池的大发展时期，也是泮桥的大发展时期，许多泮桥是明代建造的。景泰二年（1451年）湖州府学于泮池上新建石桥。成化二年（1466年）增城县学“甃池，以石桥跨之”，成化间庐江县学“相继修建棂星门、泮池桥”，成化后清河县“知县刘慧作泮池而桥之”。弘治十年（1498年）吴县县学“门内凿泮池，上作石桥”，柳州府学“弘治间知府周钦作石桥于泮

---

① 《广西通志》卷十三，见上海古籍出版社《文渊阁四库全书》电子版。

② 《山西通志》卷九十二，见上海古籍出版社《文渊阁四库全书》电子版。

四川都江堰灌县文庙泮池及桥

池上”。正德十五年（1520年）永昌府学文庙“兵备副使汪标凿泮池，建石桥”。嘉靖二年（1523年）灌阳迁建庙学，重建泮池桥，十九年新会学宫创建泮池、步云、浴沂三桥，四十五年广宁左中屯卫文庙“始凿泮池一区，砖桥一座”。万历二十八年（1600年）孝义文庙起泮池桥。

直到清代，未建泮桥者陆续添建。太平县学嘉靖中仅凿泮池，清顺治五年才“造泮池石桥”。怀远县学康熙五十六年“竣泮池，建三桥其上”。

后期泮池和泮桥一般是同时建造，但在早期有的是先凿泮池后建泮桥。庐江县学明洪武七年迁建，成化间才添建泮桥。临高和太平文庙都是嘉靖时就有了泮池，临高文庙直到崇祯十一年才于池上建桥，太平文庙则到清顺治五年才建桥。怀远县学正德七年迁建，康熙五十六年才建三桥于其上。

可能是风水的缘故，海南琼州府学泮桥还有建而拆、拆而建的经历。万历三十九年，琼州“知府翁汝遇去泮池中桥，砌左右道”，将泮桥拆除；一百年后，清康熙五十一年（1712年），提学副使申大成于池上重新建桥，“五十一年副使申大成修泮池，创建拱桥于上，周以石栏”。

台北文庙泮池一桥

到清末，绝大部分文庙泮池建造了泮桥，也有一小部分没有建造。安溪、浠水、犍为、台南和江宁府学等处文庙泮池没有建桥，心形泮池的绛州文庙也没有泮桥。

上海嘉定文庙泮池三桥

泮桥的数量有一座和三座两种，以一桥者为多。同安、仙游、永春、池州、长春、太和、桐城、番禺、揭阳、哈尔滨、呼兰、应城、湘阴、济南、宁阳、代州、太平、韩城、崇明、广汉、阆中、台北、天津、广南、昆明、玉环、黄岩等文庙泮池是一桥，江阴、祁县、闻喜、嘉定、崇州、德阳、灌县、富顺、渠县、西充、中江、郫县、名山、蓟州、慈溪等文庙泮池为三桥，三桥者以四川省为多。三桥者一般主桥略高于辅桥。富顺文庙泮桥主桥一跨到池壁，拱高1.8米，桥面前后各浮雕两条行龙穿云而上，拱顶圆雕面南正龙，是最为漂亮的桥面。辅桥拱高1.3米，前后各设三级踏步，桥面略拱，几像平面。

桥形以拱桥为多，平桥比较少见，已知西安府学、安福、晋源、西充、资中、呼兰等几处文庙为平桥。西充文庙泮池三桥，桥面高于地面，设两级踏步。晋源文庙泮桥略高于地面。西安府学文庙泮桥现在与地面齐平，应该是近年抬高地面造成的，原来是有高差，桥两侧池壁栏杆的地栿几乎全部埋在地下就是证明。

桥梁结构有发券成拱、柱梁架板和桥墩架板三种形式，其中以发券成拱者为多。

发券成拱有一孔、两孔、三孔、五孔四种形式。主要为一孔，三孔较少，两孔与五孔都是仅一见。一孔者多在中部成孔，大多泮桥以砖石发券，桥孔不大。闻喜文庙泮桥三桥均以砖砌墙，只在拱顶下面设置一个下方上圆的小孔，太过简单。嘉定文庙泮桥桥孔设置在中间，虽然不大，但线条柔美。富顺、蓟州、石羊、杭州、蓟州文庙泮桥三桥也都是一孔，以石发券，但直达池壁，比较美观。大姚石羊白井文庙泮池一桥，泮桥一孔，以石发券半圆形，券拱涂红，如同彩虹卧波，非常优美。两孔仅见于韩城文庙，泮桥为拱形，

西安文庙泮池系平桥

两孔分别位于两端，与池壁相接，以石发券和砌垒，桥面砖铺，设石栏杆。台北文庙泮桥三孔同高，出水太少，太过压抑。渠县文庙泮桥也是三孔同高，桥面起拱不大。永春泮桥三孔中高侧低，桥面起拱较高，比较优美。五孔仅见于济南文庙大泮池，桥面很长，起拱不算太多，五孔高度从中间线左右依次降低，只是高出水面不多，影响了美观。

柱梁架板者有慈溪文庙、泉州文庙和同安文庙的泮桥。慈溪文庙泮桥三座，结构相同，都是三孔两梁，两柱承一梁，梁上直接铺设纵向桥面，横排三石，前后两孔向桥中斜铺，后端置于池壁上，再以平铺石块与前后建筑基础连接，为防止石滑，刻横向浅沟，中间一孔为平铺。泉州文庙泮桥一座，七孔，石柱前后承托纵向石梁，石梁内侧剔去部分承托横铺的石板，石板共七十二块，象征七十二贤。同安文庙泮池一桥，也是全石建造，五孔四梁，两柱左右承托横梁，梁下以纵向额枋牵拉，两端额枋直接插在池壁上，梁上铺砌横向石板作桥面。

桥墩架板者见于黄岩文庙。泮池一桥，三孔，全石建造。桥设四墩，两端与池壁相连，墩上纵向铺石板，上面再铺横向桥面，左右两列，中间铺出纵向神道。

泮桥大多没有名称，只有部分文庙有专门的名称。池州、石门、太谷、榆次、武威、化州、澧州、浏阳、石门、岳州、景东等文庙泮桥名“状元桥”，彰化、蓟州文庙泮桥名“登瀛桥”，崇明文庙泮桥名“登云桥”，海盐文庙泮桥名“采芹桥”，元和文庙外泮池桥名“升龙桥”，楚雄州学文庙泮桥名“三元桥”，汾州府学文庙泮桥名“步云桥”。平乐县文庙泮桥名“芹香桥”，“芹香桥在县学泮池上，康熙五十年知县黄大成建”。新会文庙泮池三桥均有

云南石羊白井文庙泮池与桥

济南府学文庙泮桥五孔

福建同安文庙泮桥

浙江黄岩文庙泮桥

名称，嘉靖十九年时分别名“泮池”“步云”和“浴沂”，“十九年佥事李文凤创尊经阁、泮池、步云、浴沂三桥”。状元、登瀛、登云、步云、升龙、三元都是期望士子们科举及第、平步青云，是很贴切的。采芹、芹香典出《诗经·泮水》“思乐泮水，薄采其芹”，名称也不错。苏州府学泮池在学舍一侧，有桥名“七星桥”，前面还有“来秀桥”，后面还有“众芳桥”。

泮池和桥一般设有栏杆，大多为望柱加栏板。四川资州文庙以高浮雕游龙为与桥通长的栏杆，池壁以浮雕云水的石块为栏，非常优美。有的桥面雕刻图案。嘉定文庙中桥置有双龙翔云石刻，江阴文庙中桥雕刻鲤鱼跳龙门，以鱼龙变化寓意学子高升。

泮桥有的还有题刻，洛阳河南府文庙题作“泮水生香”。

第十一节　庙内坊楼

庙内坊楼是指在文庙以内建造的牌坊和牌楼。

沿　革

庙内坊楼是随着文庙的扩大而出现的，就目前已知的资料看，应该是明代出现的。

最早增设庙内坊楼的应该是曲阜孔子庙。明弘治十七年（1504年）火后重建的孔子庙竣工，正德本《阙里志》庙图中出现了一座牌坊，就是现存的“至圣庙”牌坊，当时名“宣圣庙”。嘉靖二十三年（1544年），山东巡按郑芸在“宣圣庙”坊前又添建了“太和元气”石构牌楼。

曲阜孔子庙庙内“太和元气”牌楼和“至圣庙”牌楼

明代天一阁藏方志所收录的庙学

图中，思南府嘉靖庙学图中出现了庙内坊楼棂星门。棂星门很标准，两柱一间三座，位于庙门内、戟门前，是一座独立的建筑。庙学图仅此一例，可见庙内坊楼还很少。到明代后期逐渐增加，万历十一年（1583年）汾州文庙于棂星门外、泮池前建造了“青云得路”坊，左标“龙腾汾水”，西标“凤翥卜山”，池后添建先师坊，二十八年西安府学文庙在泮池前建造了“太和元气”牌楼。

四川德阳文庙庙内“棂星门”牌楼

清代是庙内坊楼的大发展时期。由于许多文庙因为本地没有人考中状元，文庙不开正门，许多棂星门退回庙内，有的独立，有的成为庙内正门，有的文庙还在庙内增加了其他坊楼。

许多文庙只有一座坊楼，也有个别文庙有两座或三座，极个别的有四座。济南府学文庙有大门，庙内建造了两座坊楼，一座是必备的“棂星门”，石坊，在大泮池前；一座是“海岱文枢”木构牌楼，在大泮池后、小泮池前，再后为大成门。凤庆文庙内也有两座坊楼，均位于泮池后，龙门坊在前，棂星门在后，都是独立的建筑。三座牌楼一般为两柱单间三座的棂星门。德阳文庙、富顺文庙棂星门虽然也是三座，但主坊楼“棂星门”均为三间。德阳文庙棂星门原来是庙内正门，嘉庆年间为两柱单间三座，冲天柱式，咸丰元年改为四柱三间；现存牌楼三座，中间的棂星门为四柱三间三楼冲天柱式石构牌楼，两侧的为两柱单间一楼冲天柱式石构牌楼。富顺文庙庙内三座均是四柱三间冲天柱式石构牌坊，中间名“棂星门”，两侧分别名“德配天地”和“道冠古今”。湘阴文庙庙内有四座坊楼，泮池前三座，泮池后一座。泮池前三座都是冲天柱式石构牌坊，中间一座六柱五间，题刻“肃然起敬”，两侧二座均是四柱三间，分别题刻“金声”和“玉振”。泮池后名“太和元气”，石构牌楼，四柱三间五楼。

墨江原他郎厅文庙现在有两座坊楼，棂星门在前，独立；星宿门在后，两侧与廊相接，建在大成门位置处却没有大成门，当是近年重建所致，但不符合文庙规制。

名　称

庙内坊楼以棂星门最多，此外还有文明坊、太和元气、泗水、龙门、星宿门、文圣尼父等名称。

棂星门是文庙的必备建筑，有的文庙以此为大门，不开大门的文庙有的以其为庙内正门，有的只是独立的建筑，几乎每座文庙都有设置。

“文明坊”是庙内坊楼采用比较多的名称，云南省楚雄文庙、通海文庙、宜良文庙、赵州文庙都以此命名庙内坊楼。“太和元气”比较少见，曲阜孔子庙首先以其命名，万历二十八年西安府学文庙也建造了以此命名的庙内坊楼。其他名称很少见，“泗水”见于景东文庙；“龙门”见于凤庆文庙；“太平”见于黑井盐司文庙；“星宿”见于墨江文庙，占据了大成门的位置，是近年新建并命名的；“文圣尼父”仅见于大同府学文庙，其名来自北魏孝文帝对孔子追封的称号，而大同是北魏当时的都城，牌楼是近年新建的，也是今人命名的。

位　置

庙内坊楼主要集中在大成门前，只有墨江文庙“星宿门”位于大成殿前大成门的位置上。

南京江宁府学文庙庙内正门——棂星门

庙内坊楼中，棂星门的位置有两种情况：设置庙门的文庙棂星门大多是庙内的独立建筑；不设置庙门的文庙，棂星门有的独立，有的是两侧接墙作为庙内正门。

设置庙门的文庙，棂星门多是独立

的建筑。济南府学文庙、寿州文庙、桐城文庙棂星门都是在泮池前独立，澧州文庙则独立在泮池后。

济南府学文庙庙内“棂星门”牌坊和“海岱文枢”牌楼

未开庙门的文庙，棂星门作为庙内正门的有两种情况：一种是在泮池前，如顺天府文庙、兴城文庙、韩城文庙、太原府学文庙、汾州府学文庙、浚县文庙、成都县学文庙、洪雅文庙、雷波文庙、射洪文庙、西充文庙、资州文庙、新宁文庙、清溪文庙、赣榆文庙、海州文庙、沭阳文庙、淮安府学文庙、泸州文庙和镇海文庙等，其中顺天府学文庙、太原府学文庙、汾州府学文庙、浚县文庙、赣榆文庙、海州文庙、沭阳文庙和镇海文庙棂星门两侧还设置了八字墙；一种在泮池后，如纳溪文庙、岳州文庙、江宁府学文庙、定州文庙、永嘉文庙、历城文庙，其中江宁府学文庙设置了八字墙。

独立的棂星门有三种情况：一种是在泮池前，如东流文庙、乾州文庙、万州文庙、恭城文庙、灌阳文庙、修仁文庙、北流文庙、泗城文庙、武宣文庙、文昌文庙、崖州文庙、临高文庙、赣州文庙、静升文庙、崇州文庙、中江文庙、万州文庙、绛州文庙等；一种是独立在泮池后，如天津府学文庙、天津县学文庙、定州文庙、哈尔滨文庙、呼兰文庙、吉林文庙、浠水文庙、澧州文庙、长沙文庙、湘乡文庙、新田文庙、宁远文庙、浏阳文庙、永春文庙、景东文庙、阆中文庙、安县文庙、岳池文庙、高县文庙、富顺文庙、渠县文庙、姚州文庙、晋宁文庙、洛南文庙、太仓文庙等；一种是在两泮池间独立，如四川安岳文庙和庆符文庙。

有的文庙棂星门的独立和内大门是会发生变化的。犍为文庙嘉庆图中棂星门独立在泮池前，现在两侧建造了墙壁与左右庙前相连，就成了内大门。德阳文庙与其相反，嘉庆庙图和同治庙图中，棂星门左右有墙垣与左右庙墙连接，属于内大门，但现在增加了左右单间牌楼，拆除了左右墙垣就成了独立建筑。岳州文庙原来也是内大门，现在成了独立建筑。

其他庙内坊楼的位置大多也在大成门前、泮池前后。楚雄文庙、宜良文庙、赵州文庙、通海文庙“文明坊”和景东文庙“泗水坊”均在泮池后独立。河西文庙不开庙门，“文明坊”在照壁后独立。黑井盐司文庙“太平坊”在泮池前，两侧接墙并设随墙拱顶掖门，属于庙内正门。最为独特的是墨江“星宿门”，位于大成殿前，即大成门的位置，两侧紧接长廊，组成封闭式空间。

建筑形式

庙内坊楼主要是棂星门，棂星门的建筑形式已有专节分析，此处不再赘述，只研究棂星门外的其他庙内坊楼。

四柱三间冲天柱式石坊 凤庆文庙坊名“龙门”，又名“金声玉振”，但明间坊额题刻“龙门”，还是应该称作“龙门坊”。坊石构，四柱三间冲天式，石柱前后石抱鼓夹抱，石抱鼓下有座，为求稳固，抱鼓接近次间下层额枋，柱顶雕刻辟邪，额枋两层，中夹花板，明间题刻“龙门”，左右次间分别题刻“江汉”“秋阳”，背后分别题刻“金声”“玉振”。黑井盐司文庙太平坊始建于明崇祯年间，清嘉庆间以红砂石重建。坊四柱三间冲天柱式，方柱，中间二柱以夹杆石前后夹护，前后均置圆雕石狮，须弥座，夹杆石很高，达至角替下皮；边柱以石抱鼓前后夹抱，柱顶均置圆雕石狮；中柱外侧于额枋之上出云欑，额枋两层，顶置石雕凉亭，歇山顶。

四柱三间三楼冲天柱式牌楼 景东文庙“泗水坊”牌楼属于此类型，建筑非常简单，圆柱，前后石抱鼓夹抱，柱顶刻出浅浅的云纹，额枋仅一层；主楼施单翘三踩斗栱，直接放在额枋上，次楼如同冰盘檐墙顶，也是直接建在额枋上；悬山顶，中心灰瓦，黄瓦剪边。大同文庙内“文圣尼父”牌楼也属于此类型，石质，方柱切棱，前后石抱鼓夹抱，顶踞朝天犼，额枋一层，屋盖直接施于额枋上；是近年添建的。

四柱三间三楼式牌楼 河西文庙、通海文庙“文明坊”均属于此类型。河西文庙文明坊三楼，灰瓦歇山顶，檐下施如意斗栱，四昂九踩，立柱前后石抱鼓夹抱，抱鼓满布浮雕图案，须弥座，中柱前面上蹲圆雕石狮，后面圆雕麒麟，边柱抱鼓外砌墙。西安文庙“太和元气”坊也属于此类型，木构，立柱圆形，前后以夹杆石夹护，并加木斜撑，灰瓦歇山顶，次楼向内一侧切断，主楼斗栱七昂十五踩，次楼六昂十三踩，主楼额枋三层，次楼额枋两层，都是中夹花板。墨江文庙“星宿门”也属于四柱三间三楼式牌楼，石构，方柱切棱，前后置石狮；石刻庑殿顶，以额枋上座斗承托；额枋两层，中夹花板；正间花板为山形，题刻“星宿门”，字右起；是近年新建的。

屋宇式 庙内坊楼也有屋宇式建筑，都是棂星门。如大姚石羊白井盐司文庙、江川文庙、建水文庙、台北文庙的棂星门都是屋宇式建筑，全属于内大门。

云南凤庆文庙“龙门”坊

云南景东文庙“泗水”牌楼

西安文庙庙内“太和元气”牌楼

第十二节　杏　坛

《庄子·渔夫》说："孔子游乎缁帷之林，休坐乎杏坛之上，弟子读书，孔子弦歌。"后世遂以"杏坛"为孔子施教之地。

历　史

杏坛最早出现在曲阜孔子庙。宋天禧五年（1021年），曲阜孔子庙大修，大殿北迁，以原大殿位置为基，砖砌成坛，周围栽植杏树，命名为杏坛。金代又在坛上建造了十字结脊的方亭，明隆庆三年（1569年）将亭扩大为重檐。

受曲阜孔子庙的影响，一些文庙也开始建造杏坛。南宋嘉定间，淮安府学"植杏为坛"。宝祐元年（1253年），青溪县学"封土崇三十尺，种杏，匾曰杏坛"[①]。南宋时，长兴州学建造了杏坛，衢州孔氏家庙也建造了杏坛，并刻立党怀英书"杏坛"碑。

元贞年间，潮州路学"立杏坛"。大德元年（1297年）福州路学"以其余力筑坛，树杏于亭之前"[②]，七年晋江县学"讲堂之后筑杏坛三级"[③]。延祐五年（1318年），镇海文庙"筑杏坛于泮池之西"。至治元年（1321年），淳安县学文庙修杏坛于"县学戟门外之西"[④]。泰定元年（1324年），建昌路学重修，"筑坛三成，广仞，崇三尺有五寸，像阙里志杏坛"[⑤]；二年，全州州学

---

① 〔宋〕方逢辰：《青溪县修学记》，《蛟峰文集》卷五，见上海古籍出版社《文渊阁四库全书》电子版。

② 〔元〕程文海：《福州路学二铭并序》，《雪楼集》，见上海古籍出版社《文渊阁四库全书》电子版。

③ 〔宋〕熊禾：《晋江县学记》，《勿轩集》卷三，见上海古籍出版社《文渊阁四库全书》电子版。

④ 〔元〕郑玉：《师山集》卷四"淳安县学修杏坛记"，见上海古籍出版社《文渊阁四库全书》电子版。

⑤ 〔元〕吴澄：《建昌路庙学记》，《江南通志》卷一百二十七，见上海古籍出版社《文渊阁四库全书》电子版。

曲阜孔子庙杏坛

“辟庙前废地为杏坛，以拟阙里”[1]；四年，南海县学也在大成殿后建造杏坛。至顺二年（1331年），真定路学“作杏坛于殿之北”。至正三年（1343年），吉安庙学“修杏坛”，义乌县学“县尹周自强筑杏坛”；十九年，朱元璋部将王恺重修衢州学宫，“筑杏坛”；二十二年，定海县学“泮西筑杏坛”。元代时，长兴州学、崇安县学、嘉定州学也都建造了杏坛。

明代有的学宫继续添建杏坛。宣德三年（1428年），杭州府学添建杏坛于大成殿之后。天顺三年（1459年）广州府学建造杏坛，四年苏州府学“建杏坛学门内，覆之亭”。成化十八年（1482年），永嘉县学建杏坛。正德元年前，吴县县学已有杏坛，“棂星门之左为杏坛”[2]；四年（1509年），嘉定学宫修建于应奎山。正德十二年（1517年）高要县学、嘉靖三十五年（1556年）高明县

① 〔元〕揭傒斯：《重修全州学记》，《广西通志》卷一百三，见上海古籍出版社《文渊阁四库全书》电子版。

② 〔明〕王鏊：《姑苏志》卷二十四，见上海古籍出版社《文渊阁四库全书》电子版。

学也都建造了杏坛，嘉靖三十六年郧阳府学建杏坛亭，嘉靖间东平州学将大成殿后“土山改为杏坛”。

从文献资料看，杏坛主要是宋、元、明三代添建的。清代未见建造的记载，很可能在清代时，杏坛是孔子讲学的纪念建筑，而各地文庙并非孔子讲学地，所以在修建时都省去了。现在已知仅有曲阜孔子庙还保存着杏坛，建水文庙、朔州文庙、大同府学、台州府学和常熟县学的杏坛都是近年重建或新建的。

位　置

杏坛在各级学校中的位置有三种，一种在文庙内，一种在校区，一种在庙外，以在校区者为多。

杏坛建造在文庙内的比较少。南宋清溪县学在大成门之右，“右翼室匾曰斋馆，封土崇三十尺，种杏，匾曰杏坛”。元代定海县学“泮西筑杏坛”，淳安县学“坛在县学戟门外之西”。明代吴县县学“棂星门之左为杏坛”，镇海文庙杏坛是在泮池之西，高明文庙杏坛是在泮池之上，绛州文庙杏坛位于泮池后甬道上，复建的建水文庙杏坛在棂星门和大成门之间的甬道上。文庙内杏坛主要在泮池附近。

杏坛建造在校区的比较多。宋代淮安府学“杏坛在府学大成殿后”，元代真定路学“作杏坛于殿之北”，东平州学“明正统间知州傅霖增建辨志堂于殿后”，晋江县学“讲堂之后筑杏坛三级”，苏州府学天顺四年“建杏坛学门内”，嘉靖间“知州裴中即堂前土山改为杏坛”，郧阳府学“最后为敬一亭，其左为杏坛亭”，高要文庙是在书楼之北。校区内杏坛主要在讲堂前后。

杏坛建造在庙外的很少。元代全州路学“又辟庙前废地为杏坛，以拟阙里”，义乌“乡贤之祠曰忠孝堂，寓于庑下，则迁而位于庙之西南。巨石偃蹇，当乎前轩，则因其自然，辅以土壤及他山之石，使就平坦，甃其上为杏坛”，明代嘉定县学杏坛位于县学之南的应奎山上。

建筑形式

杏坛早期的建筑形式就是坛。宋天禧五年（1021年）曲阜孔子庙大修，正殿北移新建，“旧基不欲毁拆”，根据《庄子·渔父》“孔子游乎淄帷之林，休坐乎杏坛之上，弟子读书，孔子弦歌鼓琴”的记载，即以“瓴甓为坛，环植以杏，鲁人因名之曰杏坛”。从北宋孔子庙图看，杏坛就是名副其实的坛，三层台。南宋宝祐元年，青溪县学“封土崇三十尺，种杏，扁曰杏坛”，台高9米多，似乎有建筑，否则匾悬于何处？元大德间晋江县学“筑杏坛三级”，大德元年福州路学“筑坛树杏”于时雨亭前，衢州孔氏家庙仿曲阜孔子庙旧址“筑坛于旁，昭揭二字于其上”，将党怀英题“杏坛”刻碑立于坛上，这几处均是有坛而无建筑。泰定元年（1324年），建昌路学“筑坛三成，广仞，崇三尺有五寸，象阙里之杏坛”，三层台，宽约2.5米，高约1.1米；至正三年，义乌县学建造杏坛，“巨石偃蹇，当乎前轩，则因其自然，辅以土壤及他山之石，使就平坦，甃其上为杏坛。修五十尺有奇，而广加修五之一”，长五十尺，宽六十尺；元末，衢州文庙“筑杏坛”，崇安县学“筑杏坛”，也都是有坛而无建筑。明前期苏州府学“筑杏坛一区”，嘉靖间东平州学“即堂前土山改为杏坛”，仍然是只有坛而无建筑。

宋　曲阜孔子庙庙图中的杏坛示意图

杏坛上增加建筑，最早是在曲阜孔子庙，金代在台上建亭，从金代孔子庙图看，单檐，四面歇山，似十字脊，明隆庆三年（1569年）改为重檐，但至今仍然有台。

现在杏坛上保存的建筑均是亭。从平面看有方形和八角形两种，从建筑分为单檐和重檐两种。方形的有曲阜孔子庙杏坛、建水孔子庙杏坛和大同府学杏坛、常熟县学杏坛，八角形的只有朔州文庙杏坛。单檐建筑有建水文庙杏坛和朔州文庙杏坛，重檐的有曲阜孔子庙杏坛和大同府学杏坛、常熟县学杏坛。

曲阜孔子庙杏坛平面方形，每面阔三间，四面敞开，重檐黄瓦十字脊，四面悬山，上下檐均为重昂五踩斗栱，正间补间三攒。厅内上下檐均施天花，上层用斗八藻井，以细小斗栱装饰，中心绘金龙。枋梁大木以金龙和玺彩画，斗栱用金琢墨。每面中柱以石，外柱用木，斫成八角形，用料粗大。亭基两层，

云南建水文庙杏坛

山西朔州文庙杏坛

上层用石刻栏板，四面出踏跺，踏步各两级，亭内刻立党怀英“杏坛”篆书碑和清高宗御书“杏坛赞”石碑，分别刻立于金承安三年（1198年）和清乾隆十三年（1748年）。

建水文庙杏坛是近年重建的，方形，每面阔三间，单檐十字脊，四面歇山，黄瓦，檐下施单翘单昂斗栱，敞亭，全用石柱，浮雕云龙，两层围栏，前后设踏跺，下层垂带，踏步七级，上层仅两级。亭内正中树立“孔子杏坛讲学图”碑，有此碑就可以建杏坛。

朔州文庙杏坛为八角形，灰瓦攒尖顶，单檐，亭中刻立“杏坛”碑，亭基台高一米多，方形，砖砌围栏，前后设垂带踏跺，踏步八级。此杏坊虽然是近年重建，但是按原貌恢复的。

江苏常熟县学杏坛

大同府学现存杏坛是近年重建的，面阔五间，周围回廊，内三间封闭，灰瓦重檐，十字脊，四面悬山，檐下施单翘单昂五踩斗栱。坛两层围栏，前后设垂带踏跺，踏步下层三级，上层五级。

常熟县学杏坛重檐灰瓦攒尖顶，檐下施九踩斗栱。面阔三间，但减去四根角柱，使转角处缺角内凹，下檐与上甍同宽，每面均有双翘的檐。方形台基，前后设垂带踏跺，踏步七级，亭内树立“杏坛”碑。

坛周围一般栽植杏树。曲阜孔子庙“环植以杏”，淮安府学“宋嘉定间郡守应纯之植杏为坛”。现在曲阜孔子庙杏坛周围仍然栽植杏树。

第十三节　大成门

大成门是文庙正殿前的主门，有的文庙称作仪门，有的称作戟门。

历　史

早期孔子庙多是一殿一门。殿门也就是孔子庙的庙门，唐代时门上多悬“文宣王庙”匾；宋代加封孔子为至圣文宣王后，庙门多改悬“至圣文宣王庙”匾；嘉祐六年（1061年）仁宗颁给曲阜孔子庙御书“宣圣庙”额后，改称宣圣庙。宋代开始，孔子庙扩大规模，在正门前增加了棂星门等建筑，殿门才与庙门分列。

宋建隆三年（962年），太祖诏令祭祀孔子用一品礼，庙门树立十六戟，从此正门也称戟门。崇宁四年（1105年），徽宗诏令祭祀孔子用王者之礼，庙门改立二十四戟。嘉祐六年，仁宗亲自书写“宣圣庙”额和“大成殿”榜，并命内府制作成匾颁给曲阜孔子庙，“宣圣庙”为泥金篆书，“大成殿”为飞白体，门以殿得名，正门也称“大成门”。崇宁三年，徽宗诏命文宣王庙正殿名“大成殿”，从此各地孔子庙正殿均称大成殿，门也因此称大成门。明嘉靖九年（1530年），改正文庙祀典，取消王号，将孔子“大成至圣文宣王”的封号改为“至圣先师”，同时将大成殿改名“先师庙”，将大成门改为“庙门”。清顺治二年（1645年），国子监祭酒李若琳奏准加称孔子“大成至圣文宣先师”，恢复了大成殿、大成门名称。雍正七年（1729年），世宗皇帝为曲阜孔子庙大成门题写了门额和对联，一些文庙也仿照曲阜孔子庙刻制了雍正皇帝题写的门额和对联。现在大多数文庙名大成门，也有部分文庙保留着旧称，其中尤以戟门为多，如建水、安溪、韩城等许多文庙仍名戟门。

建筑形式

大成门是文庙最重要的建筑之一，建筑的规模一般比较大，等级也比较高。唐代确定国子监祭祀孔子为中祀，州县为小祀。南宋绍兴十年（1140年），京师孔子庙升为大祀，州县为中祀，庆元元年（1195年）复改为中祀。明成化十二年（1476年）孔子祭祀升为大祀，但到嘉靖九年（1530年）再改为中祀，清光绪三十二年（1906年）孔子庙祭祀再一次升为大祀。

按照中祀规制，大成门可以五间，绿瓦歇山顶，大祀可以黄瓦庑殿顶。但是由于国家没有具体的文庙建筑礼制规定，各地文庙由于受财力、地形、地方建筑做法等影响，而且由于升为大祀的时间比较晚，所以大成门的建筑规模、建筑形式、装饰做法等都不尽相同。建筑开间有三开间、五开间的不同，建筑形式有硬山式、悬山式、歇山式、庑殿顶和厦子形的不同，建筑结构有分心式和抬梁式的不同，瓦色有灰瓦、绿瓦剪边、绿色琉璃瓦、黄瓦剪边和黄色琉璃瓦的不同，彩画有金龙和玺、旋子大点金、旋子小点金、雅伍墨的不同，其中南方许多文庙根本就不进行彩画。

三开间建筑

大成门建筑以三间式为多，屋顶形式有硬山式、悬山式、歇山式和厦子形几种。

硬山式 虽然硬山式是最低等的礼制建筑，但这种形式的大成门却是大成门的主要建筑形式之一。许多北方官式建筑或接近北方官式建筑的大成门（戟门）属于这种形式，皖南建筑多用的封火墙和闽南建筑中有的三川脊大成门也大多属于硬山式。

硬山式大成门以三间三门为多。官式和接近官式建筑中，江苏常熟文庙和江阴文庙，安徽蒙城文庙，福建惠安文庙、泉州文庙、仙游文庙和永春文庙，辽宁兴城文庙，山西静升孔子庙，上海文庙，天津蓟州文庙和天津县学文庙，浙江慈溪文庙，其大成门都是硬山式三间三门建筑。惠安文庙大成门面阔三间，黄瓦硬山顶，辟三门，正门不设踏跺，只在左右次间前后设踏跺。泉州文庙、永春文庙、上海文庙的大成门与惠安相似，只是三门均设独立踏跺。天津县学文庙设置三连踏跺，与大成门同宽。兴城文庙大成门三间，灰瓦硬山顶，辟三门，前后各出三座踏跺，门安设在檐柱间，应该是近年改造造成的。静升孔子庙大成门也是将门安设在檐柱间，灰瓦硬山顶，绿瓦剪边，三间三门，只在正门设踏跺，六级踏步，最下面还设石刻脚踏。慈溪文庙大成门灰瓦，有正脊而无垂脊，三间三门，设简易踏跺，与门屋同宽，不算台明仅一级踏步。福建同安文庙也是三间三门，但左右还带各二间耳房，耳房还辟一门。

硬山式三间一门的大成门很少。现在陕西洛南，河北沧州、正定县学，河南浚县，安徽萧县，等等，文庙大成门是三间一门。沧州文庙大成门现在前后中门和两侧的窗都安设在檐柱间，成为封闭的空间，内部却是分心式木架，毫

福建泉州文庙大成门

安徽桐城文庙大成门

无疑问是近年改变的。洛南文庙大成门门安设在中间，两次间封闭，砌墙安窗在前檐柱间，而且门钉五排，每排九个。正定县学文庙大成门也是前后在檐柱安设门窗成为封闭空间；浚县则是留出前廊，正间安门，次间砌墙，安设直棂窗；萧县文庙大成门中部正间设门，两次间砖墙到檐，安设拱顶窗。这些不应该是大成门应有的形式，应该是近年改造造成的。

两端封火墙的大成门主要出现在安徽、湖南、广东、广西诸省区，以三间三门者为多。安徽桐城文庙，广东化州文庙，广西武宣文庙，湖南澧州文庙、浏阳文庙、宁远文庙、湘潭文庙、新田文庙，这些文庙都是这种形式。桐城文庙大成门三间三门，只在中门设四级踏步。武宣文庙大成门黄瓦，三间三门三踏跺。澧州文庙大成门黄瓦，三间三门三踏跺，中间踏跺为浮雕龙陛，不设左右阶，根本不能通行，前后设石栏。浏阳文庙大成门黄瓦，三间

台南文庙大成门

三门，前后设石栏，但只有中门设踏跺，如意式，无石栏。宁远和湘潭文庙大成门都不设石栏，宁远一踏跺与门同宽，湘潭因为地面抬高已经无法看到踏跺。新田文庙大成门三间三门三踏跺，但中间很窄，不足两侧踏跺的五分之一。化州文庙大成门三间三门，设三连踏跺，正间踏跺过宽，超过中柱，九级踏步。湖南石门文庙大成门现在只设一门，安设在前檐柱间，恐怕不是原来的设置，应该是近年为了方便使用改造的。

三川脊大成门仅见于福建和台湾。三间三门式大成门见于安溪文庙和台南文庙，均为黄瓦硬山顶，正间垂脊位于次间屋面向内一侧的约三分之一处，檐口为一条直线，但屋脊有高差。台南文庙大成门檐下施一斗三升斗栱，九檩，三柱分心式木架，正间和落鹅间均设门，门安设在中柱间。

悬山式　悬山式大成门有三间三门式，也有三间一门式，但以三间三门式为多。

三间三门是悬山式大成门的主流。福建福州、漳平，河北定州，山东巨野，山西太平、浑源、静乐、绛州，陕西耀州，等等，这些文庙大成门都是三间三门的悬山顶。福州、漳平、定州、静乐文庙大成门都是灰瓦，三间三门，都设一座踏跺，福州、正定、耀州和静乐文庙大成门都是设在中门，福州、耀州文庙大成门与正间同宽，漳平文庙大成门与门屋同宽，而静乐文庙大成门则窄于正间。巨野文庙大成门也是设在中门，与正间同宽，但瓦色为绿，旋子小点金彩画，分心式木架，辟三门，安设在中柱间，正间设垂带式踏跺，五级踏步。

三间一门悬山式大成门不是很多，原太平县文庙大成门正间设门，次间无门，砖墙与门齐，上面设直棂，与正间上的走马板不同，可见原来就是设一门，而在大成门两侧设置掖门。洛阳河南府学文庙大成门分心式木架，在七架梁下安设斗栱，

洛阳文庙大成门

福建同安文庙大成门

斗栱下设垫栱板和额枋，额枋两端以立柱支撑，立柱间安装抱框和门板，左右两侧未见安门的痕迹；从现在的结构看，额枋两端出头，也无法安设两侧门，应该原来就是设置一门，但两侧设掖门，还是符合礼制的。河北平山，山西潞城、祁县、太谷等文庙大成门虽然现在都是辟一门，但两次间都是在前檐处封闭。韩城文庙大成门两次间是在中间封闭，云南景东文庙大成门两次间在檐柱后留廊后封闭，应该都是近年新改的。西安文庙现在也是一门，两侧正面都是用木板封闭的，毫无疑问原来是三门的。山东乐陵文庙大成门前出廊，一门，安设在前金柱间，而无后金柱，两次间群肩以上通间安窗为封闭空间；临沂文庙正间设门，安设在前金柱间，两次间砖砌到顶，群肩以上安窗，窗子很小，如同民居，这些做法都不符合礼制，应该是近年的改造。

三间悬山式大成门最为独特的是福建同安文庙。大成门三间三门，左右各接一座两间硬山建筑，如同耳房，内侧一间建筑辟门，属于掖门，但外侧一间封闭，这种形式是很少见的。

歇山式　三间的歇山式大成门也不多，有三间三门，也有三间一门；有单檐，也有重檐。

三间三门的歇山式大成门有：江苏六合文庙，北京顺天府学文庙，广东揭阳文庙、罗定文庙，河南郑州文庙，吉林长春文庙，湖北应城文庙，江西赣县文庙，等等。三间一门的有左权原辽州文庙大成门，中间设门，两次间砖砌，群肩砌砖与山墙一致，应该是原来建造的，并非现在所改。大成门两

北京顺天府学文庙大成门

江西赣县文庙大成门

四川西充文庙大成门

侧各设置一座掖门，抬梁式木架，绿瓦悬山顶，一正两掖，能够满足礼制的需要。安徽旌德文庙大成门也是设三门，但门安设在前檐柱间，正门八扇，侧门六扇，很像临街店铺，不应该是原来的样式。新建的安徽太和文庙大成门黄瓦歇山顶，建筑高瘦，三门均太低，不合规矩；正门每扇安钉十三排，每排七个，次门十一排，每排五个，前设与建筑同宽的台阶，都不符合制度，应该是近年重建所致。

三间歇山式大成门主要是单檐，重檐比较少，已知湖北应城文庙和江西赣县文庙大成门是重檐。赣县文庙大成门灰瓦歇山顶，上下檐均无斗栱，但檐间距离很大，且安设玻璃窗，如同二层楼阁，三间均设门出陛，门钉九排，每排九个，建筑为旧物，门扇应该是新做的。应城文庙大成门绿瓦歇山顶，上下檐均施单昂单翘五踩斗栱，下层砖墙承重，三间各辟拱顶洞门，门钉十排，每排五个，不符合制度，整个建筑应该是近年重建的。

厦子形　四川西充文庙大成门最为独特，面阔三间，三柱分心，穿斗式木架，辟三门，安设在中柱间，灰瓦顶，有正脊而无垂脊，实在难以归类，将其命名为厦子形。就建筑形式说，这是最低等级的大成门建筑。

五开间建筑

五开间大成门比较少，屋顶形式有硬山式、悬山式、歇山式和庑殿式等几种。

硬山式　五开间大成门中，硬山顶建筑比较多。江苏苏州文庙大成门，安徽寿州文庙大成门，贵州安顺文庙、思南文庙大成门，海南临高文庙、文昌文庙大成门，黑龙江呼兰文庙大成门，山东宁阳文庙、汶上文庙大成门，广东番禺文庙大成门，河南许昌文庙大成门，都是这种形式。除了番禺文庙和许昌文庙大

山东宁阳文庙大成门

成门不详，其他都是设置三门。苏州文庙大成门檐下施单昂三踩斗栱，但屋面却是一仰一合的灰瓦，不用筒瓦，等级就低了。番禺文庙大成门现在全部敞开，无门；许昌文庙大成门仅正间中部设门，其他四间均是在前后檐柱间安设通间群肩和直棂窗，恐怕都是后世改造的。三门一般是在正间和次间设门，宁阳文庙大成门却是正间和稍间设门，但稍间门的安设不符合礼制，直接在墙中安设上槛，将门框插入槛中。岳阳文庙大成门五间三门，黄瓦硬山顶，分心式木架，三柱十一檩，辟三门，安设在中柱间，前出三陛，踏步十三级，中陛左右阶。天台文庙大成门面阔三间，灰瓦歇山顶，为了解决封火墙影响美观的问题，在两侧各增设一间倒坐（原来可能是掖门），将封火墙建造在倒坐外侧。

海南崖州文庙大成门

五间封火墙大成门有五间三门和五间五门两种形式。

五间三门的设置方式有两种，一种是设在正间和次间，一种是设在正间和稍间。广东德庆文庙大成门三门三陛，分别直对正间和次间。安徽霍山文庙大成门现在将稍间前后均封闭，但门前设一踏跺与正间和次间同宽，应该就是三门。海南崖州文庙大成门辟三门，分别设在中间和稍间，门前出三陛，也是分别直对正间和稍间。广西灌阳文庙大成门现在除了正间有门，其他均被封闭，但从门前踏跺看，应该就是三门，三陛也是分别直对正间和稍间。

广西恭城文庙大成门

广西恭城和泗城文庙大成门都是五间

台湾彰化文庙大成门

五门，恭城文庙大成门黄瓦，灰塑正脊和垂脊，由于地形逐渐升高，门前有平台，设三陛，分别直对正间和次间，过泮池后经十一级踏步升至，门基较高，也设三陛，六级踏步，分别正对正间和稍间。泗城文庙大成门出三陛，分别直对正间和次间。

五间三川脊大成门见于台湾彰化文庙，门屋五间，黄瓦硬山顶，灰塑脊，檐下施一斗三升斗栱，三柱分心式木架，正屋三间，两侧落鹅间各一间；当心间和落鹅间辟门，安设在中柱间，三门前后均设踏跺，但当心间踏跺不设踏步。

悬山式　五开间悬山式大成门比较少见。河北正定府学文庙大成门灰瓦悬山顶，三柱七檩分心式木架，设三门，出三陛，三陛相连，以垂带界开。山西大同府学文庙大成门也是三陛相连，以垂带界开，檐下施重翘五踩斗栱。崞阳文庙大成门现在设三门，但安设在前檐柱间，门前有砖砌斜坡，隐约可见六条垂带，分别直对正间和次间，原来应该是三门。贵州安顺文庙大成门五间灰瓦悬山顶，中间三间辟门，明间前檐二柱石雕降龙，龙姿刚健，前置石陛，九级踏步，明间上三级设御道。

河北正定府学文庙大成门

歇山式　五开间歇山式大成门有单檐和重檐两种建筑，以单檐为多。

北京通州文庙大成门灰瓦歇山顶，五间，辟三门，设三连踏跺，以垂带界开。承德热河文庙大成门灰瓦，绿琉璃剪边，辟三门，也是

山西平遥文庙大成门

设三连踏跺。平遥文庙大成门灰瓦，也是绿瓦剪边，但屋面中间铺设三个菱形，绿瓦为边，黄瓦为心，檐下施单昂三踩斗栱，辟三门，仅正间前后设踏跺。山西代州文庙大成门绿瓦，檐下施单昂三踩斗栱，辟三门，仅在中间前后各设一座踏跺。广东新会文庙大成门五间也是绿瓦，辟三门，但设在前檐柱间，应该是近年改造的，设一个踏跺，与正间和次间同宽，前面并设石栏。太原文庙大成门绿瓦，正脊用黄脊块，现在封闭成堂，但还保留了三门，仅在中间前后设踏跺。榆次文庙大成门绿瓦，正脊彩塑，花卉为黄色，檐下施单翘三踩斗栱，辟三门，也是仅在中间前后设踏跺。吉林文庙和济南文庙大成门都是黄瓦，五间，辟三门，但仅在中间前后各设一个踏跺。曲阜孔子庙大成门黄瓦，五间，辟三门，前后仅在正间出一座龙陛，左右阶，溜金斗栱，重昂五踩，金龙和玺彩画，斗栱金琢墨，是歇山式建筑中等级最高的。五间歇山顶大成门就建筑等级来说是比较高的，奇怪的是，许多只在正间前后各设一座踏跺。1974年新建的台中文庙大成门面宽五间，单檐黄瓦歇山顶，单翘三踩斗栱，青绿彩画，前面设汉白玉栏杆，出三陛，九级踏步。

五开间重檐歇山式大成门不多，已知有江苏江宁府学文庙、江西萍乡文庙、浙江黄岩文庙和四川犍为文庙。

黄岩文庙大成门面阔五间，重檐灰瓦歇山顶，上檐施三昂七踩斗栱，柱头科并出45度斜间栱，辟三门，安设在东西中线上，但仅在中间前后设一座踏跺。

南京江宁府学文庙大成门

江宁府学文庙大成门重檐黄瓦歇山顶，檐下斗栱重翘五踩，面阔五间，三柱分心式木架，辟三门，稍间封闭，前设三连踏跺，以垂带界开，踏步二十级。

萍乡文庙大成门建筑比较独特，下檐五间，中三间辟门，稍间封闭，仅正间设踏跺，五柱式木架，进深四间；上檐也是五间，前后檐柱缩至下檐的金柱，角柱缩至下檐次间与稍间之间的金柱，进深成为两间，次间与稍间之间的檐柱并不与下檐金柱相接。

犍为文庙大成门比较别致，面阔五间，三柱分心，穿斗式梁架，檐下施撑栱；绿瓦歇山顶，屋面南面正中设置牌楼屋盖，一正两翼，黄瓦庑殿顶，主楼正脊装饰“天开文运”四字；青石台基，前后置石栏板，一层；出三陛，中陛左右阶，中置龙陛，左右陛很窄，九级踏步。

近年新建的台湾桃园文庙大成门规模最大，面阔七间。重檐黄瓦歇山顶，上下檐都是三翘七踩斗栱；囿于地形，台基很高，汉白玉栏杆，踏跺两层，下层正对主门，有浮雕云龙御道，两阶踏步十二级，上层分折左右，升至悬空平台转向尽间，这种神道折转的情况是很少见的。

庑殿式　庑殿顶是最高的屋顶形式，所以采用这种屋顶形式的文庙大成门极少，已知仅有北京国子监文庙和1929年落成的哈尔滨文庙。

哈尔滨文庙面阔五间，单檐黄瓦庑殿顶，檐下施重昂五踩斗栱，旋子大点金彩画；分心式木架，辟三门，安设在中柱间；石栏一层，前出三陛，踏

四川犍为文庙大成门

台湾桃园文庙大成门

国子监文庙大成门

步九级，中陛左右阶，设浮雕龙陛，是建筑综合等级最高的文庙大成门之一。北京国子监文庙大成门也是面阔五间，黄瓦庑殿顶，檐下施单翘重昂七踩斗栱，室内设平棊天花，彩绘团龙；彩画外檐金线大点金，斗栱金琢墨，内檐墨线小点金，斗栱墨线，三柱分心式木架，设三门，石栏一层，前面出三陛，中陛左右阶，中置高浮雕龙陛。

木架形式

大成门木架形式主要有分心式和抬梁式两种。

分心式木架

分心式木架是门屋最常用的木架形式。不论是三间还是五间，不论是封火墙式还是三川脊式，不论是硬山顶、悬山顶还是歇山顶和庑殿顶，分心式是大成门最普遍的木架形式。

浙江慈溪县学、天津县学和上海县学文庙大成门都是灰瓦硬山顶，三间三门。苏州府学文庙五间三门，都是分心式木架，门安设在中柱间。河北正定府学文庙大成门灰瓦悬山顶，檐下施单昂三踩斗栱，分心式木架，三柱七檩，三间三门，门安设在中柱间。北京顺天府学文庙大成门灰瓦歇山顶，分心式木架，三间三门，门安设在中柱间。四川德阳文庙大成门黄瓦歇山顶，

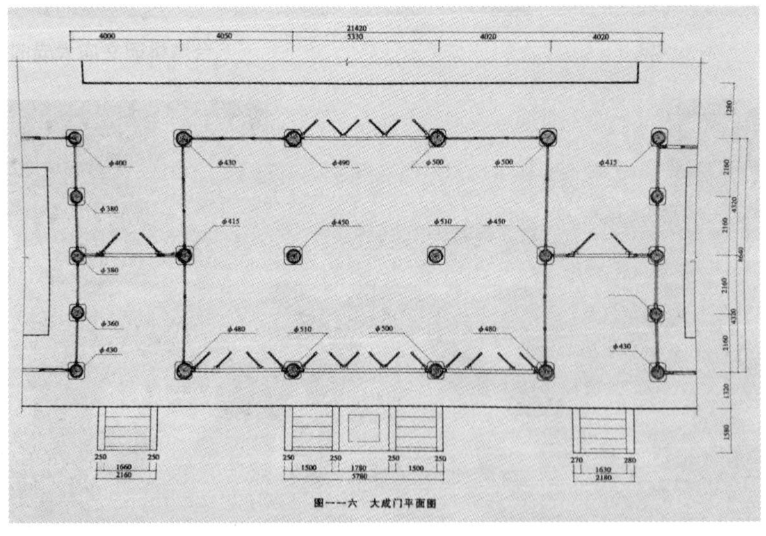

四川德阳文庙大成门平面图

五间三门，分心式穿斗木架，门安设在中柱间。北京国子监文庙黄瓦庑殿顶，分心式木架，三柱，五间三门，门安设在中柱间。安徽桐城文庙大成门灰瓦三间，带封火墙，采用分心式木架，三柱七檩，三门，安设在中柱间。福建安溪文庙大成门为三川脊式建筑，黄瓦三间，设三门，门安设在中柱间。大成门之所以采用分心式木架，主要原因就是便于安门。

洛阳河南府学文庙大成门内部结构

洛阳河南府文庙大成门结构方式独特，虽然采用分心式木架，但中间两中柱并非通柱，而是梁下为一节，上置重翘五踩斗栱承梁，梁上再立立柱以承脊檩。两柱以额枋相连，中置“米”字斗栱。

抬梁式木架

抬梁式木架是殿堂常用的木架形式，一般不用于门屋。门一般安设在正间脊檩下，抬梁式木架中间不设立柱不便安门，但有些文庙大成门，如：辽宁兴城，北京通州，河北沧州、正定县学，云南广安，等等，均采用了这种木架形式。

兴城文庙棂星门采用抬梁式木架，门屋三间，灰瓦硬山顶，无斗栱，二柱，门安设在前檐柱间，三间均辟门，前后设垂带踏跺，六级踏步，但左右无路相接，当是近年维修时

辽宁兴城文庙大成门

疏忽了。北京通州文庙大成门灰瓦歇山顶，四柱抬梁式木架，面阔五间，辟三门，门安设在前檐柱间。广南文庙大成门面阔五间，辟五门，由于是抬梁式木架，在梁下立柱安门。湖南澧州文庙大成门三间，黄瓦硬山顶，四柱抬梁式木架，减去正间前金柱，九檩，辟三门，安设在后金柱间。

匾额对联

宋建隆三年（962年），太祖赵匡胤下令以一品礼祭祀孔子，孔子庙门因此树立十六戟，从此正门也称“戟门”。崇宁三年（104年），因宋徽宗为文宣王庙正殿命名“大成殿”，门也因此称“大成门”。明嘉靖九年（1530年）改正文庙祀典，改称孔子为“至圣先师”，大成殿改名“先师庙”，大成门改称“庙门”。清顺治二年（1645年）恢复了大成殿、大成门名称。雍正七年（1729年），清世宗亲自为曲阜孔子庙题写“大成门”门额和对联，一些文庙也仿照曲阜孔子庙刻制雍正皇帝题写的门额和对联。现在大多数文庙名“大成门”，但也有一些文庙保留着“戟门”的旧称，也有个别文庙称作“仪门”。

现在大多数文庙大成门悬挂雍正皇帝题写的“大成门”门额和“先知先觉为万古伦常立极，至诚至圣与两间功化同流”的对联，个别大成门悬挂“戟门”或“仪门”门额。此外，个别文庙大成门还悬挂其他匾额。仙游文庙大成门正间门内悬挂“时中立极”横匾，桐城文庙和石屏文庙大成门悬挂“圣集大成”横匾，天台文庙大成门前檐下悬挂“圣协时中”匾额，后檐下悬挂“圣神天纵”匾额，这些匾额分别是乾隆皇帝、嘉庆皇帝、道光皇帝、同治皇帝题颁给各地孔子庙的，一般悬挂在大成殿内。赣县文庙大成门下檐悬挂“德侔天地”横匾，是常用的赞颂孔子的词语，一般用作庙前坊楼或角门名称。云南江川文庙大成门下悬挂着“佑启

国子监文庙大成门立戟

人文”匾额，是清道光年间阖县士庶敬献的，体现了地方人士对人文发达的期待。有些文庙大成门近年开始广挂对联。石门文庙大成门前面悬挂“文章警世春秋笔，道德冶人民族魂”“道德芬芳沁四海，文章经纬耀千秋”，后面悬挂“游列国讲仁政谁弥春秋无义战，诲弟子传儒学首开论语教化风”“承圣传经典蒙国中兴，师贤讲礼法城乡大治”“钟鼓鸣朝暮朝重暮复过眼烟云知多少，仁义贯古今古往今来铭心夫子有几人”。天台文庙大成门前后檐柱各悬挂两副，中柱前面悬挂一副，都是五副对联，独独没有恢复雍正皇帝题颁的那一副。静升孔子庙大成门檐柱和金柱分别悬挂“道冠古今山河海岳生情义，德侔天地日月星辰更煦和”“老庙老殿本含元明雨露，残碑残碣犹见康乾文章”两副对联，也没有恢复雍正皇帝那一副。

曲阜孔子庙大成门匾联

大成门额一般是汉字，热河文庙大成门额书写汉文、满文和蒙古文三种文字，汉字居中，满文居左，蒙古文居右。

第二部分 奉祀建筑

按照礼制规定，文庙在大成殿奉祀孔子、四配和十二哲，两庑奉祀七十九位先贤和七十七位先儒，崇圣祠奉祀孔子五代先祖，以四配之父和孔子兄、侄配享，以朱熹等五位宋代理学家之父从祀。绝大多数崇圣祠没有两庑，只有北京国子监文庙、慈溪文庙等个别文庙崇圣祠有两庑，将从祀者奉祀在两庑内。

第一节　大成殿

大成殿主祀孔子，并以颜回、子思（在左）和曾参、孟子（在右）配享，以闵损、冉雍、端木赐、仲由、卜商、有若（在左）和冉耕、宰予、冉求、言偃、颛孙师、朱熹（在右）十二哲配祀。内中子思为孔子之孙，孟子为战国时期思想家，朱熹为宋代理学家，其他十三人都是孔子的弟子。

大成殿是文庙的主体建筑，建筑规模是最大的，建筑等级是最高的，装饰也是最高等级的。但是由于没有统一的礼制要求，大成殿的规格非常悬殊，面阔有十一间、九间、七间、五间、三间的不同，进深有五间、三间、一间的不同；屋顶有庑殿顶、歇山顶、悬山顶、硬山顶的不同，有单檐、重檐的差异；瓦色有黄色琉璃瓦、绿色琉璃瓦、灰瓦、绿瓦黄缘、灰瓦绿缘等不同；有的有斗栱，有的无斗栱，有斗栱的也有九踩、七踩、五踩、三踩等差异，有标准官式斗栱、如意斗栱、丁头栱、斜撑等不同；江南多无彩画，江北彩画也有金龙合玺、旋子大点金、旋子小点金、旋子不点金、雅伍墨等差异。

曲阜孔子庙大成殿

琉璃瓦多为带釉陶瓦，灰瓦多为纯陶瓦。赣州文庙大成殿屋面用的是景德镇烧制的高温瓷瓦，看来是靠山吃山，为国内所仅见。

名称历史

孔子庙早期由于建筑很少，正殿的名称应该是与庙的名称一致的。东汉《乙瑛碑》称“孔子庙”，《史晨碑》作“孔子宅”，《晋书·石苞传》石崇称太学有颜回、原宪像的建筑为“孔堂”，《南齐书·礼上》和《江祏传》《南史·梁本纪下》《建康实录》《旧唐书·太宗本纪下》均称“宣尼庙”。《建康实录》还称国学孔子庙为“夫子堂”、孔氏家庙为“宣尼庙”。看来“宣尼庙”应该是孔子庙的正式名称，因为西汉元始元年（1年）平帝追封的孔子第一个封号就是“褒成宣尼公”。北魏也称孔子庙，太和十六年（492年）虽然追谥孔子为“文圣尼父”，仍然称“孔庙”“孔子庙”。北齐称“孔父庙”，又名“孔颜庙”。唐开元二十七年（739年）改封孔子为“文宣王”，孔子庙因此称“文宣王庙”，正殿称“文宣王殿”。

宋嘉祐六年（1061年），宋仁宗根据孟子赞扬孔子的“孔子之谓集大成”

杭州文庙宋代大成殿额石刻

命名为大成殿，并将自己题写的“宣圣庙”额（篆书泥金）和“大成殿”飞白体殿榜颁给曲阜孔子庙。崇宁二年（1103年），宋徽宗诏令天下文庙文宣王殿改名为大成殿，大观四年（1110年）还颁给曲阜孔子庙殿额。明嘉靖九年厘正文庙祀典，取消孔子“大成至圣文宣王”封号，改称“至圣先师”，将大成殿改称“先师庙”。清顺治二年（1645年）尊称孔子“大成至圣文宣先师”，同时恢复“大成殿”名称。从此，绝大部分文庙正殿改称“大成殿”，只有个别文庙还保持“先师庙”的旧称。

建筑形式

对于建筑形式，学界一般殿堂不分，其实殿堂还是有区别的。

对于殿，《说文解字》说：“殿，击声也。”《注》说：“此字本义未见，假借为宫殿字。《燕礼》注：‘人君为殿屋。’《疏》云：‘汉时殿屋四向流水。’《广雅》曰：‘堂堭，壂也。’《尔雅》曰：‘无室曰榭，郭注即今堂堭，然则无室谓之殿矣。’”对于堂，《说文解字》说：“堂，殿也。”《注》说：“殿者击声也，假借为宫殿字者。释宫室曰殿，有殿鄂也。殿鄂，即《礼记》注之沂鄂。沂，《说文》作垠，作圻，释名释形体亦曰臀，殿也，高厚有殿鄂也……堂之所以称殿者，正谓前有陛，四缘皆高起，沂鄂显然，故名之殿。许以殿释堂者，以今释古也。古曰堂，汉以后曰殿，古上下皆称堂，汉上下皆称殿，至唐以后人臣无有称殿者矣。《初学记》谓殿之名起于始皇记，曰作前殿。”由此可知，秦以前名堂，从秦始皇开始名殿，从唐代开始殿成为皇帝建筑的专用名词，臣子建筑没有敢以殿命名的。

关于殿堂的建筑形式，汉代殿四面流水，现在传统古建筑四面流水的有庑殿顶和歇山顶两种形式的建筑，硬山顶和悬山顶建筑都是前后流水，庑殿顶和歇山顶应该属于殿。因此，《明会典》载，“凡官员盖造房屋，并不许歇山转角、重檐重栱，绘画藻井，其楼房不系重檐之例，听从自便。公侯前厅七间或五间两厦九架，造中堂七间九架，后堂七间七架，门屋三间五架……其余廊庑库厨从屋等房从宜盖造，俱不得过五间七架”，规定官员建造的厅堂不许歇山转角和重檐重栱，那么歇山转角、重檐重栱的就不是厅堂。因此，笔者认为不设重檐重栱的硬山顶和悬山顶建筑就是堂，歇山顶、庑殿顶和重檐或重栱的硬山顶及悬山顶建筑就是殿。

大成殿建筑有堂式、殿式、楼阁式和仿楼阁式。

堂式大成殿

堂是祠庙中等级较低的建筑，有硬山顶、悬山顶的差异，有三间、五间、七间的不同。

硬山顶堂式大成殿很少，有三间和五间两种。

三间堂式大成殿多建在经济比较落后地区，已知有：辽宁兴城文庙、兴京文庙，内蒙古土默特文庙，广西镇安府学文庙、泗城文庙。

辽宁兴城文庙原是宁远卫学，属于军队学校，明宣德五年（1430年）建，所以建筑等级很低。大成殿面阔三间，灰瓦硬山顶，四柱抬梁，七檩前后廊式木架，前出廊，无斗栱；额枋雕刻精美，正间浮雕二龙戏珠，次间浮雕蔓草花卉；正门出陛，仅三级踏步；前置露台，前出陛，也是三级踏步；是最

辽宁兴城文庙大成殿

为简单的大成殿之一。

广西镇安原是少数民族自治区，明洪武元年（1368年）设置土府，清康熙二年（1663年）改土归流，五年后才建造学校文庙。泗城虽然宋代设州，但位于少数民族聚居区，清顺治十五年（1658年）设土府，三年后改为军民府，雍正五年才改土归流，学校文庙为军民府时的康熙二十年建造。所以这两处的文庙大成殿都很小，面阔三间，灰瓦顶，非官式建筑，硬山到顶，屋面探出，但无博风板，抬梁式木架。泗城大成殿四柱十七檩，前出廊。镇安大成殿四柱二十五檩，不出廊。

辽宁兴京文庙是满族入关前建造的奉祀孔子的专祠，所以大成殿很小；面阔三间，灰瓦硬山顶，前出廊，无斗栱，正门殿基出陛，四级踏步，露台很小，绕殿一周砖砌围栏，前出陛，六级踏步。

内蒙古土默特文庙原是清康熙间士人为土默特左翼都统建造的生祠，都统奏请改为孔子庙，建筑也很小，面阔三间，灰瓦硬山顶，前出廊，明间设踏跺，三级踏步；明间檐柱间飞罩很漂亮，木雕彩绘博古图，有书画、竹荷花果等。

内蒙古土默特文庙大成殿

五间硬山顶堂式大成殿见于天津蓟州文庙和四川渠县文庙。

天津蓟州文庙大成殿面阔五间，灰瓦硬山顶，前出廊，不施斗栱，明间设陛，三级踏步，前置露台，石栏杆一层，三出陛，前陛和东西侧陛都是三级踏步。

四川渠县文庙大成殿比较特殊，外观似重檐，其实是在堂前增加了走廊。殿面阔五间，20.45米，进深三间，绿瓦硬山顶，封火墙；主体为四柱前后廊式木架，前单步，后双步，不出廊，主体前增设单步廊，外观似重檐；抬梁式与穿斗式结合结构，无斗栱，仅明间廊柱与挑檐枋间施撑栱，圆雕凤凰，室内正间设八角形藻井；殿基高4.13米，前置抹角露台，宽度与明间和次间相同，12.95米，深4.75米，踏跺从露台中间穿过将其一分为二，踏步二十级。

悬山顶堂式大成殿也是很少，有三间和五间两种。

三间悬山顶堂式大成殿仅见于青海湟源文庙。大成殿面阔三间，灰瓦悬山顶，前出廊，不施斗栱，前陛与殿同宽，中置御道，两阶七间踏步。湟源文庙是1918年至1920年由官民发起募资建造的，与第一高等小学同时修建，

天津蓟州文庙大成殿

河北定州文庙大成殿

规模不大，大成殿规制当然就低了。

五间悬山顶堂式大成殿见于河北定州文庙。大成殿面阔五间，单檐，灰瓦悬山顶，七檩前后廊式木架，前出廊，无斗栱；前置露台，无栏杆，仅高于甬道二级踏步，前出陛。定州文庙始建于唐大中二年（848年），历代不断维修，清代重建，木架规整，不是草创，可能是按照旧制重建的。

殿式大成殿

此式为大成殿的主流，建筑形式有硬山顶、悬山顶、歇山顶、庑殿顶的不同，有单檐和重檐之分，开间有三间、五间、七间、九间、十一间的差别。

四川屏山文庙大成殿前檐斗栱

硬山顶大成殿仅见于四川屏山文庙。大成殿面阔五间，前檐施五踩斗栱，后檐三踩。硬山顶建筑完全可以归为堂式，但其斗栱属于正规的重栱，故将其归入殿式建筑。

悬山顶大成殿都是单檐，有三间和五间两种。

三间悬山顶殿式大成殿很少，仅见于四川蓬州文庙。

四川蓬州文庙大成殿

蓬州文庙大成殿面阔三间，两端各带一间耳房，四柱十三檩前后廊式木架，前金柱承三檩，后金柱承四檩，后檐柱承六檩，前檐柱承五檩，后檐出一檩，前檐出两檩，灰瓦悬山顶，无垂脊，无斗栱，如同民房，是建筑等级最低的大成殿。

此外，非国立学校文庙的山西静升孔子庙大成殿也属于这种建筑形式。静升孔子庙是民间学校奉祀孔子的庙宇，元至顺三年（1332年）建。大成殿面阔三间，单檐灰瓦悬山顶，前后廊式木架，前出廊，檐下单翘三踩斗栱，正间角替透雕游龙，次间透雕象首。前置露台，石栏，前陛龙陛两阶，龙陛四角为壁虎相对，主图为二龙戏珠，正间为仙猴捧桃，七级踏步。建筑虽小，但还是很规整的。

五间悬山顶殿式大成殿见于河北平山文庙和山西襄垣州学文庙。

平山文庙大成殿面阔五间，单檐悬山顶，绿瓦并以黄瓦剪边，檐下斗栱单昂三踩。九檩前后廊式木架，双步廊，但不出。前金柱承五架梁，后金柱承三架梁，结构合理，后双步便于安设孔子神龛，前单步增大中间空间，便于安设十二哲塑像。前置露台，前出陛，现在因地面抬高可见三级踏步。

襄垣文庙大成殿面阔五间，单檐悬山顶，绿瓦，以黄瓦铺出菱形，琉璃花脊，斗栱单翘重昂七踩，不施补间铺作，阑额高瘦，普柏枋扁宽，七檩，不出廊，始建于金天会年间，元元贞二年扩大为五间，现存建筑应该是元代遗构。

歇山顶大成殿是大成殿最常用的建筑形式，开间有三间、五间、七间和十一间几种，有单檐和重檐两种形式。

河北平山文庙大成殿

三间歇山顶大成殿也有单檐和重檐两种形式。

三间单檐歇山顶大成殿有山西绛县文庙、清源文庙，还有陕西韩城文庙和四川中江文庙。

山西绛县文庙大成殿面阔三间，歇山顶，灰瓦绿缘，正脊绿叶黄花，不出廊，重昂五踩斗栱，正间补间两攒，次间一攒。阑额高瘦，普柏枋宽于阑额，用料较厚，应是后来维修改变造成的。绛县文庙始建于后唐长兴三年（932年），元大德七年（1303年）曾进行重修，现存应该是元代形制。

山西清源文庙大成殿面阔三间，单檐绿瓦歇山顶，檐下斗栱单翘三踩，补间两攒；七檩四柱抬梁式木架，前金柱承托横向阑额、普柏枋，上置重栱承七架梁，梁两段，在斗栱上对接，再上置单栱分别承五架梁、三架梁；后金柱非常简单，直接承托梁架，也无横向阑额。现存建筑为金泰和三年（1203年）所建，虽经多次维修，仍然保存着金代的形制。

陕西韩城文庙大成殿外观面阔三间，单檐灰瓦歇山顶，琉璃花脊，正中为二龙戏珠；斗栱直接安设在阑额上，重昂五踩，奇特的是有角科、补间斗栱而没有柱头科，次间补间斗栱在中间，明间两攒补间斗栱位于柱头以内，之所以出现这个问题，是因为前廊三间，但殿身为五间，四攒斗栱是与金柱

山西清源文庙大成殿

正对的；前后廊式木架，前出廊；前置露台，石栏，前陛正中设御道，浮雕龙陛，为了阻止通行，设置了浮雕龙杠，两侧踏步六级。

四川中江文庙大成殿面阔三间，单檐黄瓦歇山顶，檐角上翘；前出廊，无斗栱，柱上出撑栱；正脊彩塑绕脊的黄龙，中置宝顶，前后屋面各设一对拴链桩，上置龙头兽身的神兽，设拴链桩是四川特有的做法，但一般是狮子；殿前置露台，石基座，围以石栏，出三陛，前陛御道浮雕云龙，两阶却很窄。

三间重檐大成殿也很少，见于湖北浠水文庙、四川西充文庙。

湖北浠水文庙大成殿外观面阔三间，其实是五间，外檐两次间分别包含了内里的次间和稍间，重檐灰瓦歇山顶，上下檐均设三跳如意斗栱，上檐正间出牌楼，灰瓦庑殿顶，檐下也是三跳如意斗栱；前出廊，设露台，石基座，前陛御道浮雕云龙，两阶踏步六级。

四川西充文庙大成殿面阔三间，重檐灰瓦歇山顶，上下檐均施单翘单昂五踩斗栱，不出廊；前置露台，围以石栏，前出两陛，九级踏步，不设正陛，这也是比较少见的。

五间歇山顶大成殿最多，有单檐和重檐两种形式。

湖北浠水文庙大成殿

单檐的有安徽霍邱文庙、寿州文庙、蒙城文庙、太和文庙、萧县文庙，北京密云文庙、通州文庙，甘肃皋兰文庙，广东番禺文庙，贵州安顺文庙、思南文庙，河北沧州文庙、井陉文庙、正定文庙，河南郏县文庙、浚县文庙、洛阳河南府学文庙，江苏常州文庙，山东高唐文庙、堂邑文庙，山西大同府学文庙、晋源文庙、静乐文庙、临晋文庙、潞城文庙、宁武文庙、平遥文庙、绛州文庙、万泉文庙、闻喜文庙、永和文庙、长子文庙，陕西合阳文庙、咸阳文庙，四川安岳文庙、广汉文庙、犍为文庙、阆中文庙，天津县学文庙，青海西宁文庙，新疆乌鲁木齐原迪化文庙，云南安宁文庙、富源文庙、广南文庙、建水文庙、江川文庙、景东文庙、石羊文庙，等等。

安徽蒙城文庙大成殿五间，单檐歇山顶，黄瓦，以绿瓦在中间铺出三个重菱形和四角各一个三角形，正脊三组二龙戏珠，脊端设鸱吻，檐下补间施重翘五踩斗栱，柱上出斜撑，高浮雕云龙；前置露台，石须弥座，石栏，出三陛，前陛御道浮雕云龙，两阶踏步七级。大成门甚至两庑和名宦祠都设单翘三踩斗栱，而大成殿却只用斜撑，是不太合乎规制的。蒙城位于淮河以北，文庙基本属于官式建筑，唯独大成殿采用了南方的斜撑。

贵州思南文庙大成殿五间，单檐灰瓦歇山顶，灰塑白脊，一仰一合阴阳瓦，等级较低；前出廊，无斗栱，檐柱出斜撑；露台很高，石砌台基，石栏，三出陛，前陛高浮雕二龙戏珠，下设两级踏步，两侧无踏步，也是不能登升；比较特殊的是左右两陛，左右陛一般是与正殿平行以升露台，此殿却是直对正殿稍间，踏步十五级。

河南郏县文庙大成殿面阔五间，进深三间，高15.5米，宽19米，深17.6米，绿瓦歇山顶，正脊彩塑云龙花卉，脊上装饰小动物，瓦垄上装饰琉璃人物。斗栱三昂七踩，昂头刻作象头卷鼻，耍头刻出龙头；补间斗栱不设昂，以圆雕升龙由座斗斜伸直接承托檐檩，以龙头为耍头；每层栱前均出斜栱，每跳左右各增加一斜栱，下层左右各一斜栱，上层左右各二斜栱，耍头左右各三个；所有栱端透雕卷草，阑额普柏枋均施浮雕，有日月云气、花鸟山水、麟凤龙、人物车马、桥梁房舍等图案，明间补间斗栱下题刻“圣集大成”“麟绂呈祥”“凤峙纪异”。七檩前后廊式木架，前出廊，木檐柱，浮雕云龙，东次间门上悬挂“德齐帱载”横匾，西次间门上悬挂“斯文在兹”横匾，三门均设透雕飞罩，整个建筑就是精美的艺术品。露台砖砌，以石压顶，前陛仅设御道，浮雕二龙戏珠。

青海西宁文庙大成殿面阔五间，单檐歇山顶，黄瓦，绿瓦剪边并铺出菱形等图案，正脊彩塑，吻兽和宝顶黄瓦，古建筑一般都是以高级的瓦色给低

安徽蒙城文庙大成殿

河南郏县文庙大成殿

级的瓦色剪边，这种以低级绿色给高级黄色剪边属于以贱雪贵，是不合礼制的；设回廊，重翘五踩斗栱，明间补间五攒，次间四攒，稍间三攒。文庙始建于明正德三年（1428年），清乾隆间重修，现存应该是乾隆年间的遗构。

山东临沂文庙大成殿面阔五间，单檐黄瓦歇山顶，檐下施单昂三踩斗栱，前后廊式木架，不出廊，殿内减去明间两根金柱；梁架规整，用料较大，彩绘精美。前设露台，砖基石台明，无栏杆，出三陛，五级踏步，左右陛与一般做法不同，不是设在露台外，而是伸入露台内。

山东临沂文庙大成殿内部梁架

山西潞城文庙大成殿五间，单檐黄瓦歇山顶，屋面正中以绿瓦铺出菱形；檐下斗栱单昂三踩，补间斗栱并出斜翘，下层左右各一，上层则成左右各两个耍头；抬梁式木架，殿内正间左右二梁

山西永和文庙大成殿

均加钢梁承托，次间与稍间之间大梁未加，前部各有一个金柱，而后部却无，应该是近年为加固而增加的。前置露台，设石栏，正面两层，出三陛，前陛设御道，浮雕二龙戏珠，上陛降龙，下陛升龙，两阶踏步也是两层，各三级。

山西永和文庙大成殿面阔五间，单檐灰瓦歇山顶，重昂五踩斗栱，补间一攒，稍间不施，七檩，抬梁式木架，结构非常独特，后金柱设后三檩下，前金柱在前二檩下略后，左右以额枋连接，后梁接后金柱，前梁接前檐柱，前梁上立柱分别承托二、三檩，不出廊。

陕西合阳文庙大成殿面阔五间，单檐黄瓦歇山顶，重昂五踩斗栱，补间一攒；歇山顶比较独特，垂脊外设四垄瓦，山花隐入檐下，如同悬山顶。

四川广汉文庙大成殿面阔五间，单檐灰瓦歇山顶，回廊一周，檐下不设斗栱，柱上出斜撑，前檐中间两柱浮雕云龙；石栏一周，两端转角处设圆雕立龙，这是四川许多文庙采用的做法，石栏前接露台，三出陛，前陛御道浮雕正龙，两阶五级踏步，左右陛四级。

天津县学文庙大成殿面阔五间，灰瓦歇山顶，前后廊式木架，不出廊，无斗栱，等级较低；前置露台，石基，前陛御道高浮雕云龙，两阶九级踏步。

新疆乌鲁木齐孔子庙大成殿面阔五间，单檐灰瓦歇山顶，七檩两柱抬梁

新疆乌鲁木齐文庙大成殿

式木架；两山出廊，正面三间加建前廊，也是歇山顶，垂脊接正脊由屋面而下，屋面一个，但有双垂脊和双斜脊，比较独特；正门前出陛，四级踏步。清乾隆间扩建迪化城时就建造了文庙，早已不存，现存文庙原为昭忠祠，是光绪十年（1884年）新疆建省后祭祀收复新疆阵亡将士的祠堂，后人迁入文庙的孔子牌位成为孔子庙。官式建筑，仍保存着清代风格。

云南建水文庙大成殿仍然名“先师庙”，面阔五间，单檐黄瓦歇山顶，四柱前后廊式木架，前出廊，单翘单昂五踩斗栱，檐下悬挂明代“先师庙”匾；殿基须弥座，与露台相连，正面设石栏杆，露台出三陛，前陛设浮雕云龙御道，两阶踏步九级，两侧踏跺踏步六级。最有特色的是门扇木雕，明间六扇，格心透雕

云南建水文庙大成殿格扇门

云龙，中间两扇为正龙，两侧为降龙，再外为升龙，裙板浮雕鲤鱼跳龙门等图案，绦环板装饰博古图，其他雕刻麟吐玉书、封侯挂印、犀牛望月、三阳开泰、喜鹊闹梅等，每一扇门都是一件精美的艺术品。

五间重檐歇山顶大成殿也很多，如：安徽霍山文庙、桐城文庙、芜湖文庙，福建安溪文庙、惠安文庙、同安文庙、仙游文庙、漳平文庙，甘肃秦安文庙、武威文庙，广东德庆文庙、高要文庙、罗定文庙、徐闻文庙，广西玉林文庙、合浦文庙、富川文庙，海南临高文庙、文昌文庙、崖州文庙，湖南城步文庙、凤凰文庙、零陵文庙、宁远文庙、石门文庙、武冈文庙、新田文庙、湘阴文庙，湖北襄阳文庙、应城文庙，山西介休文庙、汾城文庙、浮山文庙、阳城文庙，江苏江阴文庙、六合文庙、苏州文庙，江西萍乡文庙，山东临沂文庙、宁阳文庙，上海宝山文庙、崇明文庙、嘉定文庙、上海县学文庙，四川金堂文庙、清溪文庙、成都璧山文庙，台湾台北文庙、新竹文庙、宜兰文庙、澎湖文庙，云南楚雄文庙、墨江文庙、凤庆文庙、腾冲文庙，浙江慈溪文庙、奉化文庙、台州府学文庙、天台文庙，等等。

安徽桐城大成殿面阔五间，重檐灰瓦歇山顶，上檐用斜撑，下檐重翘斗栱，明间补间两欑，次间和稍间各一欑，明间和次间补间斗栱不设正翘，而

湖北应城文庙大成殿

江苏江阴文庙大成殿

是设约60度双翘；前后廊式木架，不出廊；殿内设天花，正间设藻井，都是木板刷红漆，连彩绘也没有；露台石须弥座，石栏，前出陛，御道浮雕云龙，两阶七级踏步。

湖北应城文庙大成殿重檐绿瓦歇山顶，上下檐均施单翘单昂五踩斗栱，前出廊；虽然面阔只有五间，但开间较大，建筑还是很雄伟的；前置露台，设石栏，前陛设御道，浮雕云龙，两阶七级踏步。

湖南凤凰文庙大成殿檐下四柱，雕刻盘绕的升龙，从外观看面阔三间，其实是五间，外观次间包含了殿身的次间与稍间；重檐灰瓦歇山顶，六柱前后廊式木架，抬梁式与穿斗式结合，副阶一匝，周绕回廊，上檐二十一檩，前后廊三步四檩，不设斗栱，上下檐之间距离过大，设花窗，如同楼阁；前置露台，不设栏杆，出三陛，前陛设御道，浮雕云龙，三龙飞翔，非常精美，两阶石铺斜坡，不设踏步。

江苏江阴大成殿面阔五间，重檐灰瓦歇山顶，斜脊上翘，不施斗栱，前后廊式木架，不出廊；殿内正间及次间接近正间一半设天花，彩绘仙鹤；前置露台，设石栏，出三陛，前陛设御道，两阶踏步七级。建筑端庄，建造精细，这是苏南、浙江一带建筑的特点。

江西萍乡文庙大成殿面阔五间，重檐黄瓦歇山顶，回廊一周，上檐如意斗栱，四跳，下檐不设，于柱上出撑栱；石檐柱，明间二柱中部浮雕云龙，这种做法比较少见，一般都是通柱雕刻；门上悬挂“道冠古今”横匾，廊下悬挂“德侔天地”横匾，恐是近年所设；前廊设天花，不施彩画，明间正中设八角藻井，彩画二龙戏珠；前置露台，设石栏，前陛置御道，高浮雕云龙，两阶六级踏步；地方狭小，两庑挡住了两侧回廊。

山西介休文庙大成殿面阔五间，进深五间，重檐歇山顶，黄瓦，绿瓦剪边，不合礼制；回廊一周，下檐斗栱单昂三踩，补间斗栱正间三攒，次间两攒，稍间不设；正中补间斗栱并出45度斜昂，上檐重昂五踩，正间补间斗栱两攒并列，下昂五昂嘴，上昂七昂嘴；角替透雕游龙，穿柱而过，非常精美。

山西阳城文庙大成殿面阔五间，重檐黄瓦歇山顶，不出廊，下檐斗栱重翘五踩，补间各一攒，下翘左右各出一45度斜翘，上翘出30度两斜翘，顶出双耍头；上檐斗栱非常简单，单翘三踩，这种设置很特殊，一般重檐建筑都是上檐比下檐要多一跳；前置露台，设石栏，前陛御道很宽，浮雕云龙，两阶很窄，六级踏步。

上海嘉定文庙大成殿面阔五间，进深五间，重檐灰瓦歇山顶，上檐不施斗栱，下檐斗栱一斗二升麻叶，前后廊式木架，回廊一周；前置露台，石座石栏，出三陛，前陛设御道很小，占六级踏步，浮雕云龙，两阶踏步八级，左右陛直对前廊。下檐较低，屋顶过大，但整个建筑还是很精致的。

四川金堂文庙大成殿重檐黄瓦歇山顶，面阔五间，进深五间；正间深五檩，次间仅深一檩，比较少见；前出廊，抬梁式与穿斗式混合结构，下檐用撑栱，明间浮雕降龙，次间浮雕降狮。

四川金堂文庙大成殿内部结构

清溪文庙大成殿面阔五间，重檐黄瓦歇山顶，无斗栱，回廊一周；由于檐柱稍间远宽于金柱稍间，两侧出廊后殿身仍然

台湾彰化文庙大成殿内部结构

为面阔五间；殿基高约三米，前置露台，设石栏，正面设龙陛，无踏步，不能登临，这是比较少见的，左侧有踏步九级，由露台可以升殿，次间设踏跺，均四级。

台湾彰化文庙大成殿重檐歇山顶，面阔五间，进深五间，回廊一周，石栏一层，石檐柱，明间二柱浮雕降龙；抬梁式木架，仅明间脊檩和朝向中间一面的梁彩画；前置露台，三出陛，前陛设浮雕云龙御道，两阶九级踏步，左右也出陛，直上露台。

云南楚雄文庙大成殿面阔五间，重檐黄瓦歇山顶，正脊浮雕二龙戏珠，斜脊上翘；四柱前后廊式木架，前出廊，下檐斗栱一斗三升，上檐单昂三踩，上檐座斗和下檐的栱彩画云头纹；前置露台，石栏杆，出三陛，前陛设御道，两阶五级踏步；是比较规矩的官式建筑。

浙江天台文庙大成殿面阔五间，重檐灰瓦歇山顶，斜脊上翘；下檐斗栱单翘三踩，上檐重昂五踩；前后廊式木架，前出廊；前接露台，石基石栏，前陛五级踏步，不设御道。比较独特的是对联特多，几乎每柱必悬，前廊十二柱就悬挂了五幅对联。

成都璧山文庙大成殿面阔五间，重檐黄瓦歇山顶，上下檐均施四跳如意斗栱，不出廊；前接露台，石基座，石栏，不设前陛，左右出陛。

湘阴文庙大成殿也是面阔五间，重檐黄瓦歇山顶，回廊一周，但上檐正面出牌楼，黄瓦庑殿顶，上下檐和牌楼都施如意斗栱，四跳，比较别致；殿基石构，须弥座，设石栏，前面露台很少，略宽于明间，出三陛，不施御道，踏步十二级。

七间歇山顶大成殿比较多，有单檐，也是重檐，重檐多于单檐。

建造七间单檐歇山顶大成殿的有河北顺德府学文庙，河南鲁山文庙、太康文庙、许昌文庙，黑龙江呼兰文庙，湖南安化文庙，山东宁阳文庙、汶上

河北邢台顺德府学文庙大成殿

文庙，山西代州文庙、离石文庙、祁县文庙、夏县文庙、崞阳文庙，陕西洛南文庙、耀州文庙，天津府学文庙，等等。

河北邢台顺德府文庙大成殿面阔七间，单檐歇山顶，屋面绿瓦，以黄瓦铺出两个菱形，正脊黄绿相间，彩塑游龙牡丹；檐下施三昂七踩斗栱，补间斗栱明间五欑，次间和稍间四欑，尽间三欑，额枋高瘦，平板枋扁宽，还保存着明代早期重修的特点；殿基设石栏，殿门设三连陛，中陛龙陛两阶，三级踏步，下接露台，石栏杆，前出陛，中置高浮雕龙陛，两阶九级级踏步；虽是单檐建筑，还是很有气势的。

呼兰文庙大成殿面阔七间，30米，单檐灰瓦歇山顶，高7米，重昂五踩斗栱，前后廊式木架，回廊一周；殿前设两层露台进深都不大，不如改成一个。

湖南安化文庙大成殿面阔七间，黄瓦歇山顶，木结构，四柱十五檩前后廊式木架，不出廊，在前面单加前廊，屋面伸入檐柱双步梁下，从正面看为重檐，其实是单檐，无斗栱。

山东宁阳文庙大成殿面阔七间，单檐黄瓦歇山顶，四柱十一檩前后廊式木架，前面中三间出廊，稍间设窗，尽间砌墙，檐下单翘单昂五踩斗栱；露台较大，不设栏板，前陛无御道，仅四级踏步。

山西离石文庙大成殿虽然面阔七间，但开间很小，连一般的五开间都赶

山东宁阳文庙大成殿

不上；单檐歇山顶，绿瓦，正脊为琉璃彩塑云龙花卉，中设宝塔，虽然可以称作黄瓦剪边，但黄瓦很少，垂脊内侧仅一行，前檐仅是冒头；回廊一周，檐下斗栱重昂五踩，除了尽间不施，补间都是一欑，正间补间斗栱与所有斗栱不同，下昂出45度斜昂，共三昂，上昂出30度两斜昂，共五昂；中三间设门，拱顶，当是近年所改；殿基很高，前陛十三级踏步，露台前凸形，不设栏杆。

山西崞阳文庙大成殿也是面阔七间，开间较小，单檐歇山顶，绿瓦，以黄蓝琉璃瓦铺出三角形、菱形等几何图案，彩塑琉璃花脊，游龙花卉；斗栱比较独特，三昂七踩，但柱头科每层分别为三昂、五昂、七昂。

陕西洛南文庙大成殿面阔七间，也是开间很小，单檐黄瓦歇山顶；无柱头科，平板枋与檐檩间设一斗一麻叶，明间与次间三个，稍间一个，尽间不施；回廊一周，柱子纤细；殿基较高，砖砌，前面三出陛，四级踏步，下接露台，露台与殿基同宽，但进深不长，不施围栏，也是三出陛，中陛礓（礤），左右两陛四级踏步。

四川犍为文庙大成殿比较特殊，从檐柱看面阔五间，但稍间宽于次间，前金柱及以后均为八柱，殿内面阔七间，应该属于七间一类；进深五间，前

陕西洛南文庙大成殿

出廊；单檐黄瓦歇山顶，抬梁与穿斗混合式木架，檐下设五翘如意斗栱，柱上还设撑栱；室内不设天花，彻上露明造；前设露台，出三陛，正陛高浮雕御道，两阶各九级，东西两陛垂带踏跺，露台东西宽17.61米，南北进深14.56米，高1.5米，大成殿台阶高3.26米，露台上正面再设三陛，也为九级，正陛也设御道和两阶，御道也为高浮雕云龙，但两阶很窄。另外特殊的是，大成殿后面设四窗三门，主门后设平台，平台东西两侧设垂带踏跺，两侧门设在尽间。

天津府学文庙大成殿面阔七间，单檐黄瓦歇山顶，前后廊式木架，不出廊，檐下施重昂五踩斗栱，室内平綦天花；前置露台很大，与殿基同宽，石栏杆没有透雕，不够灵秀，出三陛，前陛御道浮雕云龙，两阶和东西侧陛均是九级踏步。

七间重檐歇山顶大成殿见于安徽池州文庙，福建福州文庙、泉州文庙，甘肃会宁文庙，广东新会文庙、揭阳文庙，河北热河文庙，湖南澧州文庙、浏阳文庙、岳州文庙，江苏江宁府学文庙、南京夫子庙，江西安福文庙、赣县文庙，山西太谷文庙、太平文庙、绛州文庙、辽州文庙，四川富顺文庙、资州文庙，浙江杭州文庙，等等。

天津府学文庙大成殿

安徽池州府学文庙大成殿面阔七间，重檐，灰瓦悬歇山顶，设回廊；斗栱独特，下檐重翘，上檐三翘，柱头科与补间斗栱不同，柱头科第一跳直接从柱头出翘出栱；露台石栏，出三陛，前陛设御道，浮雕云龙，两阶及左右陛都是九级踏步。

泉州文庙大成殿面阔七间，重檐，黄瓦歇山顶，正脊两端上翘，斜脊也上翘；前出廊，尽间自檐柱间封住，下槛为石，浮雕麒麟，其上装饰八卦图等，比较独特；前檐为石柱，中六柱各高浮雕一条降龙；上檐无斗栱，下檐斗栱重昂，可能是出于防止台风的考虑，两檐间距太小，不合制度；露台石须弥座，无栏杆，三出陛，四级踏步，前陛未设御道。

甘肃会宁大成殿面阔七间，重檐，绿瓦歇山顶，北方官式建筑；上檐斗栱单昂三踩，下檐单翘三踩，彩塑正脊，脊上塑黄色二龙护塔；檐柱用石，八角，回廊一周；殿基砖砌石栏，环殿一周，前出三连陛，两垂带浮雕云龙，踏步十级，前陛几乎与殿同宽，影响了建筑气势。

广东新会大成殿面阔七间，黄瓦重檐歇山顶，正脊灰塑二龙戏珠，下檐斗栱单翘重昂，昂嘴很长，上檐仅设斜撑，虽然回廊一周，建筑仍然不够雄伟；殿基石座，很高，七级踏步才能下到露台，露台石栏，出三陛，前陛五级。

福建泉州文庙大成殿

广东揭阳文庙大成殿外檐看是面阔五间，其实是七间，回廊一周，殿内面阔五间，进深三间，重檐黄瓦歇山顶，上檐三川脊，檐下不施斗栱，檐间距离太小；殿基石座，石栏一周，前接露台，石栏，三出陛，前陛不设踏步，以左右陛上下。

湖南岳州文庙大成殿面阔七间，进深五间，重檐黄瓦歇山顶，前后廊式木架，前出廊，减去后金柱，以便于安设神龛；上檐斗栱重昂五踩，下檐一斗二升麻叶；前面设石栏，与露台相连，露台仅出前陛，设御道，浮雕云龙，两阶踏步七级。

江西赣县文庙大成殿面阔七间，重檐歇山顶；特殊的是盖瓦用瓷，正脊、垂脊、斜脊与鸱吻为青花；上檐蓝瓦，用黄瓦铺出上下两排菱形，每排各四个；下檐黄瓦，以蓝瓦铺出五个菱形；垂脊外出屋面以护歇山，铺瓦四行，黄蓝相间；两山上檐黄瓦，以绿瓦和蓝瓦分别铺出三个和两个菱形，一行，下檐以绿瓦和蓝瓦铺出七块，翼角为绿，与蓝瓦相间。殿顶颜色丰富，花哨有余，庄重不足。

山东巨野文庙大成殿面阔七间，进深四间，绿瓦歇山顶，回廊一周，石檐柱，前檐八柱均高浮雕云龙，造型与曲阜孔子庙大成殿相似；下檐斗栱一

广东揭阳文庙大成殿

斗三翘承托穿插枋，上檐不施斗栱，以金柱直接承梁，由于金柱伸出较多，比例还算协调，但是不合制度。前置露台，石栏，三出陛，踏步七级，前陛不设御道。

江苏江宁府学文庙大成殿面阔七间，重檐黄瓦歇山顶，回廊一周，设卷棚顶；上下檐斗栱均是三翘七踩，柱头科不设座斗，第一跳直接从柱上出栱和翘；前置露台，石座，设石栏，台基很高，设踏步二十二级，出三陛，前陛七踩三连陛，以垂带石间隔，前陛过宽，20米左右，御道龙陛浮雕九龙，很是精美，但高仅及八级踏步，宽约占中陛的三分之一，愈发显得窄小。

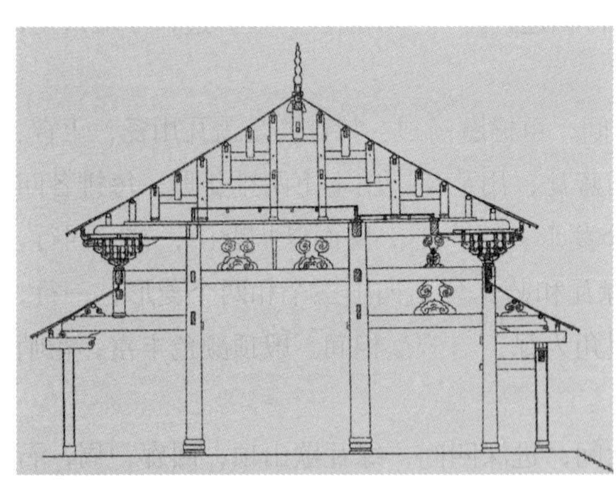

湖南岳州文庙大成殿剖面图

山西绛州文庙大成殿面阔七间，重檐歇山顶；瓦面很有特色，灰瓦绿缘花脊，上甍以黄绿瓦铺出菱形、三角形、玉佩形等图案；斗栱下檐品字科，上檐三昂七踩，正间补间两攒，下檐次间、

南京江宁府学文庙大成殿

稍间各一攒，尽间不施；上檐次间一攒，上檐补间斗栱两侧出斜昂，用料硕大。前置露台，三出陛，前陛高浮雕云龙，不设踏步，左右陛八级踏步。

山西汾城原太平文庙大成殿面阔七间，重檐歇山顶，灰瓦，以绿琉璃瓦铺出菱形，琉璃花脊，回廊一周，下檐斗栱单翘三踩，上檐重昂五踩；正面中间三间屋面直接从上檐下伸出，屋面高于下檐，檐柱也高于下檐，檐柱前出，单檐悬山顶，灰瓦黄缘，也是比较独特的做法。

四川资州文庙大成殿面阔七间，重檐黄瓦歇山顶，前出廊，无斗栱，置斜撑；露台两层，置浮雕栏板，不设栏柱，下层前面出三陛，上层一陛，正陛仅设御道，浮雕云龙，两次陛六级踏步，转向左右两侧才可升至台上。

浙江杭州文庙大成殿面阔七间，重檐灰瓦歇山顶，不出廊；下檐斗栱单昂三踩，上檐单翘重昂七踩；殿内施平棊天花，彩画五彩云龙和凤凰牡丹；殿基设石栏，与露台相连，三出陛，三级踏步，前陛也不设御道。此殿独特的是斜脊两段，后段远高于前段，前段上翘。

最大的十一间重檐黄瓦歇山顶大成殿在吉林文庙。吉林文庙始建于清乾隆元年（1736年），大成殿仅三间。光绪三十二年（1906年）祭祀孔子升为大祀，次年吉林改设行省，巡抚朱家宝和提学使吴鲁认为文庙简陋，不足崇礼，迁址另建。新建的大成殿面阔十一间，宽36米，进深25米，重檐歇山顶；上

杭州文庙大成殿

吉林文庙大成殿

下檐斗栱都是四昂九踩，殿内设平棊天花；前置露台，设石栏，三出陛，前陛设御道，浮雕云龙，两阶踏步八级。

庑殿顶是最高等级的殿堂。此种形式的大成殿有三间、五间、七间、九间和十一间五种开间，有单檐和重檐两种建筑形式。

三间庑殿顶仅有三间单檐一种，仅见于河北涿州文庙。大成殿三间，单

河北涿州文庙大成殿

北京顺天府学文庙大成殿

檐灰瓦庑殿顶，檐下施重昂五踩斗栱，明间补间四攒，次间三攒，不出廊。殿基置石栏，前与露台相连，三出陛，踏步七级，前陛也不设御道。开间不多，但开间较大，虽然只有三间，但规模还不算太小。

五间庑殿顶大成殿也是只有单檐，仅见于北京，一是顺天府学文庙，一是良乡文庙。

顺天府学大成殿面阔五间，单檐庑殿顶，灰瓦绿缘，斗栱单昂三踩，明间补间六攒，次间和稍间各五攒，不出廊，也不设露台，殿基石座，踏步五级。额枋肥广，平板枋扁窄，虽然建筑很规范，但时代已经较晚。

良乡文庙大成殿面阔五间，灰瓦庑殿顶，檐下不施斗栱，现在被改为新式玻璃门窗。

七间单檐庑殿顶大成殿也很少，已知有山西太原府学文庙和上世纪新建的台湾嘉义文庙。

太原文庙为清光绪七年（1881年）迁址重建的。大成殿面阔七间，单檐，绿瓦歇山顶，不出廊，檐下斗栱重昂五踩；前置露台，石栏，五出陛，正面三陛，中陛中间浮雕云龙，两侧礓（䃰），其他四陛均六级踏步。

嘉义文庙是1964年迁址重建的，大成殿面阔七间，单檐黄瓦庑殿顶，前出廊，殿内设平棊天花；石殿基，前接露台，围以石栏，前陛御道高浮雕一条正龙，两阶两层，下层五级，上层四级，是比较独特的。

九级单檐庑殿顶仅见于济南府学文庙。大成殿面阔九间，宽34.5米，进深四间，深13.9米，通高13.86米。黄瓦庑殿顶，檐下重昂五踩斗栱，补间斗栱正间两攒，其他各间均一攒，前后廊式木架，不出廊，旋子大点金彩画；

太原文庙大成殿

济南府学文庙大成殿

殿内平棊天花，当心间设覆斗藻井，顶部和四面都设平棊天花，均绘仙鹤。露台石栏，前陛龙陛两阶，九级踏步。济南文庙始建于北宋熙宁年间，明洪武二年（1369年）重建，成化十九年（1483年）拓建，以后不断重修。从现存建筑看，柱子粗硕并有收分，个别柱础莲瓣饱满，带有金元风格；从梁架看，最后形成面阔九间时，还部分保存了原有的建筑材料。

重檐庑殿顶大成殿也不多，有七间、九间和十一间三种。

七间重檐庑殿顶大成殿有四座，一座是承德热河文庙，其他三座在台湾，而且都是上世纪新建的。

承德热河文庙大成殿始建于清乾隆四十一年（1776年），面阔七间，进深三间，前面及两山出廊，重檐黄瓦庑殿顶，斗栱下檐单翘单昂五踩，上檐多一跳；殿匾悬挂在上下檐之间，题写满文、汉文和蒙古文三种文字；殿基前面置石栏，与露台相连，三出陛，九级踏步，前陛不施御道。

台中文庙始建于清光绪十五年（1889年），格局与彰化文庙相近，日本占领期间被占为军营，不久被拆除。现在的文庙是1972年发起、两年后动工、1976年建成的。大成殿是仿宋建筑，面阔七间，重檐黄瓦庑殿顶，上下檐都是单翘重昂七踩斗栱；回廊一周，石栏围绕，前置露台，仅占中三间面宽；出五陛，中陛设浮雕二龙戏珠御道，两阶十三级，由于露台宽度不足，次陛

台中文庙大成殿

未与中陛并列，而是设在露台两侧直对大成殿稍间，东西侧陛则直对殿前廊。

高雄文庙始建于清康熙二十三年（1684年），日本占领期间改作学校，渐次残毁，1974年迁址重建，两年后落成。大成殿仿宋式建筑，面阔七间，回廊一周，重檐黄瓦庑殿顶，上下檐斗栱均为三翘七踩，明间补间两攒，其他一攒，柱头科与补间科相同，缺少变化，斗栱全部用翘也缺少舒展；殿内设平棊天花，正间及左右次间均设藻井；前置露台，须弥座，围以石栏，前出三陛，中陛御道浮雕二龙戏珠，两阶均十级，由于中陛过宽，次陛只好设于露台两侧，直对回廊。

桃园文庙1985年始建，四年后落成。大成殿也是面阔七间，重檐黄瓦歇山顶，下檐斗栱三翘七踩，上檐三昂七踩，明间补间四攒，次间和稍间两攒，尽间一攒，也是柱头科与补间斗栱相同；回廊一周，殿基须弥座，汉白玉栏杆，中三间前凸为露台，进深很短，前设御道，浮雕云龙，只是象征，栏杆都没有留出缺口，露台两侧设两陛，踏步五级。

九间重檐庑殿顶仅见于北京国子监文庙。北京国子监文庙始建于元大德六年（1302年），四年后落成。大成殿四阿顶（即庑殿顶），面阔七间，灰瓦，明万历二十八年（1600年）改为绿色琉璃瓦，清乾隆二年（1737年）改为

国子监文庙大成殿

黄色琉璃瓦。清光绪三十二年（1906年）孔子庙升为大祀后扩大为面阔九间，进深五间，重檐黄瓦庑殿顶，不出廊，上檐斗栱单翘重昂七踩，下檐重昂五踩，前置露台，石栏一层，出三陛，前陛设御道，浮雕云龙，非常精美，两阶踏步十六级。国子监文庙大成殿虽然是按照大祀规格改建的，但并没有全部达到大祀的标准，与中祀规格的曲阜孔子庙大成殿相比，斗栱少一跳，曲阜大成殿是下檐七踩、上檐九踩，露台栏杆少一层，曲阜大成殿是两层。

十一间大成殿仅见于哈尔滨文庙。哈尔滨文庙1926年建造，三年后落成。大成殿面阔十一间，进深五间，重檐庑殿顶，前出廊，下檐斗栱重昂五踩，

哈尔滨文庙大成殿

上檐单翘重昂七踩，明间补间斗栱四攒，次间、稍间三攒，其他两攒；前置露台，栏杆一层，出五陛，中陛御道浮雕云龙，两阶及次陛、侧陛均是十级踏步。哈尔滨文庙大成殿是中国也是世界上开间最多的大成殿，虽然开间、殿顶形式、出陛达到大祀级别，但露台层数和斗栱踩数还没有达到，所以说中国至今尚无一座全部达到大祀规格的大成殿。

楼阁式大成殿

真正的楼阁式大成殿并不多，已知有两座，一座是广西恭城文庙大成殿，一座是近年新建的广西泗城文庙大成殿。

恭城大成殿面阔五间，进深五间，重檐黄瓦歇山顶，灰塑脊，正脊为人物故事，中置宝顶，二龙对护，抬梁式木架，回廊一周，不设斗栱，柱上出撑栱承托，上下檐之间设花窗和回廊，东侧有楼梯可登，是纯粹的楼阁式建筑。室内平棊天花，正中设八角形藻井。文庙依山而建，殿基很高，石构须弥座，露台也是石构须弥座，置石栏，三出陛，前陛御道高浮雕云龙，无踏步，左右陛下部设平台，由地平四级踏步至平台。

近年新建的泗城文庙大成殿也是灰瓦歇山顶，上下甍都是面阔五间，斗栱都是重昂五踩，也都设回廊一周，下檐石栏，上檐木栏，殿内左侧设楼梯可以登临；殿内设平棊天花，中置藻井。前置露台，石栏，前陛设御道，浮

广西恭城文庙大成殿

雕二龙戏珠，两阶十一级。

仿楼阁式大成殿

仿造楼阁式大成殿比真正的楼阁式要多，有三间、五间和七间三种。

三间仿楼阁式大成殿在安徽旌德文庙和广西北流文庙。

旌德文庙大成殿面阔三间，黄瓦歇山顶，上甍不是按照规制内缩半间而是缩进一间，所以上甍仅有下甍的一间，但增加二柱，仍然保持面阔三间的外观，进深两间，檐下不施斗栱，柱上出撑栱承梁。上下檐之间距离很高，安装门扇和围栏，没有楼梯可登，不能属于楼阁，所以称之为仿楼阁式建筑。殿内设平棊天花，彩绘人物、蝙蝠、花卉等图案，中置八角形藻井，正中彩绘正龙，四面分别彩绘凤、鹤、雄鸡和锦鸡，不符合礼制；殿基较高，明间设陛以供上下，中置浮雕云龙御道，两阶踏步各九级，下置露台，设石栏，前陛不设御道，踏步六级。

北流文庙大成殿与旌德相似，灰瓦歇山顶，面阔三间，但上甍仅一间，檐下不施斗栱，上檐以金柱直接承托，檐间距离较高，安设木窗，也是如同层楼。殿前置露台，设石栏，不设前陛，但前陛处未设石栏。

建造五间楼阁式大成殿的文庙有四川都江堰灌县文庙和近年重建的云南思茅文庙。

安徽旌德文庙大成殿

四川都江堰灌县文庙大成殿

灌县文庙大成殿重檐灰瓦歇山顶，上下甍均为面阔五间，而且都是设回廊一周，上檐设置木栏杆，下檐石栏杆；上下檐均不设斗栱，柱上出斜撑擎檐。文庙依山而建，地势逐渐升高，所以殿基很高，前设御道，浮雕云龙，不设踏步，须由檐下走廊两端而升，前置露台，前陛设御道，也是浮雕云龙，但比较小，仅占五间踏步，而两阶却是十级。

重建的思茅文庙大成殿，重檐黄瓦歇山顶，不设斗栱；面阔五间，上下均设回廊，上檐并设石栏板，安设玻璃门窗，从外观看是标准的楼阁建筑，但不设楼梯，无法登临；殿基很高，前陛很宽，御道很窄，浮雕云龙，两阶踏步十四级。

建造七间仿楼阁大成殿的有四川崇州文庙和德阳文庙。

崇州文庙大成殿重檐黄瓦歇山顶，上下檐都是面阔七间，设回廊一周，上檐并设栏杆门窗，外观属于楼阁式，但不能登临；露台两层，并置两层石栏。前陛直达台顶，御道浮雕云龙，龙头圆雕，两阶九级踏步，两侧设下层踏跺，五级踏步，分别左右转至两侧经踏跺升至台顶。

德阳文庙大成殿也是重檐黄瓦歇山顶，上下檐都是面阔七间，均设回廊，虽然上甍未设栏杆，但也具备了楼阁的特征；殿周设石栏，前出三陛，中陛设雕龙御道，两阶及左右两陛均是五级踏步，前置露台，前陛也是浮雕御道，两阶五级踏步。

四川德阳文庙大成殿

广东化州文庙大成殿和广西武宣文庙大成殿等上下檐之间距离也比较大，但未设回廊，所以不宜将它们归为仿楼阁式建筑。

匾额对联

由于文庙是列入国家祀典的礼制庙宇，作为文庙主体建筑的大成殿不论殿名还是匾额、对联都由皇帝决定。宋仁宗嘉祐六年（1061年）为曲阜孔子庙命名“大成殿”并亲笔题写殿名后，徽宗于崇宁二年（1103年）下诏全国文宣王庙正殿一律改名“大成殿”，虽然明嘉靖九年（1530年）一度改作“先师庙”，但清顺治二年（1645年）就恢复了“大成殿”旧称，雍正七年（1729年）世宗亲自题写殿额，撰写对联，颁发全国各文庙一体悬挂，所以绝大多数大成殿悬挂的是清雍正皇帝题写的殿名。

曲阜孔子庙雍正皇帝题颁“大成殿”榜

明万历间，曲阜孔子庙大成殿曾经有连标题、田东作书写的“功参造化”匾额。清康熙二十三年（1684年），圣祖到曲阜亲自祭祀孔子，将早已写好的“万世师表”额颁给衍圣公，令制作匾额悬挂于大成殿中，次年

曲阜孔子庙大成殿明代匾额

“二月，诏以御书‘万世师表’匾额摹拓颁天下文庙”[1]，其后成为惯例，每代皇帝都要为大成殿题颁匾额。雍正七年世宗题颁“生民未有”。乾隆三年（1738年）高宗题颁“与天地参”，十三年题颁“时中立极”，三十六年题颁“化成悠久”。嘉庆四年（1799年）仁宗题颁“圣集大成”。道光元年（1821年）宣宗题颁“圣协时中”，三十年，刚刚即位的文宗题颁“德齐帱载”。同治元年（1862年）穆宗题颁“圣神天纵”。光绪十四年（1888年）德宗题颁“斯文在兹”。宣统元年（1909年）溥仪题颁“中和位育”。此外，乾隆皇帝还为热河文庙题颁“广大中合”。民国六年，大总统黎元洪循皇帝旧例题颁“道洽大同”。

大成殿对联始于清世宗，雍正七年题颁“德冠生民溯地辟天开咸尊首出，道隆群圣统金声玉振共仰大成”。乾隆十三年，高宗亲至曲阜孔子庙祭祀，题颁“觉世牖民诗书易象春秋永垂道法，出类拔萃河海泰山麟凤莫喻圣人”和“气备四时与天地鬼神日月合其德，教垂万世继尧舜禹汤文武作之师”两副对联。此外，乾隆皇帝还为国子监文庙题颁了“齐家治国平天下信斯言也布在方策，

曲阜孔子庙大成殿内匾额

① 《幸鲁盛典》卷十三，见上海古籍出版社《文渊阁四库全书》电子版。

率性修道致中和得其门者譬之宫墙”，为热河文庙题颁了“有开必先冠古今而垂教化，无思不服合内外以振文章”。

国子监文庙大成殿匾联

匾额对联悬挂的位置：“大成殿”位于檐下，重檐者位于两檐之间，雍正皇帝题颁的匾额和对联一般悬挂在大成殿明间门上和两侧，乾隆皇帝两对联一般悬挂在殿内金柱上，其他匾额一般悬挂在大成殿内。北京国子监文庙现在“万世师表”悬挂在门上，殿内正中悬挂黎元洪“道洽大同”，两侧按皇帝顺序左上右下悬挂，在黎元洪之前应该是“万世师表”居中，按照左昭右穆顺序悬挂是对的，各地文庙应该按照此顺序悬挂，正面位置不够，可以转向左右对挂，位置再不足就转向对面。

匾额的悬挂各地并不统一。四川德阳文庙大成殿上檐下正中悬挂殿名匾额，除此之外，由左至右分别为“圣协时中”“生民未有”“与天地参”和“圣神天纵”。山东宁阳文庙大成殿单檐，虽然面阔七间，但前廊仅设在中间三间，就在廊下中间悬挂“圣集大成”，左右两侧分别悬挂“圣协时中”和“圣神天纵”。杭州文庙重檐，在正门上悬挂“万世师表”，左右分别悬挂“与天地参”和“圣神天纵”，对联一般在门口悬挂雍正皇帝题颁的“德冠生民”联，前后金柱分别悬挂乾隆皇帝的“觉世牖民”和“气备四时”对联。杭州文庙大成殿增加乾隆皇帝为国子监文庙大成殿题颁的“齐家治国”联，悬挂在前檐柱上、雍正皇帝对联的外侧。泉州文庙大成殿孔子像前柱上悬挂着“六卷经书既定中华道统，千秋俎豆重开吾郡斯文”，毫无疑问是本地人士撰题的。

有的文庙没有按照传统悬挂。如萍乡文庙大成殿门上就悬挂了“道冠古今”横匾，湟源文庙大成殿正门悬挂“文运弘开”横匾，右边悬挂“经天纬地”横匾。更多的文庙是自己编撰对联。湖北应城文庙大成殿檐柱悬挂“立四维成仁取义千秋范，传六艺修史删诗万世师”对联。山西平遥文庙大成殿檐柱悬挂“道与天地参功满天地名满天地，书留春秋在知我春秋罪我春秋”。祁县文庙大成殿檐柱悬挂“睿智雅言光辉棂星凝圣神，宏儒明训声扬宗庙沐遗风”和“仁义精髓沐浴百代，问学神气启迪万心”两副对联。清源大成殿后金柱悬挂“文章瀚海悬日月，道德清风写春秋”对联。潞城大成殿檐柱悬挂“千秋景仰奉先师，万世尊崇称至圣”对联。四川清溪大成殿内金柱孔子像前悬挂“创旷世学说　开儒家先河　名显誉著中外颂，作绝代文章　启华夏后裔　道高德隆古今尊”对联，檐柱悬挂上联为“孔孟曾颜　哲人圣贤　灿若银河耀天地”的一副对联，对联字间还有空格，一看就是现代人的作品。石门文庙大成殿悬挂着“观今宜鉴古古为今用，考古更胜今今胜古传”“言义言利有违儒道何以论语，施爱施仁不法仲尼怎写春秋”“追孔追孟唯追半部论语，敬祖敬宗只敬一座庙堂”。云南石屏文庙大成殿悬挂着清咸丰元年仪征吴文镕的对联“人物独钟灵鹫岭龙湖胜地瑰才常辈出，制科先博学夏弦春颂前贤芳躅许肩齐”和次年督学使者杨式谷题写的对联“宝秀环开知此地素称材薮，菁莪再照愿诸生共衍薪传”。最为夸张的是天台文庙大成殿，檐柱中间悬挂着“大哉孔子精深邃远因使瀛寰高有夏，成矣圣堂壮丽恢弘可供后续祭先师”，再外是“六艺集大成千秋士庶尊师表，四书传道统万国衣冠拜冕旒”，最外是“忠心忠仁忠家忠社忠国忠天下，恕性恕道恕己恕人恕口恕世界”；金柱大门对联“儒学宗师纬地经天传论语，人文典范齐家治国著春秋”，再外对联“继圣师贤集大成常垂典范，仁民爱物开新运更放光芒”；殿内四配对联“论语著道德文章三千弟子尊先圣，春秋明是非七十二贤颂素王”，十二哲对联“以和为贵王道从来非霸业，历久弥新箴言再度济清时”。文庙之外的山西静升孔子庙大成殿檐柱悬挂着“瘠地庙小殿小寡民尚念云龙柱，世间名高爵高人心惟尊圣哲贤”对联，简体字，应该是近年所撰书，前金柱悬挂着“开教化立人伦与天地合德，继尧舜集大成同日月共辉”对联，后金柱悬挂着“屈尊山乡只缘黎庶崇敬，肃坐小殿权当杏坛讲学”对联。文庙编撰新对联未尝不可，但文字一定要仔细推敲，而且要恢复礼制规定的所有匾额对联。

第二节　两　庑

文庙在大成殿内奉祀孔子、四配和十二哲，附祀的先贤先儒则奉祀在大成殿前两侧的厢房内，由于文庙大多面南，所以分别称作东庑和西庑，习惯称作两庑。

历　史

两庑奉祀人物有两类：一类名先贤，共七十九人，主要是孔子弟子，此外有孔子推崇过的同时代的贤人公孙侨和蘧瑗，有儒门的早期弟子颛孙师的弟子公明仪和孟子的弟子乐正克、万章、公都子、公孙丑，以及宋代的理学家邵雍、周敦颐、程颢、程颐、张载五人；二类名先儒，主要是战国以来著名的儒家学者。

孔子弟子从祀一般认为始于唐开元二十七年（739年），其实可能还要更早。《世说新语》记载："石崇与王敦入学戏，见颜、原象而叹曰：'若与同升孔堂，去人何必有间！'王曰：'不知余人云何，子贡去卿差近。'石正色云：'士当令身名俱泰，何至以瓮牖语人！'"[①]《晋书》记载略微详细："尝与王敦入太学，见颜回、原宪之象，顾而叹曰：'若与之同升孔堂，去人何必有间！'敦曰：'不知余人云何，子贡去卿差近。'崇正色曰：'士当声名俱泰，何至瓮牖哉！'"[②]石崇（249—300）至太学见到颜回和原宪的像，说明此时太学内已经有了孔子弟子的形象。颜回作为孔子最优秀的弟子从东汉就已经配享孔子，有其形象是很正常的，原宪虽然是七十二贤之一（其实《史记》作七十七人，《孔子家语》作七十六人），但在《史记·仲尼弟子列传》中列第十五位，在《孔氏家语·七十二弟子解》中列第十九位，不可能单独将其与颜回并列，最大的可能是孔堂有群弟子的形象，果真如此，说明早在西晋时太学孔堂就设置了孔子群弟子。如果群弟子只是有像而不予享祀，石

---

① 《世说新语》卷下之下，见上海古籍出版社《文渊阁四库全书》电子版。

② 《晋书》卷三十三"石苞传附石崇"，见上海古籍出版社《文渊阁四库全书》电子版。

崇就不会如此艳羡了，因为中国人最重视的是死后能够得到后人的祭祀，特别是这种非血缘的祭祀，所以孔子群弟子很可能已经受到祭祀。东晋太元元年（376年）国子学首建孔子庙，“西有夫子堂，画孔子及十弟子像”，虽然有十弟子画像，但与孔子同祀一堂，还没有奉祀的单独建筑。

先儒从祀始于唐贞观二十一年（647年），太宗命以左丘明、公羊高、何休等二十二位先儒从祀，开元八年（719年）增加四科十弟子和曾子从祀，塑像位在二十二位先儒之上，同时将其他弟子画像于壁上，但并不享受祭祀，开元二十七年七十贤人才全部从祀。《大唐开元礼·皇太子释奠于孔宣父》“陈设”说“设先圣神坐于堂上西楹间，东向；设先师神坐于先圣神坐东北，南向，西上，若前堂不容，则又于室外之东屋陈而北，东向，南上”，孔子神坐位于殿堂西端，东向，从祀先师位于孔子北侧，南向，由西向东排列，如果室内排列不下就排列在东屋内，这说明国子监孔子庙已经有了厢房东屋；但是同书《国子释奠于孔宣父》“陈设”说“设先师神坐于先圣东北，南向；其余弟子冉伯牛等坐，二十一贤左丘明等坐，以次东陈，皆南向，西上；若东陈不容，则又于东壁屈陈而南，西向”，所有奉祀人物都排列在堂内，如果排列不下由北侧转向东面；两者相互矛盾。

曲阜孔子庙西庑

《大唐开元礼》此处是错误的。开元二十七年增加七十子从祀的同时，将孔子改为南面，既然已经祭祀七十子，孔子就不应该东向。皇太子释奠有孔子祝文、颜子等七十二贤祝文、左丘明等二十一先儒祝文，说明祭祀是在开元二十七年或以后，孔子的位置不对，但有东屋应该是正确的。当时国子学奉祀孔子与十哲、曾子为塑像，孔子其他弟子与先儒为画像，奉祀的孔子弟子《唐会要》和《新唐书·礼乐志》均作七十七位，杜佑《通典》作八十三位，先儒二十一位（原来从祀二十二位先儒中的子夏为孔子弟子已经调出），一座建筑怎么能容纳得下？

《平江府图碑》中府学文庙两庑

曲阜孔子庙唐代时也有了两庑。据孔尚任《阙里志》记载，唐代时“正庙五间，祀文宣王，南向坐，颜子面西配，闵子以下十哲及曾子东西列坐，皆为塑像。两庑二十余间，祀七十二贤，图绘于壁上。庙后为寝庙，祀亓官夫人。前为庙门，三间，甚壮丽”[①]，此前的曲阜方志包括宋《东家杂记》、金《祖庭广记》和明《阙里志》均没有宋以前孔子庙规制记载，不知来自何处。宋太平兴国八年（983年）吕蒙正《大宋重修兖州文宣王庙碑铭》说曲阜孔子庙“堂庑陋而毁颓”，可见孔子庙已有庑，而五代和宋初均没有重修孔子庙，应该还是唐代旧制。

不仅国子监文宣王庙和曲阜孔子庙有庑，许州文宣王庙也有厢庑，“寝庙弘敞，斋宫严闷，轩墀厢庑，俨雅清洁，门庭墙仞，望之生敬。外饰觚棱，中设黼幄，向明当宁，用王礼也。尧头禹身，华冠象佩之容，取之自邹鲁；及门睹奥，偶形画像之仪，取之自太学。尊彝笾豆，青黄规矩之器，秉周礼也；牺牲制币，荐献升降之节，遵国章也。藏经于重檐，敛器于庋椟。讲筵有位，鼓箧有室，授经有博士，督课有助教，指踪有役夫，洒扫有庙干”[②]，碑文前面讲庙，后面讲学，毫无疑问，厢庑位于庙内。

北宋时孔子庙开始增建两庑。咸平五年（1002年），仙溪县学迁建于县南，“前为殿，祠先圣，后为堂，左右为廊，绘从祀以祠之”[③]，已经有左右两廊奉祀从祀人物。庆历八年（1048年）新落成的浙江剡县县学“迁殿于其中，塑孔子像，高弟十人配左右。新门严严，应门耽耽，两序翼翼，中庭

① 徐振贵、孔祥林：《孔尚任新阙里志校注》，吉林人民出版社，2004年，第70页。
② 〔唐〕独孤及：《毘陵集》卷九，见上海古籍出版社《文渊阁四库全书》电子版。
③ 〔宋〕宝祐《仙溪志》，见上海古籍出版社《续续四库全书》第660册。

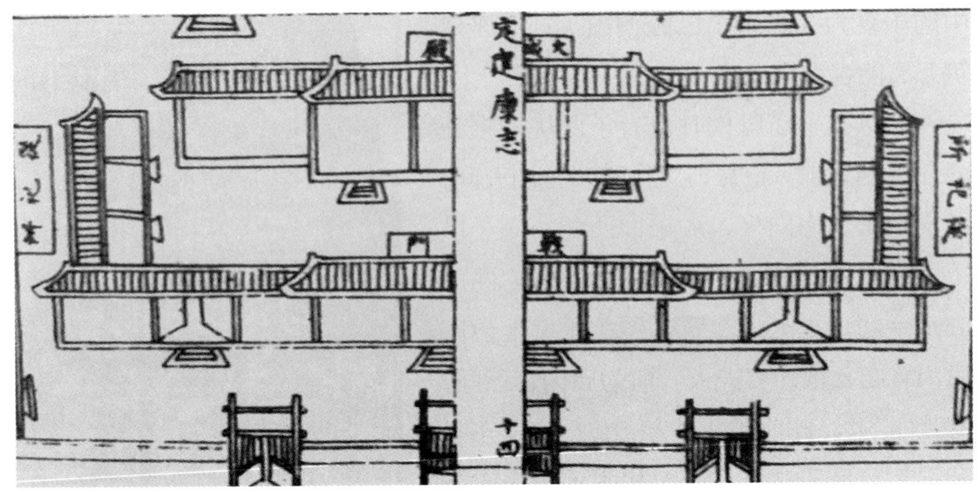

南宋 《景定建康志》府学图的两庑“从祀所”

砥平”[1]，县学孔子庙已经有了东西两庑。但是，许多孔子庙还没有建造两庑。景德二年（1005年），古田县学孔子庙“位先圣，列十哲，绘七十二子、二十一先贤及孔伋以下大儒至唐韩愈氏九十六人”。大中祥符二年（1009年），闽清县学“塑先圣十哲像，其壁画六十子及大儒”。嘉祐二年（1057年），怀安县学孔子庙“中尊夫子殿，配享以十哲，图七十二弟子、传经诸儒于壁”[2]。

南宋时两庑逐渐增多。绍兴十五年（1145年）苏州府学孔子庙“直学士王唤绘两庑像”，乾道五年（1169年）严州孔子庙“殿庑为从祀”，淳熙七年（1180年）台州孔子庙“更戟门、两庑及斋舍”[3]，十四年溧水县学孔子庙“重修两庑”[4]，庆元六年（1200年）建康府学“增造两廊，以安从祀”，嘉定四年（1211年）镇海县学孔子庙“戟门内新列两庑”[5]，淳祐六年（1246年）建康府学孔子庙“增造两廊以安从祀”[6]，都已经建造了两庑。

① 〔宋〕丁宝臣:《修庙碑》,《剡录》，见上海古籍出版社《文渊阁四库全书》第485册。

② 〔宋〕《淳熙三山志》卷九，见上海古籍出版社《文渊阁四库全书》电子版。

③ 〔宋〕《赤城志》卷四，见上海古籍出版社《文渊阁四库全书》电子版。

④ 〔宋〕《景定建康志》卷二十八，见上海古籍出版社《文渊阁四库全书》电子版。

⑤ 〔清〕光绪《镇海县志》，见上海古籍出版社《续修四库全书》第707册。

⑥ 〔宋〕《景定建康志》卷二十八，见上海古籍出版社《文渊阁四库全书》电子版。

南宋后期，两庑已经比较普遍了。从《宝庆四明志》看，庆元府下辖六县，其中奉化县学于庆元二年（1196年）“彻大成殿及门庑而新之，益宏且坚，更立先圣、先师、十哲之像，从祀分列两庑”，象山县学于庆元六年更新“讲堂四斋以及门庑”，定海县学于嘉定四年（1211年）“戟门内新列两庑”，鄞县县学于宝庆二年（1226年）重建，“直殿后为讲堂，从祀分列于殿之前，斋舍门庑庖湢各有攸处”[①]，六所县学已经有四所建造了两庑。由于此书仅记载了学校修建历史而没有庙学制度，慈溪、昌国两县学虽然没有修建两庑的记载，但并不一定没有两庑。

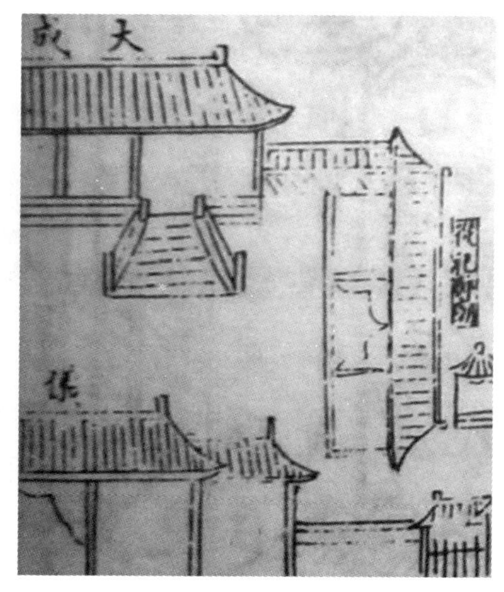

元《至大金陵新志》集庆路学图的两庑“从祀廊庙”

从元代开始，两庑已经成为孔子庙的必备建筑。《延祐四明志》记载，庆元路学至大二年（1309年）“起建从祀廊二十二间”，鄞县县学“从祀廊屋东西各九间”，奉化州学“从祀东西廊各六间”，昌国州学“从祀廊屋一十间”，定海县学“东西廊一十八间”，象山县学“东西廊庑一十二间”。慈溪县学没有具体建筑的记载，只是说“礼殿、讲堂、斋庑等屋共九十八间”。由此可知，每所县学孔子庙都建造了专门奉祀从祀先贤先儒的廊庑。

建筑规模

早期两庑建筑并不多。从《平江府图碑》看，大成殿两侧厢房各三间，北端有廊与大成殿相连。从宋《景定建康志》“府学之图”看，两庑“从祀所”也是各三间。即使到了元至大时，“从祀廊庙”也仍然是各三间。

到了元代，许多文庙两庑建筑开始增多。从元《延祐四明志》看，两庑

① 〔宋〕宝庆《四明志》卷十二，见上海出版社《续修四库全书》第705册。

西安府学文庙西庑至今仍然面阔十八间

开间已经多于大成殿。庆元府学大成殿五间，两庑各十一间；奉化州学大成殿三间，两庑各六间；昌国州学大成殿三间，两庑各五间；象山县学大成殿连轩才三间，两庑各六间；就间数看，东西庑几乎都是大成殿的两倍。鄞县文庙大成殿间数不详，“从祀廊屋东西各九间”，也是远远多于大成殿的。国子监文庙“两庑自北而南七十步”，元代一步五尺，每尺0.308米，总长约107.8米，大约三十间，但从明代记录看，两庑各十九间，明代不可能缩小规模，造成差异的原因是明代两庑北端分别为礼器库和乐器库，均是十一间，应该是承袭元代的旧制。

明代时，两庑规模继续扩大。成化九年（1473年），西安府学文庙扩大至“两庑各三十间”[①]，苏州府学文庙因“大成殿自宋元至今凡三改作，皆隘不称，成化十年，邱守霁乃大规度之，建殿重檐五间三轩，两庑四十二间”[②]，每庑各二十一间。南京国子监洪武三十年（1397年）两庑扩大到七十六楹，每庑各三十七间。曲阜孔子庙是一个特例，早在唐代两庑就有二十余间，明成化十九年扩大到各五十间的规模，其实北半部分别是礼器库和乐器库，奉祀先贤先儒的部分是各二十八间。

① 〔清〕《陕西通志》卷二十七，见上海古籍出版社《文渊阁四库全书》电子版。

② 〔明〕《姑苏志》卷二十四，见上海古籍出版社《文渊阁四库全书》电子版。

山西代州文庙两庑面阔各十五间

就目前保存的情况看，两庑有三间、四间、五间、六间、七间、八间、九间、十一间、十二间、十三间、十五间、十七间、十八间、十九间、二十八间等不同。两庑建筑最多的是曲阜孔子庙，两庑各二十八间；其次是国子监文庙和太原府学文庙，两庑各十九间。文献记载，杭州府学文庙在明宣德三年扩大为四十二间，但并不是全部用于奉祀先贤先儒，如同江阴县学文庙，两庑虽然各为二十间，但只有中间的七间用于奉祀先贤先儒。

三开间两庑比较少，已知有：广西富川文庙、恭城文庙，湖南湘乡文庙，浙江慈溪文庙、天台文庙，新疆乌鲁木齐孔子庙。富川文庙两庑面阔11米，灰瓦硬山顶。恭城文庙大成殿两厢虽然五间，但仅有中间三间奉祀先贤先儒，所以说两庑也是各三间，绿瓦，两端硬山顶，带封火墙，前出廊。湘乡文庙两庑黄瓦硬山顶，也带封火墙，前出廊。近年复

浙江慈溪文庙西庑

湖北浠水文庙东庑

建的天台文庙灰瓦硬山顶，带封火墙，但不出廊。慈溪文庙两庑灰瓦硬山顶，前出廊，不施斗栱，柱上出斜撑，瓦面板瓦一仰一合，不施筒瓦，有正脊而无垂脊，等级是很低的。

四开间两庑仅见于两湖。湖北浠水文庙两庑各四间，灰瓦悬山顶，前出廊，现在每间均设门，但仅北起第三间设踏步，看来原来是在第三间设祭的。湖南湘潭文庙两庑也是面阔各四间，黄瓦硬山顶，带封火墙，前出廊。四川中江文庙两庑外观看是四间，但北端一间为钟鼓亭。

五开间两庑比较多，几乎每省都有。安徽萧县文庙，北京顺天府学文庙和通州文庙，福建安溪文庙和惠安文庙，广西武宣文庙，贵州安顺文庙，海南临高文庙，河北定州文庙和平山文庙，河南洛阳河南府学文庙，黑龙江阿城文庙和呼兰文庙，湖北安化文庙和澧州文庙，湖南浏阳文庙和石门文庙，江苏常熟文庙，江西赣县文庙，辽宁兴城文庙，山西静乐文庙、离石文庙、阳城文庙、长子文庙、辽州文庙和静升孔子庙，四川富顺文庙和广汉文庙，台湾台北文庙、台中文庙、台南文庙和彰化文庙，天津府学文庙、县学文庙和蓟州文庙，两庑都是各五间。

黑龙江呼兰文庙东庑

六开间两庑仅见于四川犍为文庙。建筑单檐灰瓦歇山顶，穿斗抬梁式混合木架，四柱十一檩，前出廊，各面阔六间，31米，进深两间，6.8米，另

四川犍为文庙两庑与大成殿

有前廊深2.05米。比较特殊的一是六开间，没有正间，就在北起第四间设垂带踏跺，虽然位置不正，但由于北端受到大成殿露台的遮挡，看起来还是舒服的；二是石栏和廊与大成门和大成殿相连，两庑以廊与大成门和大成殿相连在南方地区比较多见，这种避免雨淋的设计是很好的，石栏相连则比较罕见。由于等级制度的要求，两庑台基高1.4米，比大成殿台阶低1.86米，虽然台基高度与大成门基本相同，但比大成门、大成殿的九级少两级，踏跺仅一座，大成门三出陛，中陛设浮雕龙陛和两侧陛，大成殿露台设正陛和东西侧陛，正陛也是浮雕御道带两阶，在露台上再设三陛，与大成门相同。大成门绿色琉璃瓦，大成殿黄色琉璃瓦，两庑灰色陶瓦，大成殿最高，大成门次之，两庑最低，处处都显示了等级的差异，设计是不错的。

七开间两庑比较多。安徽旌德文庙，福建同安文庙，甘肃天水秦安文庙和武威文庙，广东德庆文庙，河北沧州文庙，河南郑州文庙和叶县文庙，吉林文庙，山东乐陵文庙和宁阳文庙，上海县学文庙，山西浑源文庙、祁县文庙和清徐文庙，

江苏江阴文庙西庑

四川德阳文庙、阆中文庙，云南墨江文庙，浙江黄岩文庙，两庑都是七间。江阴县学文庙两庑虽然各为二十间，但只有中间的七间用于奉祀先贤先儒，北端分别为礼器库和乐器库，也属于七开间两庑。

八开间两庑仅见于湖南宁远文庙，两庑面阔各八间，灰瓦硬山顶，带封火墙，四柱前后廊式木架，前出廊。

九开间两庑不算很多。安徽霍山文庙和蒙城文庙，广东番禺文庙和揭阳文庙，黑龙江哈尔滨文庙，青海贵德文庙，山东巨野文庙，山西平遥文庙、闻喜文庙和太平文庙，台湾宜兰文庙，云南景东文庙，两庑均为九间。

十一开间两庑也不是很多。安徽寿州文庙和太和文庙，福建福州文庙，河北热河文庙，江苏江宁府学文庙，山西大同文庙和绛州文庙，两庑为十一间。

十三开间两庑更少，已知吉林长春文庙、陕西韩城文庙和上海嘉定文庙两庑为十三间。河北正定文庙两庑原来也是十三间，现在改为十五间。

十五开间两庑已知有三所文庙，分别是河南浚县文庙、山西代州文庙和云南建水文庙。

十七开间两庑已知有两处，一是福建泉州府学文庙，一是山东济南府学文庙。

十八间两庑已知仅有西安府学文庙一处。

十九开间两庑已知有三处，分别是北京国子监文庙、山西太原府学文庙、和1976年落成的台湾高雄文庙。

太原文庙东庑

二十八开间两庑仅有曲阜孔子庙一处。

两庑奉祀先贤七十九位、先儒七十七位，合计一百五十六位，按照规定，“先贤主身高一尺四寸，广二寸六分，厚五分，赤地绿书；座高二寸六分，长四寸，厚二寸。先儒主身高一尺三寸四分，广二寸三分，厚四分五厘，赤地墨书；座高二寸六分，长四寸，厚二寸”[①]，先贤先儒牌位均座宽约12.8厘米，每间可放十座，两庑各九间是比较合理的；如果有神龛，每间可放置六座，两庑各十五间比较合理；如果塑像，每间二位比较合理，那就需要两庑各四十间；如果悬挂画像，每间四人为好，那就需要两庑各二十间。那些各三间、五间的两庑，先贤先儒牌位前后几排放置，实在不够尊敬。

按排排放的先贤木主

建筑形式

两庑虽然建筑间数大部分很多，但建筑等级大都很低，均为单檐；大多是硬山顶，小部分为悬山顶，极个别为歇山顶，个别硬山顶还带封火墙，也有极个别的是三川脊；瓦色大多为灰色陶瓦，个别为灰瓦绿缘或绿瓦，极个别为绿瓦黄缘或黄瓦；大多不施斗栱，有的出斜撑，偶有斗栱者最高五踩，仅见一例。

硬山顶是两庑的主流。硬山顶带封火墙的两庑出现在安徽、广东、湖南、广西、江西、浙江诸省区。安徽霍山文庙和旌德文庙，广东化州文庙和揭阳文庙，广西恭城文庙，湖南澧州文庙、宁远文庙、湘潭文庙、湘乡文庙，江西赣县文庙，浙江天台文庙，两庑都带封火墙。三川脊两庑仅见于福建同安文庙，两庑各面阔七间，中间三间设正脊和垂脊，而且垂脊很短，左右两间正脊非常简单，垂脊只是平摆红砖，瓦色泛红，一仰一合，等级很低。硬山顶主要使用灰色陶瓦，但也有其他瓦色。福建惠安文庙、安溪文庙、泉州文庙和同安文庙，广东揭阳文庙和番禺文庙，湖南湘潭文庙、湘乡文庙，台湾

① 《文庙礼乐考》，见《圣门礼制·圣门乐制·文庙礼乐考》，山东友谊书社，1989年，第396-397页。

福建同安文庙东庑

台北文庙、台中文庙、台南文庙、宜兰文庙和彰化文庙，两庑都是黄瓦，泛红，安溪文庙两庑都是黄瓦；广东化州文庙，广西恭城文庙和武宣文庙，湖南澧州文庙，山西潞城文庙，两庑是绿瓦；海南临高文庙两庑是灰瓦绿缘；湖南安化文庙两庑是灰瓦黄缘；江宁府学文庙两庑是绿瓦黄缘；山西静升孔子庙两庑是灰瓦绿缘，正脊和垂脊均用黄绿琉璃花卉装饰。

悬山顶是两庑中仅次于硬山顶的建筑形式。安徽太和文庙，北京顺天府学文庙，贵州安顺文庙，河南郑州文庙，湖北浠水文庙，山西大同文庙、代州文庙、静乐文庙、离石文庙、平遥文庙、祁县文庙、清徐文庙、太原文庙、长子文庙、辽州文庙，陕西韩城文庙和耀州文庙，等等，两庑都采用这种形式。近年重建的甘肃天水秦安文庙两庑也是悬山顶。悬山顶式两庑也是以灰瓦为主。太原府学文庙两庑为绿瓦；郑州州学文庙两庑灰瓦绿缘；长子文庙东庑（西庑不存）灰瓦悬山顶，正脊绿色琉璃，垂脊灰塑；代州文庙两庑灰瓦悬山顶，以绿瓦铺出菱形，单数间一个，双数间两个，是比较独特的。

山西大同府学文庙东庑

歇山顶是两庑最高等级的建筑形式，采用的不多。已知国子监文庙，哈尔滨文庙，湖南浏阳文庙，山西阳城文庙，云南建水文庙，四川富顺文庙、阆中文庙和犍为文庙，两庑

哈尔滨文庙西庑

为歇山顶。四川富顺文庙两庑比较特殊，北端为歇山顶，南端悬山顶。歇山顶两庑也是灰色陶瓦为多，采用黄瓦的仅见富顺文庙两庑，绿瓦的仅见哈尔滨文庙两庑。灰瓦绿缘的有国子监文庙两庑。阳城文庙两庑比较特殊，屋面灰瓦绿缘，但正脊和垂脊均装饰黄绿琉璃花卉。

曲阜孔子庙两庑由于南端与大成门掖门转角连檐，北端与寝殿两侧的掖门转角连檐，难以确定屋顶形式，瓦色为绿瓦黄缘，仅次于黄瓦，瓦色等级是比较高的。

由于两庑的建筑等级不高，所以两庑使用斗栱的不多。在使用斗栱的两庑中，最高等级是五踩。

两庑使用重昂五踩斗栱的仅见于山西静乐文庙。两庑面阔各五间，灰瓦悬山顶，斗栱重昂五踩，补间一攒，阑额高瘦，普柏枋扁宽，柱子肥短，文献记载为明洪武二年（1369年）迁建，斗栱时间不会晚于是年。两庑使用三踩斗栱的不多，国子监文庙，安徽蒙城文庙、太文庙，山西清徐文庙，两庑都是单翘三踩，补间

山西静乐文庙西庑

斗栱清徐文庙两庑一欑，国子监文庙两庑四欑，太和文庙两庑三欑，蒙城文庙两庑补间两欑，阑额高瘦，普柏枋扁宽，年代比较早。山西离石文庙、潞城文庙和平遥文庙两庑都是单昂三踩，补间一欑。北京顺天府学文庙两庑是一斗三升，补间斗栱明间六欑，次间和稍间都是五欑。陕西韩城文庙两庑是一斗二升麻叶斗栱，补间一欑。台北文庙两庑是柱头出丁字栱三翘，此外安徽霍山文庙、旌德文庙、桐城文庙，以及浙江慈溪文庙两庑于柱上出斜撑。

第三节　崇圣祠（殿）

崇圣祠有的文庙名“崇圣殿”，有的文庙还保持明代旧称“启圣祠”。它是奉祀孔子和一些先贤、先儒的祠堂。

历史沿革

东汉后期，孔子弟子颜回开始配祀孔子，唐总章元年（668年）增加孔子另一弟子曾参配祀，开元八年（729年）又增加圣门四科颜子以外九人配祀，配祀达到十一人，开元二十七年令孔子弟子全部从祀。由于颜回、曾参是孔子的优秀弟子，所以他们被奉祀在正殿内。他们的父亲颜无繇、曾点只是孔子的一般弟子，被奉祀在两庑中。子处父上，子先父食，有违礼教，而学校首先的任务就是明人伦。南宋时，洪迈就认为不妥：“自唐以来，孔门高弟颜渊至子夏为十哲，坐祀于堂上，其后升颜子配享，则进曾子于堂，颜子之父颜路、曾子之父曾点乃在庑下从祀之列，子处父上，神灵有知，何以自安？”南宋端平二年（1235年），孔子孙子思升补十哲之位，进入大成殿奉祀，咸淳三年（1267年）更升配享，但他的父亲孔鲤作为孔子的一般弟子也奉祀在两庑内。元代姚燧认为很不妥：“由孟子而视子思，师也；由子思而视曾子，又师也；子思，孔子孙也；弟子于师，孙于祖，坐而论道者有之？非可并南面，而况又祀无繇、点、鲤于庭。夫学宫将以明人伦于天下，而倒施错置如此，奚以为训？”熊禾因此建议，“宜别设一室，以齐国公叔梁纥居中南面，颜路、曾点、孔鲤、孟孙氏侑食，东西向。春秋二祀，当先圣酌献之时，以齿德之尊者为分献官行礼于齐国公之前，其配位亦如之。如此则亦可

曲阜孔子庙崇圣祠

以示有尊而教民孝矣”[①]，但没有获得朝廷同意。明洪武年间，国子司业宋濂又提出这个问题，“古者立学专以明伦，子虽齐圣，不先父食，故禹不先鲧，汤不先契，文武不先不窋，宋祖帝乙，郑祖厉王，犹尚祖也。今一切置而不讲，颜回、曾参、孔伋，子也，配享堂上，颜路、曾点、孔鲤，父也，列祀庑间；张载则二程之表叔也，乃坐其下；颠倒彝伦，莫此为甚”[②]，建议改革，惹得明太祖很不高兴，不仅没有改革，反而被贬出朝廷，改任安远知县。

正德十五年（1521年），朱厚熜入继明孝宗为子，兄终弟及，继武宗朱厚照为皇帝，但他因加封生父为皇帝引发大礼仪之争，获胜后，为压制士大夫，贬低道统。嘉靖九年（1530年），他授意大学士张璁上疏厘正文庙祀典，取消孔子王号和谥号，降低祭祀孔子等级，同时议定在学校内设置启圣祠奉祀孔子父亲叔梁纥，以颜回、曾参、子思、孟子之父配享，以二程之父程珦、朱熹之父朱松和蔡沉之父蔡元定从祀。根据朝廷旨意，各地学校纷纷建造启圣祠。

清雍正元年（1723年），皇帝加封孔子五代先人为王，令将启圣祠改为崇圣祠。绝大部分学校将启圣祠改称崇圣祠，但也有个别学校仍然称作启圣祠或启圣宫。

① 孔继汾：《阙里文献考》卷十四“祀典一”，山东友谊书社，1989年，第294页。
② 孔继汾：《阙里文献考》卷十四“祀典一”，山东友谊书社，1989年，第284页。

位　置

由于启圣祠是明代才增加的，国家又没有统一的规定，所以启圣祠（崇圣祠）没有统一的固定位置，有的建在文庙内，大多在大成殿后；有的建在学校内，有的在文庙左侧，也有的在文庙右侧，但是由于左侧是上位，所以以在左侧者为多。

形　制

大多数崇圣祠只是一殿而已，个别的设有两庑，也有一小部分是独立的院落，复杂的有一门一正两厢，简单的只有一门一祠。

设置独立院落崇圣祠的有：北京国子监文庙，河北承德的热河文庙，江苏苏州文庙，山西代州文庙、太原文庙，上海文庙，浙江慈溪文庙，等等。

最为简单的独立院落是热河文庙和常熟文庙，都是一门一祠。热河文庙崇圣祠位于大成殿后，独立院落，崇圣祠殿灰瓦绿缘歇山顶，面阔五间，设一门，前出廊，祠门为一间门楼，砖墙承重，灰瓦歇山顶。常熟文庙崇圣祠建筑等级较高，祠位于轴线东侧、言子祠后，与大成殿相直，灰瓦歇山顶，面阔三间，进深三间，前后廊式木架，不出廊，施单翘重昂七踩斗栱，明间补间三攒，次间一攒，前置露台，设石栏，正面设踏跺，五级，踏跺伸入露台内，砚窝石与露台齐；祠门三间，灰瓦硬山顶，三柱五檩分心式木架，檐下施单翘单昂五踩斗栱，补间明间三攒，次间两攒。

国子监文庙崇圣祠院

顺天府学、慈溪文庙、苏州文庙、上海文庙、定州文庙崇圣祠非常相似，都有一门一正两厢。慈溪文庙崇圣祠位于学宫东路，祠门随墙而设，上嵌石额“崇圣祠”，朝西；正祠面南，与两厢均为三间，灰瓦硬山顶，带封火墙；正祠前后廊式木架，两厢两柱抬梁。苏州文庙崇圣祠位于大成殿后，一正两厢均面阔三间；正殿灰瓦歇山顶，两厢灰瓦硬山顶；祠门非常简单，随墙而设，上嵌“崇圣祠”石额。上海文庙崇圣祠位于大成殿后，祠门随墙而设，上加灰瓦歇山顶；正祠三间，灰瓦硬山顶，前出廊，与两厢连檐；两厢各两间，一仰一合灰瓦屋面，南端庑殿顶，檐下施一斗三升斗栱，补间三朵。代州文庙崇圣祠位于大成殿后东北，现有一正两厢，均为三间，灰瓦悬山顶，不出廊；正祠屋面正中由黄绿琉璃瓦铺出一个菱形，院落应该有祠门。定州文庙崇圣祠位于文庙东路最后，面阔三间，灰瓦硬山顶，前出廊，两侧耳房各三间，灰瓦硬山顶，前出廊；祠门一间，灰瓦悬山顶，不设正脊，垂脊尽端外撇，两厢灰瓦硬山顶。

上海文庙崇圣祠

国子监文庙崇圣祠规模最为规范，虽然也是一门一正两厢，但建筑等级高。祠门三间，绿瓦歇山顶，三柱分心式木架，檐下施单昂三踩斗栱，两侧设八字照壁；正祠面阔五间，辟三门，绿瓦歇山顶，前后廊式木架，不出廊，檐下施重昂五踩斗栱，平身科明间和次间均为六攒，稍间四攒，旋子大点金彩画，前置露台，三出陛，十级踏步；两厢各三间，灰瓦悬山顶，五檩抬梁式木架，檐下施一斗三升斗栱，明间六攒，次间四攒，辟一门，设垂带踏跺，踏步五级。

太原府学文庙崇圣祠为完整的四合院，由大成殿两侧的“履中”和“蹈和”偏门进入，二门均为垂花门，灰瓦悬山顶，中柱承重，前后以木斜撑。祠正面为崇圣祠牌楼，三间四柱，前后以木斜撑，灰瓦悬山顶，次楼向内一侧伸入主楼下，主楼四翘九踩斗栱，次楼三翘七踩，旋子小点金彩画，主楼下悬挂竖匾，题刻“崇圣祠”。主祠面阔五间，单檐蓝瓦歇山顶，前出廊，

太原文庙崇圣祠及两厢

檐下施单昂三踩斗栱。两庑各五间，灰瓦悬山顶，前出廊。

一正两厢的崇圣祠大多位于大成殿后，已知有安溪文庙、哈尔滨文庙、湘乡文庙、南京江宁府学文庙、德阳文庙、番禺文庙等。安溪文庙崇圣祠正殿面阔五间，灰瓦歇山顶，回廊一周，前设露台，前出陛，三级踏步；两厢灰瓦悬山顶，三川脊，面阔五间，前出廊。哈尔滨文庙崇圣祠面阔七间，黄瓦歇山顶，前出廊，檐下重昂五踩斗栱，中三间设门，前置露台，石基，无栏板，五出陛，正面三陛相连，以垂带间隔，七级踏步；两厢各三间，灰瓦歇山顶。此崇圣祠建筑年代晚，等级较高。广东番禺文庙崇圣祠比较规整，正祠五间，黄瓦歇山顶，前出廊，置露台，设石栏，前出陛，九级踏步；两厢各五间，绿瓦黄脊硬山顶，前出廊。江宁府学文庙崇圣殿面阔七间，绿瓦黄缘歇山顶，前出廊，檐柱间每间均施木雕挂落，檐下施三翘七踩斗栱，补间斗栱明间六攒，次间五攒，稍间四攒，尽间两攒，明间设两阶踏跺，五级，中设浮雕云龙御道，露台台基两层，石栏也两层，但石栏间复道不与正前踏跺相连，三出陛，前陛踏跺未分段，踏步二十三级，中间最上六级设龙陛。两侧有廊接爬山廊而与大成门连接；台基下设两庑，各三间，绿瓦黄缘硬山顶，前出廊。由于文庙

浙江慈溪文庙崇圣祠院

是由朝天宫改建的，规模比较大。湘乡文庙崇圣祠形制与大成殿基本相同，尺寸略小，面阔进深都是五间，黄瓦重檐歇山顶，六柱十三檩前后廊式木架，回廊；东西厢房各三间，黄瓦硬山顶带封火墙；重檐黄瓦，是等级最高的崇圣祠。

仅设崇圣祠一座建筑的文庙最多。德阳文庙名启圣殿，面阔五间，绿瓦歇山顶，檐柱出撑栱以擎檐，殿基石座，设石栏一周，前后出陛，九间踏步；左右厢各三间，灰瓦悬山顶，瓦面一仰一合，檐下柱上出撑栱，前出廊。

建筑规制

崇圣祠建筑规模有一间、三间、五间和七间四种，有单檐和重檐两类，建筑形式有硬山顶、悬山顶、歇山顶和庑殿顶四种，瓦色有黄瓦、绿瓦、灰瓦绿缘和灰瓦几种。

一间规模崇圣祠仅见于山西静升孔子庙，位于大成殿之后，窑洞一列五间，仿木建筑，前出廊，檐部覆灰瓦，中间三间为寝殿，供奉孔子夫人，东一间为崇圣祠，西一间为启圣祠。崇圣祠内仅设四座神龛，因孔子父亲有专祠不再奉祀，这是不合礼制的，虽然启圣王有专祠，崇圣祠仍然要有奉祀他的位置。孔子夫人居中且祠宇面积大，五代先人居左，父亲居右，也是不符合礼制的。静升孔子庙属于民间自建，也就难以苛求了。

三间规模的崇圣祠有硬山顶、悬山顶、歇山顶三种形式，瓦色有灰瓦、绿瓦、黄瓦三种，有单檐和重檐两类。

建造三间灰瓦单檐硬山顶崇圣祠的文庙有：安徽萧山文庙，广西廉州文庙、恭城文庙和思南府学文庙，海南文昌文庙，河北定州文庙，黑龙江呼兰文庙，湖北浠水文庙，江西赣县文庙，辽宁兴城文

山西静升孔子庙崇圣祠

海南文昌文庙崇圣祠

庙和兴京文庙，山东乐陵文庙，上海文庙，天津县学文庙，云南安宁文庙，浙江慈溪文庙和台州府学文庙。文昌文庙、慈溪文庙、台州文庙还带封火墙。文昌文庙崇圣祠位于大成殿后，面阔三间，灰瓦硬山顶带封火墙，四柱十一檩抬梁式木架，前出廊，置露台，左右两耳各三间，灰瓦硬山顶，前出廊。

三间单檐黄瓦硬山顶崇圣祠的文庙有：湖南宁远文庙，台湾台南文庙、宜兰文庙。宜兰文庙崇圣祠左右还各有一间耳房。

三间单檐灰瓦悬山顶的崇圣祠最少，目前只发现代州文庙一处，不出廊，屋面灰瓦，正中由黄绿琉璃瓦铺出一个菱形。

三间单檐灰瓦歇山顶崇圣祠比较多，已知有：甘肃皋兰文庙，广东德庆文庙，广西恭城文庙，湖南芷江文庙，江苏常熟文庙、苏州文庙，四川都江堰的灌县文庙，云南墨江文庙，等等。恭城文庙崇圣祠和芷江文庙崇圣祠都位于大成殿之后，比较简单，恭城文庙崇圣祠前出廊，芷江文庙崇圣祠面阔12.2米，进深一间，7.55米，抬梁式木架。墨江文庙崇圣祠算作歇山顶比较勉强，两山出檐很短，只是将山墙墀头略微外探再加冰盘檐，所以垂脊接近檐口而向外出斜脊，前出廊，两端封闭。灌县文庙崇圣祠柱上出撑栱，前出廊，石台基，置石栏，前设踏跺，十级踏步，等级比较高，但全用板瓦，瓦面一仰一合，就不相称了。德庆崇圣祠比较正规，灰塑花脊，正脊

山西代州文庙崇圣祠

二龙捧珠，龙身三绕正脊，昂首翘尾，三踩斗栱，前出廊，前置露台，须弥座围绕石栏，前出陛，置垂带踏跺，五级踏步。等级最高的是常熟文庙崇圣祠，位于轴线东侧、言子祠后，与大成殿相直，灰瓦歇山顶，面阔三间，进深三间，前后廊式木架，不出廊，施单翘重昂七踩斗栱，明间补间二攒，次间一攒；前置露台，设石栏，正面设五级踏跺，但踏跺伸入露台内，砚窝石与露台齐，还是很少见的。

江苏常熟文庙崇圣祠

三间重檐黄瓦歇山顶崇圣祠仅见于福建永春文庙，不施斗栱，柱上出丁字栱，很可能是近年重建的。

福建永春文庙崇圣祠

三间单檐绿瓦硬山顶最独特的是广西武宣文庙崇圣祠。崇圣祠在大成殿后，绿瓦硬山顶带封火墙，前出廊，两层，楼梯在西间前廊，砖砌台基，前出陛，垂带踏跺，六级踏步。

天津府学文庙崇圣祠

五间崇圣祠有硬山顶、悬山顶、歇山顶、庑殿顶

广东揭阳文庙崇圣祠

四种形式，有单檐和重檐两种类型，有灰瓦、灰瓦绿缘、绿瓦、黄瓦四种瓦色。

五间单檐灰瓦硬山顶崇圣祠有天津府学文庙、安徽霍山文庙和河南汝州文庙。天津府学文庙崇圣祠比较正规，前置露台，设石栏，三出陛，六级踏步，但现在改成黄瓦。霍山文庙崇圣祠比较简单，硬山顶带封火墙，柱上出撑栱，不出廊。汝州文庙崇圣祠名启圣宫，前出廊，也很简单。

五间单檐绿瓦硬山顶崇圣祠仅见湖南澧州文庙，面阔五间17米，进深16米。

五间单檐黄瓦硬山顶崇圣祠有广东揭阳文庙，以及台湾台北文庙和彰化文庙。揭阳文庙崇圣祠进深五间，六柱十九檩，抬梁穿斗混合，前后廊式木架，前出廊，硬山顶，三川脊，前置露台，宽三间，置石栏，出左右陛，九级踏步，比较正规。台北文庙崇圣祠三川脊，前后廊式木架，前出廊，檐柱出丁字栱以承檐。彰化文庙崇圣祠前后廊式木架，前出廊，穿插枋伸出檐柱外设吊筒，前置露台，东西两侧设如意踏跺，踏步三级，具有地方特色。

四川德阳文庙启圣殿

五间单檐灰瓦歇山顶崇圣祠有广西河池文庙、福建安溪文庙、吉林长春文庙和云南建水文庙。河池文庙崇圣祠面阔

22.7米，进深三间，10.3米，抬梁式木架，正间九檩，前后廊均五檩，前出廊，但出廊仅一檩；安溪文庙崇圣祠回廊一周，前设露台，前出陛，三级踏步；以上两崇圣祠都比较简单。长春文庙崇圣殿前出廊，单翘单昂五踩斗栱，明间补间两攒，其他一攒，明间置踏跺，踏步五级，建筑等级较高。建水文庙崇圣祠前出廊，台基须弥座，前面设石栏，正中设垂带踏跺，六级踏步，比较正规。

五间单檐灰瓦绿缘歇山顶崇圣祠有热河文庙和山西太原文庙。热河文庙和太原文庙崇圣祠都是灰瓦绿缘，前出廊，比较简单。

五间单檐绿瓦歇山顶崇圣祠有四川崇州文庙和德阳文庙。崇州文庙名启圣殿，前出廊，很简单。德阳文庙名启圣殿，檐柱出撑栱以擎檐，殿基石座，设石栏一周，前后出陛，九间踏步，比较正规。

五间单檐黄瓦歇山顶崇圣祠有广东番禺文庙、四川犍为文庙和台湾桃园文庙。番禺文庙崇圣祠前出廊，置露台，设石栏，前出陛，九级踏步，比较正规。犍为文庙名崇圣殿，前出廊，檐柱间设美人靠，应该是近年增加的。新建的桃园文庙崇圣祠前后廊式木架，前出廊，檐下施三翘七踩斗栱，中三间设如意踏跺，三级，建筑等级较高。

五间单檐绿瓦庑殿顶崇圣祠仅见于曲阜孔子庙，九檩四柱前后廊式木架，前出廊，后廊因放置神龛，双步，前廊单步，檐下斗栱重昂五踩，明间和次间平身科四攒，稍间两攒，檐柱用石，中间两根檐柱高浮雕云龙，其他四根减底平钑牡丹、菊花、荷花等花卉；前设露台，出三陛，踏步四级，明弘治间建造，等级比较高。

五间单檐黄瓦庑殿顶崇圣祠仅见于台湾台中文庙，崇圣祠仿宋式建筑，前后廊式木架，前出廊，檐下施单翘三踩斗栱；正面设石栏，须弥座，出三陛，九间踏步，是等级较高的崇圣祠。

台中文庙崇圣祠

四川富顺文庙崇圣祠

五间重檐绿瓦歇山顶崇圣祠仅见于四川富顺文庙，正脊设琉璃二龙护塔，龙躯缠绕，龙首高昂，宝塔三层，塔身方鼎，上加飞檐，底层鼎下设置裸体男童塑像。回廊一周，石砌基座，设石栏，前置露台，东西两侧设垂带踏跺，正面不设，只置高浮雕御道一石，形制最为正规。

五间重檐黄瓦歇山顶崇圣祠仅见于湖南湘乡文庙，崇圣祠形制与大成殿基本相同，尺寸略小，面阔进深都是五间，六柱十三檩前后廊式木架，回廊，建筑等级很高。

七开间崇圣祠不多，仅见河南鲁山文庙、黑龙江哈尔滨文庙、吉林文庙和南京江宁府学文庙四座。鲁山文庙崇圣祠在大成殿后，面阔七间，28米，进深7.55米，灰瓦绿缘硬山顶，重昂五踩斗栱，平身科一攒，昂嘴上卷作龙尾状，不出廊，殿基很高，前出踏跺，置石栏。哈尔滨文庙崇圣祠位于大成殿后，面阔七间，黄瓦歇山顶，前出廊，檐下重昂五踩斗栱，中三间设门，前置露台，石基，无栏板，五出陛，正面三陛相连，以垂带间隔，七级踏步。吉林文庙崇圣殿位于大成殿后，面阔七间，黄瓦歇山顶，重昂五踩斗栱，除了明间补间两攒，其他均为一攒，前出廊，封两端，前置露台，前出踏跺，四级踏步。江宁府学文庙崇圣殿位于大成殿后，面阔七间，绿瓦黄缘歇山顶，前出廊，檐柱间均施木雕

南京江宁府学文庙崇圣祠

挂落，檐下施三翘七踩斗栱，补间斗栱明间六攒，次间五攒，稍间四攒，尽间两攒，明间设两阶踏跺，五级，中设浮雕云龙御道。露台台基两层，石栏也两层，但石栏间复道不与正前踏跺相连，三出陛，前陛踏跺未分段，踏步二十三级，中间最上六级设龙陛，两侧有廊接爬山廊而与大成门连接，气势最大。

崇圣祠设置两厢的不多，即使设置了，建筑等级也很低；大多三间，个别六间，部分五间；以硬山顶、悬山顶为多，个别歇山顶，均为单檐；瓦色以灰色为主，个别为绿色、黄色、灰色黄脊、绿瓦黄缘。

两间崇圣祠两厢仅见于上海文庙，两厢北端与崇圣祠连檐，南端庑殿顶，檐下施一斗三升斗栱，补间三朵，灰板瓦，一仰一合。

三间灰瓦硬山顶崇圣祠两厢仅见于慈溪文庙，抬梁式木架，硬山顶带封火墙。

三间绿瓦黄缘硬山顶两厢仅见于江宁府学文庙，前出廊。

三间灰瓦悬山顶崇圣祠两厢有国子监文庙、定州文庙、苏州文庙、代州文庙、德阳文庙。国子监文庙崇圣祠两厢五檩抬梁式木架，一斗三升座斗，明间六攒，次间四攒，设垂带踏跺，五级踏步，等级较高。德阳文庙启圣殿两厢前出廊，檐柱出撑栱，门前之三级垂带踏跺，虽然是悬山顶，但不设垂脊，瓦面为一仰一合的板瓦，等级很低。

五间灰瓦黄脊硬山顶崇圣祠两厢仅见于番禺文庙，崇圣祠两厢绿瓦黄脊，前出廊。

五间灰瓦悬山顶崇圣祠两厢有安溪文庙和太原文庙，都是前出廊，安溪文庙为三川脊。

崇圣祠两厢开间最多的是广东揭阳文庙，面阔十三间，两厢从祀人物总共才有五位，根本不需要这么多房间，应该是与其他功能的建筑连檐建在了一起。

广东揭阳文庙崇圣祠东厢

附　亚圣殿（祠）

金大定十四年（1174年）改定孔子庙祀典，将孟子由后寝迁入大成殿配享，与颜子相对，将燕服改为九章九旒冕服。金上京孔子庙是天会十五年（1137年）建造的，可能是这次建庙时在大成殿后建造了孟子专祠。现在河南辉县文庙和湖南湘潭文庙大成殿后建有亚圣殿，是否就是金代的形制？文献不足，难以确定。其所以将亚圣殿列为附录，是因为孟子虽然是国家礼制规定在文庙奉祀的人物，但国家并没有规定在文庙内建造奉祀孟子的专祠。

河南辉县文庙亚圣殿

湖南湘潭文庙亚圣祠

辉县文庙亚圣殿位于大成殿之前，面阔五间，灰瓦歇山卷棚顶，四柱前后廊式木架，周匝副阶，不施斗栱。亚圣殿始建年代不详，本地介绍材料说清康熙二十五年、乾隆二十年、乾隆二十四年都曾刻碑立于此殿墙上，那么据此推知，最晚当建于清康熙年间。但从现存建筑看，柱子纤细，应该是清晚期的建筑。

湘潭文庙名亚圣祠，位于大成殿后，面阔三间，黄瓦硬山顶，墀头高起，小式建筑，始建年代不详。

第三部分 附祀建筑

文庙是国家表彰孔子思想的礼制建筑，将其建造在各级国立学校内，主祀孔子，并以历代儒家代表人物配享从祀，原因就是要按照儒家内圣外王的修行要求对士子进行成圣成贤的教育。

中国教育自古重视人格道德的培养，人格道德的最高境界当然就是成为圣人了。中国人崇奉圣人，但并不认为圣人是高不可及的，而是认为人人都可以成为圣人。孔子弟子子贡说孔子已经达到圣人的境界。孟子赞同“人皆可以为尧舜”[①]，认为每个人都可以成为像尧舜一样的圣人。荀子认为“彼学者，行之，曰士也；敦慕焉，君子也；知之，圣人也。上为圣人，下为士君子，孰禁我哉”[②]，学习学问，能够付诸实践的就是士，勤奋努力、孜孜不倦的就是君子，精通学问的就是圣人。通过学习，人人可以成为士、成为君子、成为圣人，只要个人努力，是没有人能够禁止的。宋代程伊川认为“人皆可以至圣人”[③]，人人都能达到圣人的境界。朱熹主张学习要超凡入圣，“为学须思所以超凡入圣，如昨日为乡人，今日便可为圣人”[④]，主张通过学习就可以成为圣人。

文庙奉祀孔子就是为士子提供学习的榜样、成为圣人的榜样，即便不能

① 《孟子·告子下》，见上海古籍出版社《文渊阁四库全书》电子版。

② 《荀子·儒效》，见上海古籍出版社《文渊阁四库全书》电子版。

③ 《二程遗书》卷二十八《伊川先生语》，见上海古籍出版社《文渊阁四库全书》电子版。

④ 〔宋〕朱熹：《白鹿洞书院规训》。

成为圣人，也可以成为贤人，所以文庙除了奉祀圣人孔子，还奉祀一大批先贤先儒，为士子提供齐贤成贤的榜样。孔子庙在唐代以前只以孔子弟子颜回配祀，唐贞观二十一年（647年）增加左丘明等二十二位注经之儒从祀，宋元丰七年（1084年）增加孟子、荀况、扬雄、韩愈等明道之儒从祀，清雍正二年（1724年）又增加诸葛亮等事功之儒从祀，文庙从祀人物不断增加，从祀范围不断扩大，为士子们提供的学习榜样也逐渐完备。

成圣人难，成贤人也不易。文庙奉祀人物虽然多达一百八十八位，但除去孔子先人、弟子等，历代贤人进入文庙享受祭祀的也不过一百一十人，平均二十多年才有一位贤人能够进入文庙奉祀。为更多地为士子提供学习的榜样，文庙还设置了名宦祠和乡贤祠，分别附祀在本地为官有善政的官员、本地出身有善行义举的士绅及在外地为官有善政的官员。

文庙通过奉祀孔子、四配、十二哲、先贤、先儒，通过附祀名宦和乡贤，为士子提供一系列学习的榜样。成圣成贤，去世以后被奉祀在文庙内，血食遍全国，那是每一个士子最高的追求。西晋的石崇（249—300）官至侍中，富可敌国，他进入太学看到颜回、原宪的画像，还“顾而叹曰：‘若与之同升孔堂，去人何必有间！’”[①]清末的梦醒子也说：“人至没世而莫能分食一块冷肉于孔庙，则为虚生。”

士子们认为，即使做不到成圣成贤，去世以后也应该附祀在文庙内。出仕做官忠君惠民，勤政廉政，造福一方，可以附祀在任职地文庙的名宦祠内，还可以附祀在家乡的先贤祠内；在乡为民遵纪守法，多行善举，去世以后也可附祀在家乡文庙的先贤祠内。任何人只要存心向善、行善政、行善举，都可以进入文庙享受后人的祭祀。

明清时国家要求在学校内建造名宦祠、乡贤祠和忠义孝悌祠，在城区内建造节孝祠，但是也有一些地方将名宦祠、乡贤祠和忠义孝悌祠建造在文庙内，甚至还有极个别的地方将节孝祠也建在文庙内。因此，本书将这些设在文庙的建筑作为附祀建筑加以研究。

除了国家规定设置的名宦祠、乡贤祠、忠义孝悌祠和节孝祠，有的文庙

---

① 《晋书》卷三十三“石苞传”，《二十五史》第2册，中华书局，第1360页。

还建造了三种附祀建筑，一种是奉祀主管功名禄位的文昌帝君的文昌祠和文昌阁，一种是奉祀主管文运的魁（奎）星的魁（奎）星阁，一种是奉祀掌管庙学土地的神祇土地神的土地祠。

第一节　名宦祠

名宦祠是奉祀在本地任职业绩突出官员的专祠。

历　史

目前已知最早在学校奉祀的为官政绩突出的官员是北魏时期的刘道斌。他任恒农太守时“修立学馆，建孔子庙堂，图画形象。去郡之后，民故追思之，乃复画道斌形于孔子像之西而拜谒焉”[①]。刘道斌是北魏正光四年（523年）卒于岐州刺史任上的，此前就任恒农太守，由此可知在本地有善政官员附祀是从公元六世纪早期就开始了。

北宋时，孔子庙内虽然出现了奉祀国家礼制从祀以外人物的祠堂，如曲阜孔子庙和怀安县学文庙分别在景祐五年（1038年）和嘉祐二年（1057年）建造了供奉孟子、荀子、扬雄、王通、韩愈五人的五贤堂，但他们既非本地人又非曾在本地为官，既不能视为名宦祠也不能视为乡贤祠的先声。

建造奉祀名宦专祠是从南宋开始的。台州太守尤袤（1127—1194）在台州州学内建造了奉祀曾任职台州的名宦毕士元的思贤堂，以后又建造了奉祀有功于学校的太守宗颖、黄章、朱江、唐仲友、江乙祖五人的颂僖堂。严州州学有名侯祠，奉祀任职本地有贤声的“宋广平、范文正、田谏议、张宣公、胡致堂、赵清献、潘养空”，还有世美祠，“以时郡侯之世守者”，奉祀父子均任职本地且有善政者，“赵希朴，朝议大夫，淳祐三年八月初三日到任……前守师古子，父子皆有惠政，列于学之世美祠”[②]。庆元路学有合祀乡贤、名宦、

① 〔北齐〕《魏书》卷七十九“刘道斌本传”，见上海古籍出版社《文渊阁四库全书》电子版。

② 〔宋〕《景定严州续志》卷二，见上海古籍出版社《文渊阁四库全书》电子版。

有功于学诸人的祠堂，“郡生之先进杨公适、杜公醇、王公致、楼公郁、王公说以义理之学淑士风者也；忠肃陈公瓘始摄郡，晚著《尊尧集》于此，以忠节著闻天下者也；清敏丰公稷、侍郎高公闶、侍郎林公保、尚书汪公大猷皆此邦之显者也；郡守李公夷庚、仇公悆、赵公伯圭、岳公甫、程公覃、赵公师喦、校官周公粹中皆有功于儒宫者也；士咸宗之，故列祠焉”[①]。南宋时，学校内还出现了个人纪念祠堂。台州州学有谢丞相祠，常熟县在端平元年（1234年）前就有吴公祠，安溪县学在端平年间遵照泉州太守真德秀之意建造了直讲祠，奉祀绍圣年间维修庙学的直讲张读，元和县学也在景定三年（1262年）建造了纪念范仲淹的景文堂。就其性质说，大多属于名宦的范围。

元代时，学校内有了先贤祠的名称。至大年间的集庆路路学图中，在庙学的东北和西北隅各有一座先贤祠，“东祠明道先生，盖为道学之宗，而主上元簿也；西祠忠襄杨公，盖尝为建康卒而死节建炎者也”，奉祀的程颢和杨邦乂分别曾任上元主簿和建康通判，可以视为名宦祠。《延祐四明志》记载，庆元路学有先贤祠，“以奉乡里先政达官有功于学者”，也属于名宦祠。先贤祠奉祀的人物由于国家没有规定，各学奉祀人物的性质也不同。元至顺时，丹徒县学先贤祠“奉祀濂溪、明道、伊川、晦庵、南轩五先生”，即宋代的周敦颐、程颢、程颐、朱熹、张栻五位理学家，既非名宦也非乡贤。镇江府学先贤祠之前有崇报祠奉祀有功于学校的县令，有尊贤祠奉祀有教于民的先儒，“先贤祠本东西直舍，各三间，东曰崇报，以祀县令之有德于学者……西曰尊贤，以祀先儒之有教于民者，濂溪、明道、伊川、晦庵、南轩、漫塘、实斋、少阳八先生”[②]，崇报祠属于名宦祠一类。

国家规定学校设置先贤祠始于明初。明洪武元年（1368年），朱元璋诏令“郡县访求应祀神祇、圣帝、明王、忠臣、烈士、久有功于国、遗爱及民者，载诸祀典”，第二年“令天下学校各建先贤祠，左祀贤牧，右祀乡贤”[③]。当时是一座建筑，左侧奉祀在本地为官时政绩突出的官员，右侧奉祀

---

① 〔宋〕《宝庆四明志》卷二，见上海古籍出版社《文渊阁四库全书》电子版。

② 〔元〕至顺：《镇江志》，见上海古籍出版社《续修四库全书》第698册。

③ 〔明〕李之藻：《泮宫礼乐疏》，见上海古籍出版社《四库全书》第651册，第301-302页。

本地的贤人。但是从方志记载看，各级学校并非接到朝廷旨意后立即进行建设，而是根据各自的情况先后进行建设。已知最早建设的是元和县学，洪武七年建设了先贤祠，广东番禺县学于洪武二十五年（1392）年添建了先贤祠，

河北定州文庙名宦祠

福州府学于永乐四年（1406年）将学厅改为先贤祠，江阴县学于弘治七年（1495年）添建，岳州府学文庙于嘉靖九年（1530年）添建，兴宁县学与乌程县学在嘉靖十三年添建，石门县学嘉靖四十年添建，南海县学在万历三十四年（1606年）添建，江苏沭阳文庙嘉靖末年才建设，而且还是将二祠安置在一座建筑内。

“名宦以报功，乡贤以昭德，治教中诚有缺一不可者”[①]，一祠两祀似乎不便，地方官员开始将二祠分设。成化二十三年（1487年）苏州府学“以先贤分为名宦、乡贤各一祠”[②]。永嘉县学于弘治十年（1497年）分建。辽阳州学正德十年“续建名宦祠”，嘉靖八年“增建乡贤祠”。嘉靖元年（1522年）寿昌县学建名宦、乡贤二祠，十五年元和县学分建，三十九年大理府学建名宦、乡贤祠。湖北应城县学成化十四年将文昌祠改为乡贤祠，迁至学宫内，正德元年迁至大成门左侧，十五年将乡贤祠迁至右侧，左侧建造名宦祠。从天一阁藏明代方志关于庙学的资料看，大部分庙学设立了名宦祠和乡贤祠，其中只有宁德县学、淄川县学还是一室二祠，福安、莱芜、蓝阳、龙溪、南康、宁德县学图中未见。到清代时，绝大多数学校设立了名宦祠和乡贤祠。

附祀地方有善政官员和地方知名人士的祠堂明初名先贤祠，后来分开为名

① 〔清〕李仙龄：《重修县学两庑名宦乡贤祠记》，康熙《丰都县志》。

② 〔明〕《姑苏志》卷二十四，见上海古籍出版社《文渊阁四库全书》电子版。

辽宁兴城文庙乡贤祠

宦祠和乡贤祠，全国名称是统一的，清代依然，但是广东博罗县在明弘治十三年（1500年）建造合祀名宦和乡贤的祠堂却命名为“仰高祠”，不仅违背了制度，而且名称也是不恰当的。“仰高”名称一出自《诗经·小雅》的“高山仰止，景行行之”，司马迁曾援用以表达自己对孔子的仰慕之情；一出自《论语》的“仰之弥高，钻之弥深”，颜回以此表达对孔子人品和学问的敬仰，将奉祀地方名宦和乡贤的祠堂取名为“仰高”是高而过当的。

位　置

名宦祠一般与乡贤祠对设，有的位于学校内，有的位于文庙内，有的既不在文庙内也不在学校内，而是建在他处。在明代，有的学校名宦祠和乡贤祠并不是成对设置。如皋学校二祠位于文庙西侧，名宦祠在前，乡贤祠在后。赣州、赣县两学共用一庙，名宦祠位于庙东府学一侧，乡贤祠位于庙西县学一侧。

清代时，名宦祠和乡贤祠大多设在文庙内，其中大都设在大成门附近，有的设在大成门的东西两侧，有的设在大成门前面。设在两侧的又有两种情

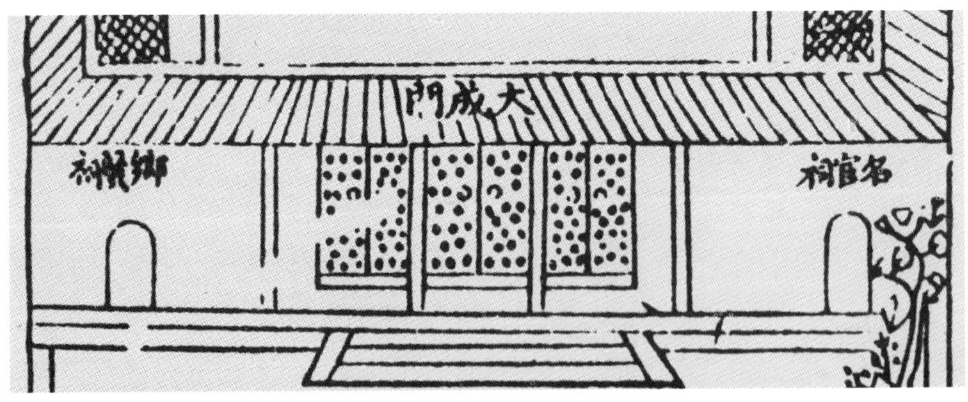

江苏东流文庙平面示意图

况：一种是紧接大成门如同大成门的耳房，如镇海县学、东流县学、揭阳县学和建阳县学文庙；一种是在大成门左右为独立的建筑，如赣榆县学、鄞县县学、建平县学、代州州学和福宁州学文庙。

山东宁阳文庙大成门与名宦祠、乡贤祠

名宦祠和乡贤祠位于大成门两侧的朝向有两种：一种是坐北面南，兴城的原宁远州学、抚宁县学、嘉定县学、泸州府学、东流县学、镇海县学、鄞县县学、宿迁乡贤、仙游县学、堂邑县学文庙等都是这种形式；一种是坐南面北，祠门开在大成殿院内，这种形式比较少见，仅见于广西恭城文庙，近年宁阳文庙也是这种形式，但清光绪年间的庙图是向南辟门的。

名宦祠和乡贤祠设在大成门前面的也有两种情况：一种是在门前与大成门垂直，如同大成门的两厢，如云南建水临安府学、江川县学、代州州学、永清县学、永嘉县学、平遥县学、定州州学、富顺县学、资州州学、永嘉县学、泾县县学和武威凉州府学等文庙；一种是与大成门平行，在大成门前两侧略外，如辽宁兴城的宁远州州学文庙、韩城县学文庙等。设在文庙其他地方的比较少，乌程县学文庙设在了大成殿后的崇圣祠东西两侧。

名宦祠和乡贤祠不设在文庙的也不少。有的设在学校内，或在明伦堂两

山西代州文庙大成门、泮池与名宦祠

侧，如新昌县学；或在尊经阁两侧，如沭阳县学；或设在明伦堂后的尊经阁东西两侧，如乌程县学；或设在庙东侧，如淳安县学、许州州学、夏津县学；或设在庙西侧，如皋县学就设在了庙西训导宅的前面；或设置文庙东西两侧，如福州府学和福宁县学。有的设在学校外，历城县学设在了文庙的西侧。

建　筑

名宦祠、乡贤祠二祠建筑都比较简单，一般是面阔三间，单檐，灰瓦硬山顶。沧州文庙二祠分别位于大成门两侧，如同耳房，都是面阔三间，灰瓦硬山顶。安福文庙二祠各面阔三间，也是位于大成门两侧，但左右与大成门连檐，前后出廊，硬山顶。山西襄汾原太平县学文庙二祠位于大成门掖门再外，建筑低于掖门，掖门低于大成门，呈三级递减，虽然面阔三间，但开间很小，灰瓦硬山顶，显示了二祠地位的低微。堂邑文庙由于大成门两侧有掖门，二祠也是在掖门外，各三间，灰瓦悬山顶。武宣文庙、临高文庙更为简单，各只有一间，位于大成门两侧，硬山顶，向内一侧直接大成门山墙，连垂脊都没有，武宣文庙的黄瓦顶应该是近年新换的。赣县文庙二祠也是各面阔三间，位于大成门两侧如同耳房，灰瓦硬山顶，向内一侧直接与大成门相接，不设垂脊。石门文庙二祠位于大成门两侧，分别与官员斋宿文官厅、武官厅连檐，前廊式木架，前出廊，绿瓦硬山顶。江阴文庙二祠各面阔四间，向外一侧硬山顶，向内一侧直接大成门，不设垂脊，屋面灰板瓦，一仰一合，等级很低。仙游文庙二祠位于大成门两侧，耳房式，面阔三间，悬山顶。太原府学文庙二祠各面阔五间，位于大成门两侧，灰瓦悬山顶，前出廊，是已知规模最大的。

文昌文庙二祠都是独立的小院，位于大成门两侧，从外表看，一门两窗，似乎是建筑三间，其实只有一间。萍乡文庙二祠也是各一间，只是大成门下甍的稍间。

吉林文庙二祠分别位于大成门前，如同两厢，建筑各面阔三间，灰瓦硬山顶。富顺文庙二祠在大成门前，如同两厢，面阔各五间，灰瓦硬山顶，穿斗式木架，前设廊，灰塑花脊，无垂脊。

兴城文庙二祠各面阔三间，灰瓦硬山顶，前出廊，位于大成门两侧前面，

山西襄汾原太平县学文庙大成门与名宦祠、乡贤祠

台湾台南文庙大成门与两侧祠堂

四川都江堰灌县文庙名宦祠

坐北朝南，就朝向说是比较正式的。湖南宁远文庙二祠面阔五间，灰瓦硬山顶，规模比较大。

台南文庙清乾隆时还是名宦祠、乡贤祠分居于大成门左右，不知何时将名宦祠和乡贤祠合一，位于大成门东侧，将乡贤祠改为节孝祠和孝子祠合一，建筑三间，黄瓦硬山顶。孔子升为大祀，但附祀的名宦、乡贤祠堂是不能用黄色琉璃瓦的。

大同文庙二祠均为面阔五间，灰瓦悬山顶，檐下用三踩斗栱，并且位于大成殿两侧略后，就建筑等级来说是最高的。

近年恢复的都江堰灌县文庙二祠均是独立的院落，祠门一间，灰瓦悬山顶，灰塑花脊，垂脊鸱吻加三只走兽，中柱间安门，并出撑栱擎檐。正祠三间，向内一端带耳房一间，向外一端与厢房连檐转角，厢房正面两间，南端带耳房一间，都是灰瓦悬山顶，是二祠中规模最大的。

第二节　乡贤祠

乡贤祠是奉祀本地著名贤人的专祠。

建造奉祀本地乡贤的专祠是从北宋开始的。绍圣初年，福州庙学建造了奉祀邑先贤陈襄、郑穆、刘彝、周希孟、陈烈的五贤堂[①]，以后在政和、宣和、绍兴、乾道年间陆续增加至十三人。南宋绍兴年间，同安主簿朱熹在同安县学建造了奉祀天文学家、药物学家、邑人苏颂的苏公祠。台州太守尤袤（1127—1194）在台州州学内建造了奉祀乡贤罗适、陈

福建同安文庙苏公祠

① 〔宋〕《淳熙三山志》卷八“福州州学”，见上海古籍出版社《文渊阁四库全书》电子版。

公辅、陈良翰的三老堂。南宋时，庆元路学大约在淳熙四年（1177年）建造了奉祀乡贤杨适、杜醇、王致、楼郁、王说的五先生祠，王大猷增加六位郡守和一位教授，淳祐中再次增加七人，到元代时改为九先生祠，“以奉庆历、淳熙乡达九先生之祀”。南宋时，学校内开始建造个人的纪念祠堂，台州州学有邑人谢丞相祠，常熟县在端平元年（1234年）前就有吴公祠。从奉祀对象看都属于乡贤祠一类。

山西大同文庙乡贤祠

国家令奉祀乡贤也是从明洪武二年开始的。明太祖“令天下学校各建先贤祠，左祀贤牧，右祀乡贤”[①]，乡贤与名宦合祀在一座建筑内。从成化年间开始，乡贤祠逐渐独立，到清代乡贤祠几乎都是独立的建筑。

清代时，乡贤祠几乎都与名宦祠对设，其位置、建筑绝大多数与名宦祠相同。

第三节　忠义孝悌祠

清雍正元年（1723年），皇帝下旨说“诏内开旌表节义给银建坊，民间往往视为具文，未曾建立，恐日久乃至泯没，不能使民有所观感。着于地方公所设立祠宇，将前后忠孝节义之人皆标姓氏于其中，已故者则设牌位于其中祭祀，用阐幽光而垂永久”，朝廷议准“设立祠宇，应行顺天府、奉天府、直省、府、州、县、卫，分别男女，每处各建二祠：一为忠义孝悌祠，建于学宫之内，祠门内立石碑一通，将前后忠义孝悌之人刊刻姓氏于其上，已故者设位祠中；一为节孝祠，别择地营建，祠门外建大坊一座，将前后节孝妇女标题姓

① 〔明〕李之藻：《泮宫礼乐疏》，见上海古籍出版社《四库全书》第651册，第301-302页。

上海嘉定文庙忠孝祠与乡贤祠，位于大成门西侧

氏于其上，已故者设位祠中”[①]，遵照皇帝旨意，各地官员纷纷建造忠义孝悌祠和节孝祠。大部分忠义孝悌祠按照朝廷规定建造于学校内，节孝祠建造在城区内，但有的地方将忠义孝悌祠甚至连节孝祠都建造于文庙内。本书研究文庙建筑制度，所以只对建造在文庙内的忠义孝悌祠和孝义祠进行研究。

名　称

国家规定的名称为忠义孝悌祠，大多数文庙采用朝廷颁布的名称，但也有的文庙采用其他名称。山东巨野文庙、贵州安顺、陕西洛南文庙、江苏海州文庙等名忠义祠，辽宁辽阳文庙、湖南湘潭文庙、陕西甘泉文庙、广西恭城文庙、江苏江阴文庙、上海嘉定文庙等名忠孝祠，云南江川文庙名孝义祠。

位　置

忠义孝悌祠建造于文庙内者，一般建造在大成门前，或在大成门两侧如耳房，或在大成门前面左右如两厢，也有的建在棂星门左右。

海南文昌文庙忠义孝悌祠建造在大成门前东侧、名宦祠之南。崇明县学文庙“乡贤祠三楹在殿门西，忠义孝弟祠三楹在乡贤祠右”，忠义孝悌祠设在大成门西侧的乡贤祠西边。临淄文庙忠义孝悌祠也设在大成门西侧的乡贤祠之西。河南辉县文庙忠义孝悌祠则设在大成门前左侧的名宦祠之南。安顺府学文庙忠义祠建在大成门右侧。巨野文庙忠义祠建在大成门前西侧的乡贤祠之南。洛南文庙忠义祠位于大成门西厢、乡贤祠之南。海州文庙是右庙左学的形制，

① 《大清会典则例》卷七十一，见上海古籍出版社《文渊阁四库全书》电子版。

大成殿后原来单辟一个院落，不设正房，东厢设名宦祠、乡贤祠，西厢设福神祠，朝廷令建忠义祠后就将忠义祠安置在西厢内，与福神祠各占一端。辽阳文庙忠孝祠建在戟门前面。湘潭文庙忠孝祠建在大成门一侧。甘泉县学文庙在大成门前东侧建造名宦祠，西向，在大成门前西侧建造乡贤祠和忠孝祠，都是东向。恭城文庙忠孝祠设在大成门前东侧，与节义祠相对。嘉定县学设在文庙大成门西侧，大成门东侧设立名宦祠和土地祠，西侧设立乡贤祠和忠孝祠。云南江川文庙名孝义祠，与节孝祠同位于棂星门前，如同两厢。

浙江慈溪文庙忠义祠与孝悌祠

建筑形式

由于奉祀人物地位低下，所以不论是忠义孝悌祠，还是忠义祠、忠孝祠、孝义祠，一般都是小式建筑，灰瓦硬山顶，而且规模也很小。

文昌文庙忠义孝悌祠独立成院，西侧设圆门通向庙内，建筑一门二窗，看起来三间，其实仅一间，建筑很小，灰瓦绿缘硬山顶，带封火墙，灰塑正脊。恭城文庙忠孝祠仅有两间，灰瓦硬山顶，带封火墙，灰塑正脊，从屋脊看是一座建筑，但前出廊，中间砖垛到檐分成两间。

海南文昌文庙忠义孝悌祠

第四节 节孝祠

节孝祠是清雍正元年（1723年）朝廷下令建造的，当时明确建造在城区内，所以建造在学校内的比较少，大多在学校附近。如江西抚州府宜黄、崇仁、广信府、上饶、玉山都是在学外右侧，弋阳在学外东侧，饶州府鄱阳、乐平、德兴、安仁在学外，浮梁在学外左侧，万年在学外西侧，南康府星子、都昌在学外西侧，建昌在学外。节孝祠建造在文庙内的就更少了。

名 称

朝廷明令建造节孝祠，有的地方却不按照朝廷规定命名节孝祠。河北平山文庙名节烈祠，广西恭城文庙名节义祠，浙江黄岩文庙名孝友祠。云南江川文庙和台湾台南文庙除了按朝廷规定设置节孝祠，还分别设置了孝义祠和孝子祠。江川文庙二祠在棂星门前相对，台南文庙则二祠同室。

位 置

文庙内节孝祠与忠义孝悌祠一样，大多位于大成门前。

文昌文庙节孝祠建在大成门前西侧、乡贤祠之前，与忠义孝悌祠东西相对。江川文庙节孝祠在棂星门前西侧，与孝义祠东西相对，如同两厢。台南府学文庙节孝祠与孝子祠同室，位于大成门东侧，与西侧的名宦祠和先贤祠相对，如同大成门的两耳。平山文庙名节烈祠建在大成门西侧、先贤祠之南，与东侧的名宦祠和忠孝祠相对。辽阳文庙也名节

广西恭城文庙节义祠

烈祠建在戟门前面。恭城文庙名节义祠位于大成门前西侧，与忠孝祠相对，如同大成门的两厢。黄岩文庙名孝友祠建在大成门前西侧，位于先贤祠之南。

建筑形式

节孝祠也是由于奉祀人物地位较低，所以建筑规模和等级都很低，小式建筑，一般是灰瓦硬山顶。

文昌文庙节孝祠为独立院落，东墙设置圆门通向大成门前庭院，圆门有额题“圣域”，很不恰当；祠堂外观看一门两窗，是三间建筑，但开间很小，其实就是一间；硬山顶，带封火墙，灰瓦绿檐头，灰塑正脊。恭城节孝祠两间，灰瓦硬山顶，带封火墙，灰塑正脊，前出廊，但中间以砖砌承重墙到檐将其分成两处。台南文庙节孝祠与孝子祠同室，建筑三间，黄瓦硬山顶，不出廊，算是比较正规的祠堂。

台南文庙节孝祠和孝子祠

第五节　文昌祠

文昌祠奉祀文昌帝君。道家认为文昌帝君主管人间功名禄位，于是成为民间信仰的神祇。清嘉庆间祭祀列入国家祀典，一如关帝，咸丰六年（1856年）又升为中祀，成为重要的信仰神祇之一。

文昌信仰

文昌本是星宫名称，属于紫微垣，包含六颗星。《史记·天官书》说：“斗魁戴匡六星曰文昌宫：一曰上将，二曰次将，三曰贵相，四曰司命，五曰司

台南府学文昌阁上的文昌帝君像

中，六曰司禄。在斗魁中，贵人之牢。”[①]世人遂认为文昌主宰人间的功名和禄位，被道家拉入道教神仙体系，尊为文昌帝君。

道家文昌帝君的原型应该是张育。《晋书》记载，东晋宁康二年（374年）“五月，蜀人张育自号蜀王，率众围成都，遣使称藩。秋七月……苻坚将邓羌攻张育，灭之”[②]，氐人前秦苻坚攻占四川，张育起义抗击，兵败被害。为了纪念张育，人们在梓潼郡七曲山建祠奉祀，尊奉其为雷泽龙神。当时，七曲山还有一座祠堂，奉祀梓潼神张亚子。张亚子又作张垩子、张恶子，四川越嶲人，因报母仇隐居七曲山，后世民间盛传他的种种神异故事。《太平寰宇记》引《郡国志》说：“恶子昔至长安见姚苌，谓曰：‘劫后九年，君当入蜀，若至梓潼七曲山幸当见寻。’”[③]苻坚克蜀，姚苌入蜀为宁州刺史。《十六国春秋辑补》记载，前秦建元十二年（376年），姚苌至梓潼七曲山，“见一神人谓之曰：‘君早还秦，秦无主，其在君乎？’苌请其姓氏，曰：‘张恶子也。’言讫不见”。姚苌称帝建立后秦，“即其地立张相公庙祀之”[④]。因为张亚子的种种神异，人们将张育抗击前秦的故事加在张恶子身上，张恶子成为仕晋战死的英雄。

“安史之乱”时，唐玄宗避乱入蜀，将士水土不服纷纷病倒。玄宗夜梦张亚子得到一帖治病药方，治好了将士，因此追封张亚子为左丞。黄巢之乱时，唐僖宗也避乱入蜀，路过七曲山，亲自祭祀，加封张亚子为济顺王。北宋咸平三年（1000年），益州都虞候王均起事，官军攻打成都，“忽有人登梯冲呼曰：‘梓潼神遣我来，九月二十日城陷，尔辈悉当夷戮。’贼众射

① 《史记》卷二十七，见上海古籍出版社《文渊阁四库全书》电子版。
② 《晋书》卷九“孝武帝本纪”，见上海古籍出版社《文渊阁四库全书》电子版。
③ 《太平寰宇记》第1册，台北文海出版社，1962年，第643页。
④ 《新校本晋书并附编六种》第6册，台北鼎文书局，1983年，第379页。

之，倏忽不见，果及期而克”[①]。朝廷因此加封张亚子为英显王。南宋时，高宗令大修祠宇，赐额灵应祠，光宗加封其为“忠文仁武孝德圣烈王”，理宗加封其为“神文圣武孝德忠仁王”。元延祐三年（1316年）加封其为“辅元开化文昌司禄宏仁帝君”，简称“文昌帝君”。

清乾隆时，圆明园东堤建有文昌阁，高宗曾御题“为章于天”和“穆清资始”两额。清嘉庆五年（1800年），四川白莲教军欲攻打梓潼，望见文昌宫山上遍布旗帜，不敢攻打，撤军而去，皇帝因此颁给文昌宫御书“化成耆定”额，并令大修京师文昌祠。次年竣工，皇帝亲自祭拜，躬行九拜大礼，诏书称“帝君主持文运，崇圣辟邪，海内尊奉，与关圣同”，令列入国家祀典，二月初三诞日和仲秋祭祀，典礼与关帝相同。咸丰六年（1856年）升为中祀，令亲王主祭，太常卿祭祀后殿先人，两跪六拜，乐六奏，舞八佾，各省按时祭祀文昌祠，没有祠堂的就在官署临时摆设牌位行礼。[②]京师文昌祠的祭祀等级与文庙相同，但主祭官员和舞蹈都高于文庙。

宋代时，张亚子保佑士人的故事就广为流传。陆游《老学庵笔记》记载，“李知几少时祈梦于梓潼神……是夕梦至成都天庆观，有道士指织女支机石曰：‘以是为名字则及第矣！’李遂改名石，字知几，是举过省”[③]，梓潼神点化，改换名字就科举高中。蔡绦《铁围山丛谈》记载，“长安西去蜀道有梓潼神祠者，素号异甚。士大夫过之，得风雨送必至宰相；进士过之，得风雨则必殿魁；自古传无一失者”，梓潼神如此灵异，自然得到人们的信奉。

梓潼神张亚子本来属于民间信仰，为了扩大道教的影响，道家将其改造收罗入其神仙系统。元、明时，道家编写了《清河内传》《梓潼帝君化书》等书籍，介绍文昌帝君神迹，逐渐丰满了张亚子的形象。

相传文昌帝君在西周末年降至人间，姓张讳仲，字孝友，辅助宣王中兴，后经七十三化，累为士大夫。西晋末降生蜀地，姓张名亚，字霈夫，称玉皇大帝命其掌管文昌府和人间禄籍等。清代纂述的《文昌帝君本传》说文昌帝

---

① 《续资治通鉴长编》卷四十九，见上海古籍出版社《文渊阁四库全书》电子版。

② 《清史稿》卷八十四“礼志·文昌帝君”，见《二十五史》，上海古籍出版社、上海书店，1986年，第345页上。

③ 《老学庵笔记》，中华书局，1979年，第18页。

君姓张，讳善勋，周初吴会间人，其始祖为黄帝之子，因世代掌管造弦张弓，所以以张为姓。此书还说文昌帝君灵异甚著，凡禳灾祛沴、祷雨祈嗣有感必通，能镇伏妖魔、疫疠鬼神；为文章司命，贵贱所系，文武医卜，士农工商，凡一民一物之枯荣贵贱皆隶文昌帝君之造化；居紫微垣文昌阁，常降乩直书、现梦隐示，可分身应化、救劫保生，等等。

文昌祠历史

文昌祠最初名张相公庙，十六国时始建于四川梓潼七曲山，唐初已传入山西，李靖曾在应州建造，相传唐末李克用之母在祠内祈祷时，见有金甲神人破壁而出，于是怀孕而生李克用。南宋时又传入江南。嘉熙年间四川被蒙古攻占，许多四川人移居钱塘。蜀人牟子才等人于吴山建立奉祀张亚子的庙宇梓潼帝君庙，上海也建立梓潼祠。元朝末年，吴山文昌祠被毁，徐一夔发起重建，其疏文说，“文昌祠在蜀之潼川，实司科举之事，宋南渡后有祠在吴山之巅，盖蜀士赴举者所创也。自经兵变，颓圮弗治，圣朝更化，首诏科举取士，乃者宾兴，而浙司得人为盛，此皆神明阴佑斯文所致”[①]，将浙西科举兴盛归功于梓潼帝君。咸淳五年（1269年），昌国州在学校一侧建造了文昌宫。

文昌帝君既然主管人间的功名禄位，当然受到追求功名禄位的读书人的信奉，许多地方纷纷设庙祭祀。宋代时，文昌祠多建在山上，还没有与学校拉上关系。贵州播州就建在治东的凤山上。绍定四年（1231年），广西灵川县建造在县治之南。元代时，文昌祠开始向文庙靠近。元至顺年间，镇江“文昌祠三间，在庙之东”。至正九年（1349年）福州府学建造文昌祠，“祠当丽泽亭之北，杏坛之东，重门周垣”[②]，镇海县学也建造了文昌祠，“至正中，令汪以敬增构斋舍，置文昌祠、光霁亭”[③]。韩林儿龙凤六年（1360年），东阳县新建文昌祠，“卜地于黉宫之东偏，其广袤可二亩，为殿宇三楹间，辟

---

① 〔明〕田汝成：《西湖游览志》卷十二，见上海古籍出版社《文渊阁四库全书》电子版。

② 〔元〕贡师泰：《文昌祠记》，《玩斋集》卷七，见上海古籍出版社《文渊阁四库全书》电子版。

③ 《浙江通志》卷二十七，见上海古籍出版社《文渊阁四库全书》电子版。

会文堂于其北，缭以周垣”[①]；以上文昌祠都没有进入孔子庙。

明代前期是文昌祠的大发展时期。以浙江为例，永乐十六年（1418年）乐清儒学，正统二年（1437年）桐乡县学、三年鄞县县学、七年遂安县学、十年秀水县学，正统间象山县学，都建造了文昌祠。明景泰五年（1454年）皇帝曾赐额文昌宫。学校增建文昌祠引起儒家学者的警惕。弘治初年，倪岳《正祀典疏》说：“道家谓梓潼以孝德忠仁显灵于蜀，庙食其地，于礼为宜，祠之京师不合祀典。至于文昌之星与梓潼无干，今乃合而为一，诚出傅会，所有前项祭祀伏乞罢免，仍行天下学校，如旧有文昌祠者亦合拆毁。”[②]朝廷同意，下令拆除学校内的文昌祠。但是，文昌帝君既然主管功名利禄，读书人谁不期望科举及第，自然有求于文昌帝君，所以不久后又开始在学校内建造文昌祠。

明代建在学校内的文昌祠很少，也许是受到弘治年间下令拆除的影响，在三十所明代学校图中，只有思南府学、宿迁县学和泾县县学三所学校内建造了文昌祠，而且都是在庙东的校舍区内。明代时已有文昌祠建在文庙内。天顺元年（1457年）余干县学“饬文昌祠于戟门左，先贤祠于戟门右”[③]，景泰年间惠州府学、嘉靖年间南宁府学也都有文昌祠在戟门左，都是将文昌祠建在文庙大成门的东侧。

清代文昌祠比较普及，一般城市都有设置，有的城市还有多所。河北河间府城就有三座，“一在府西关，一在南关，一在县学内”[④]。

清代时在学校内设立文昌祠的比较多。河南彰德府安阳县在明伦堂东，汤阴县、林县在学宫内，内黄县在大成殿东南，武安县在学宫前，怀庆府武陟县在学宫内，温县在学宫旁，济源县在学宫东，原武县在学宫西，南阳府泌阳县、内乡县、舞阳县、裕州在学宫内，镇平县在学宫东，淅川县在学宫

---

① 〔元〕王袆：《东阳县新建文昌祠记》，《王忠文集》卷十，见上海古籍出版社《文渊阁四库全书》电子版。

② 〔明〕黄训：《名臣经济录》卷二十九，见上海古籍出版社《文渊阁四库全书》电子版。

③ 〔明〕孙原贞：《重修余干县学记》，《江西通志》卷一百三十，见上海古籍出版社《文渊阁四库全书》电子版。

④《畿辅通志》卷四十九，见上海古籍出版社《文渊阁四库全书》电子版。

安徽桐城文庙文昌祠位于大成门东侧

西，汝宁府确山县、正阳县、罗山县、信阳州都在学宫东，汝州、宝丰县、伊阳县在学宫内，郏县在学宫前，陈州在学宫东，许州襄城县、郾城县在学宫内，临颍县、长葛县在学宫东，禹州在学宫东，新郑县在学宫内，郑州汜水县在学宫内，荥泽县在学宫东，陕州灵宝县在学宫东，光州光山县在学宫东，息县在学宫外，有十六所在学校内。

文昌祠虽然不少，但建在文庙内的文昌祠还是非常少的。《甘肃通志》记载镇番县在庙内。《广东通志》说惠州府学"戟门左顾有文昌祠"，说明景泰中教授灯琏"徙之，凿泮池"，应该是在庙内。文献记载山西临汾县学在棂星门西、五寨县学在棂星门东、甘州府学在泮池东，恐怕也都是在文庙附近而不是在文庙内。

由于文昌主管功名利禄，当然受到士大夫们的崇奉，修建文昌祠也就成了他们的善政、善事。《池北偶谈》卷九记载，明代礼部尚书杨博命形家选择吉壤，形家认为蒲州东门外两阜蜿蜒，是个风水宝地，但杨博认为"此关阖郡文章科第，我曷为私之"，自己不能占用这个宝地，出于对全郡士子的关心，就在上面建造了文昌祠。后来他也得到了福报，五个儿子都出仕为官，长子官至户部尚书，四子的子孙也都官至詹事、翰林等显官。

建筑形式

目前确知在文庙内设置文昌祠的有安徽桐城县学文庙和甘肃镇番县学

文庙。桐城文昌祠位于大成门东侧，祠堂三间，西与土地祠相对，如同大成门的耳房，小式建筑，灰瓦硬山顶，西端紧靠大成门，连垂脊也不设。近年恢复的长春文庙在崇圣祠后建造了文昌阁，文昌阁东侧还建造了文昌亭；由于文庙没有恢复院内墙壁，似乎都建造在文庙内，其实崇圣祠后就应该属于庙外。

桐城文庙文昌祠

第六节　文昌阁

文昌阁也是为奉祀文昌帝君建造的建筑。

历　史

文昌阁初见于宋代，南康知军赵彦騬建造了文昌阁，元代时广西阳朔也有建造。

早期文昌阁与文昌祠相同，大多在学校之外，元代开始靠近学校，明代中后期开始大发展。明嘉靖间，旌德知县李调元建文昌阁于学东。万历七年东阿知县朱应毂、十二年遂昌知县王有功、二十四年钱塘县令汤沐、二十八年丽水知县钟武瑞、三十二年郓城知县王远宜均增建文昌阁。万历年间，海康知县秦懋义建文昌阁于学，宜春县知县黄恰中建文昌阁于县学左，分宜知县李茂英建文昌阁于学宫之左，襄陵知县陈勖建文昌祠于正殿东北隅，龙南知县高期也建造了文昌阁。天启元年，青田县学教谕郑奎光建文昌阁，五年藤县知县曾凤彩建文昌阁于学东，天启年间山阴县知县马如蛟、钦州知州李五美也建造了文昌阁。崇祯时三水知县罗仪则建文昌阁，元年云南知府王绍旦于儒学内建文昌、魁星二阁，二年遂安县学教授杨时熙改青云楼为文昌

台湾台南府学文昌阁位于明伦堂后

阁。此外，明末庐江知县张云鹗建文昌阁于明伦堂后，袁州同知李瀚也建造了文昌阁。

清代中期，文昌阁已经很普遍。《湖广通志》记载，武昌府、郴州文昌阁在学宫侧，长沙府、衡州府、永州府、岳州府、常德府、辰州府、澧州、新田县、桂东县文昌阁在学宫旁，湖广十六府中有七所府学、四州中有两州学附近建造了文昌阁。学校建造文昌阁最为普遍的应该是山西省。《山西通志》载，太原府学在儒学大门内，榆次县在儒学西南隅，文水县、河津县在学宫东，岚县在儒学内，曲沃县在文庙左偏，霍州、高平县、武乡县在文庙东南，长治县在儒学北，长子县、屯留县、临县在文庙东南隅，襄垣县在学前，潞城、介休在儒学东，永宁州、应州、广昌县、阳高县、定襄县在文庙东，天镇县在崇圣祠后，永济县在崇圣祠南，沂州在旧文庙侧，静乐县在学舍左，代州在文庙左，崞县在大成殿东，保德州在东斋北，绛县在敬一亭后，永和县在文庙西南，襄陵县在大成殿东北隅，浑源州原在儒学大门内，万历四十六年迁至南门外恒岳行宫右，有三十二所学校附近建造了文昌阁。

位　置

虽然许多学校建造了文昌阁，但建造在文庙区域内的很少，大都建造在学校范围内，而且主要建造在文庙东南，部分建造在文庙东侧或东北，个别建造在北侧和西南，如：永和县学建在文庙的西南，长治县学在学校的北面，天镇县学在学校的东北。

其所以大都建造在东南，主要是因为风水方面的考虑，因为东南为巽位，“文昌阁矗居巽位，文峰宜峻也”[①]，“巽位”建造高大建筑可以开文运，使地方科举兴盛、人才辈出。明万历年间清江知县李茂英“建文昌阁于学宫之左，规制壮丽，自是士子多登第者”[②]，崇祯时罗仪则在三水县“开文明门，筑青云路，建文昌阁，自是邑士文学日兴”[③]，士子登第，文学日兴，不知是不是建造文昌阁后的必然。

建筑形式

虽然许多学校建造了文昌阁，但是建造在文庙区域内的非常少，因为它不是国家礼制规定的文庙建筑。已知云南建水和富源在文庙内建造了文昌阁。

云南建水文昌阁位于棂星门前，魁星阁在东（已不存），文昌阁在西。文昌阁建于明万历三年（1575年）间，雍正十三年（1735年）重建，建筑面阔三间，重檐两层，灰瓦歇山顶。富源名文昌宫，建于大成门前西侧，清乾隆十一年（1746年）建，东与魁星阁相对，建筑形式相同，均为八角形三檐，应名为阁，同治十一年（1872年）毁。

云南建水文庙文昌阁

长春文庙近年在崇圣祠之后重建文昌阁，面阔七间，灰瓦歇山顶，两层，就建筑形式来说属于楼，不应名阁；东侧建文昌亭，平

① 张景苍：《重建新喻县学宫记》，《江西通志》卷一百三十五，见上海古籍出版社《文渊阁四库全书》电子版。

② 《江西通志》卷六十一，见上海古籍出版社《文渊阁四库全书》电子版。

③ 《江西通志》卷七十“人物五 · 罗仪则传”，见上海古籍出版社《文渊阁四库全书》电子版。

长春文庙东北的文昌亭

面六边形，重檐灰瓦攒尖顶，不设墙壁，亭内设文昌帝君像，踞座于石上。阁亭均位于崇圣祠后，已经不属于文庙的范围，即使未设墙壁以间隔。

第七节　魁（奎）星阁（楼）

魁（奎）星阁（楼）是供奉魁星或奎星的建筑。

魁星又名奎星，本是北斗七星中的星名，有人说是北斗的第一至第四颗星，也有人说是第一颗星。

历　史

古人认为魁星主管文运，从南宋开始在学校内建造魁星阁。淳祐五年（1245年），邑士汪自明在淳安县学中建魁星楼，元大德中重建。《景定续修严州志》记载："魁星楼为一学伟观，前知州吴槃既勤朴斫，今侯钱可则始丹垩其上，以奉魁星，郡人方逢辰书其扁，其下为会食之所，始名育美，眉山杨栋为记，今改为登云。"检同书，吴槃为宝祐二年（1254年）八月十三日到任，宝祐四年正月二十七日去任，由此可见，魁星楼的建造很可能是在宝祐三年。魁星楼的位置，同书说"由殿门而东为肃仪位，为魁星楼"，应该是在文庙东。南宋时，醴陵县学、吉水县学也建造了魁星楼。至元二十七年

浙江黄岩奎星阁位于文庙东南

（1290年），庆元路学在魁星楼旧基上创建宾序五间，在泮水池以东，魁星楼也应该是南宋建造的。

明代是魁（奎）星阁（楼）的第一个发展时期。明正统三年（1438年）遂安县学、十二年分水县学分别建魁星楼。成化十三年（1477年）寿昌县儒学改建魁星楼，十六年浙江武义县儒学建奎星楼。嘉靖二十三年（1544年）平湖县学建魁星楼。隆庆万历间长治县学增建魁星阁。万历二十三年（1595年）潞安府儒学建文昌、魁星、义阳王三楼，二十四年大理府学建魁星阁于庙东，二十七年正定府学增建魁星楼。万历间合阳儒学建魁星楼于泮池之前，襄陵县儒学建魁星楼于学西南，成都府学建魁星阁于府学正面。天启四年（1624年）武定府学建魁星阁。崇祯元年（1628年）云南府儒学建文昌、魁星二阁。

清代是魁（奎）星阁（楼）的大发展时期。顺治十年（1653年）沭阳县学增设奎星楼，十八年蠡县儒学建魁星楼于学之东。康熙十一年（1672年）太湖县学建奎星楼，二十年滁州儒学建奎星阁，四十二年锦州府学建奎星楼，四十六年曲靖府学建魁星阁，五十八年潜山县学左建奎星楼，右建文明楼。雍正元年（1723年）怀远县学于云路前建奎星阁，五年东川府学建魁星阁，七年南安府学建奎星阁，十一年蒙化府学建魁星楼，十二年开化府学建魁星阁。乾隆三十年（1765年）吉林儒学建奎星楼，二十九年铁岭县学合邑绅士

河北定州文庙魁星阁

长春魁星楼位于文庙东南

捐建奎星阁。清代中期，县学附近建造的魁（奎）星阁（楼）比较多，仅山西省就有二十五所学校建造了魁星楼、魁星阁或奎星楼。

供奉魁星的以楼为多，名阁者比较少，奎星楼阁则差距不大。

位　置

魁（奎）星阁（楼）从宋代就开始向庙学靠近，与文昌阁一样，主要建造在文庙的东侧，以东南为多，如：嘉靖时的淳安县学、南康府学、龙溪县学（名魁楼），乾隆时的鄞县县学、乌程县学、永清县学等。现存的魁（奎）星阁（楼）中，六合魁星阁建筑在大成门之东略北，不在文庙的范围以内。其所以如此，如同文昌阁一样，主要是因为风水观念的影响。长春文庙恢复的魁星楼位于钟楼之外，现在虽然没有院墙界隔，但明显是在文庙之外，仍然属于在文庙东南。

建筑形式

古代建筑中对楼阁并没有明确的区分，都是指两层或两层以上的建筑，就建筑学来说，应该将两者进行区分。笔者以为，面阔超过进深的应该名楼，方形或多边形的应该名阁，阁应该能够四面眺望而楼则不必。

魁星阁建造在文庙内的非常少。现在已知云南建水文庙和富源的原平彝县学文庙建在了大成门前甬道的东侧，景东文庙则建在中轴线上，山西汾州府学文庙建在棂星门东侧。建水文庙魁星阁已经不存，富源文庙的魁星阁平面八角形，对角线10.06米，三层飞檐，高达17.6米。

云南富源文庙魁星阁

景东文庙魁星阁建于泮池之后、棂星门之前。阁三层飞檐，第一层面阔三间，重翘五踩斗栱；第二层一间，四翘九踩斗栱；第三层为六角形，攒尖顶，黄瓦。上层每面中间下部用绿瓦铺出一个菱形，中层和下层瓦面每垄下起第三瓦也为绿色，形成一道绿边。阁名题“魁星阁”，但民国《景东县志稿》“景东厅学宫图”中此建筑名“文奎阁”，从此名看，不应该是奉祀魁星，而是藏书楼，如曲阜孔子庙的奎文阁。河北定州文庙魁星阁建在文庙大门的东侧院内、庙门之东略北，院子的后部为崇圣祠，按理应该属于文庙的一部分，但从文献记载看，魁星阁为明万历三十四（1606年）重修，而崇圣祠为清雍正十年（1732年）增建，最初此院应该不属于文庙。山西静升

云南景东文庙魁星楼

孔子庙是元代民间人士自行建造的，清康熙元年（1662年）在文庙的东南角建造了魁星楼，民国二十二年（1933年）将楼由二层加高为三层，但魁星楼位于文庙轴线以外，不属于文庙建筑。广东德庆州学建有魁星祠，位于文庙西侧，前为尊圣义祠，后为魁星祠，祠堂三间，灰瓦硬山顶，是近年恢复的，也位于文庙轴线以外，不属于文庙建筑。长春文庙近年复建的魁星楼平面六边形，三重飞檐，灰瓦攒尖顶，位于钟楼东侧，现在虽然未设墙壁以隔开，但仍属于文庙之外。

第八节　土地祠

土地祠也叫后土祠，是祭祀土地神的祠堂。

历　史

中国很早以前就有土地神祇信仰。土地是国家的根本，祭祀土地的祭坛名叫社，与祭祀五谷神祇稷合称社稷，成为国家的代称。国家祭祀的祭坛名社稷坛，汉代以来，以立春后和立秋后的第五个戊日举行祭祀，分别名春社和秋社。祭祀土地神不仅是国家祀典，也是民间流行的活动，除了国家奉祀的社稷坛，民间也要有祭祀的场所，土地祠也就出现了。

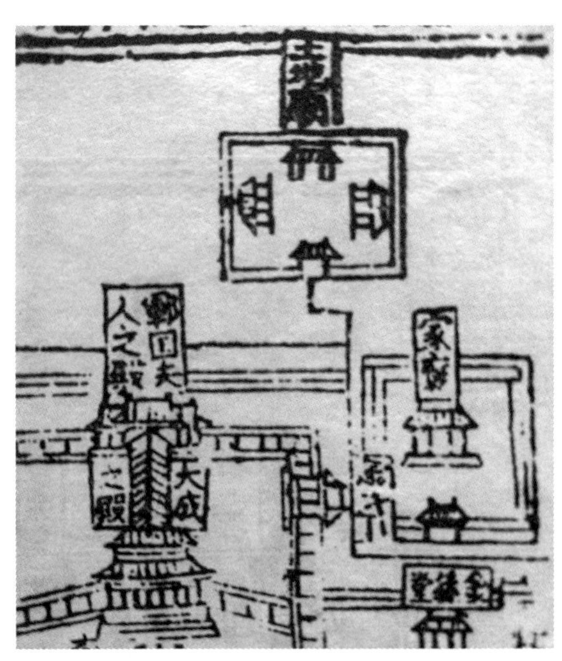

曲阜孔子庙金代土地庙平面示意图

奉祀土地的祠虽小，却是中国最多的祠堂，上自皇宫官衙祠庙，下至穷乡僻壤村落，无处不设，庙学也不例外。金正大四年（1227年）成书的《孔氏祖庭广记》收录的曲阜孔子庙宋代庙图中尚无土

曲阜孔子庙土地祠

地祠，金代庙图中就有土地庙，一组四合院，祠门一间，正祠及两厢各三间，位于孔子庙的最后面。宋庙图中有泗水侯殿和沂水侯殿，此二封号为崇宁元年（1102年）加封，由此可知此图绘制于此后，说明北宋尚无土地祠之设。金代大修在明昌二年（1191年）至五年，很可能就是这次庙工增设的。景定（1260—1264）建康府学图中也无奉祀土地的祠堂，至大（1308—1311）金陵庙制图中就有两处，在学校东南角处名土地祠，是一处独立院落，一门一祠，在府学大门后略左；在学校西南角名土地庙，建筑三间，面东，其东北为教授厅，很可能是元代增设的。同样，宋《宝庆四明志》“学校”中全无土地祠信息，但元《延祐四明志》中土地祠的信息很多，奉祀土地神的祠堂名土祠，庆元路学土祠位于学校仪门东街之东，大德七年（1303年）建；属下鄞县县学、奉化州学、昌国州学、慈溪县学均有土祠一间，仅象山县学无载。元至顺年间镇江文庙也有“地灵祠四间，在庑后西南隅”。从上述可知，元代时学校内土地祠已经比较普遍。

奇怪的是明代庙学图中很少有土地祠，不可能元代的土地祠到了明代都被剔除了，而且有的庙学还在建造，揭阳文庙土地祠就是崇祯四年（1631年）建造的，最大的可能是土地祠不是主要建筑而被忽略了。

清代时，庙学内普遍建有土地祠，但绝大多数是建造在学校的区域内，建造在文庙内的比较少。已知嘉定文庙位于大成门东侧、名宦祠之东，曲阜孔子庙在圣迹殿墙外侧，北京国子监位于崇圣祠西北。

土地神祇

土地神遍及全国，但土地神到底是哪一位，自古以来聚讼纷纭。《左传·昭公二十九年》记载，蔡墨认为社稷五祀，“颛顼氏有子曰犁，为祝融，共工氏有子曰句龙，为后土”，社稷祭祀的土地神为句龙。汉代郑康成认为“后土亦颛顼氏之子，曰犁，兼为土官”，颛顼氏之子犁既是火官祝融，也是土官后土。唐代孔颖达解释说“句龙初为后土，后转为社，后土官阙，犁则兼之”。丘光庭认为“五行，独土神称后者，后，君也，位居中，统领四行，故称君也。案：《左传》云句龙为后土，后土为社，则是句龙一人而配两祭，非谓转为社神也”[①]，仍主句龙为土地神。

庙学的土地神并无确指，只有国子监奉韩愈为神主。土地祠内，悬挂着祭酒孙岳颁题写的匾额“浩气独存”和对联“道统接邹鲁而后，功在千秋；儒修开濂洛之先，泽流多士”，祭酒法式善题写的匾额“斯文在兹”和对联“起八代衰，自昔文章尊北斗；兴四门学，即今俎豆重东胶”，国子监司业彭定求题写的对联“进学解成，闲官一席曾三仕；起衰力任，巨学千秋本六经”，典簿张璿题写的“泰山北斗”匾额和对联“贯日矢天，正气衍千秋之俎豆；驱邪辟异，精英振八代之文章”，助教嵩龄题写的匾额“昭垂宇宙”，助教金特赫题写的匾额“优入圣域”，伯阿庆题写的匾额“忠直正大”。小小的土地祠内竟然有六方匾额和四副对联，以韩愈作为国子监文庙的土

安徽桐城文庙土地祠位于大成门西侧

① 〔宋〕卫湜：《礼记集说》卷四十三，见上海古籍出版社《文渊阁四库全书》电子版。

地神就成了文章的化身。因此，《顺天府志》“太学全图”中干脆明标“文公祠”。

建筑形式

土地祠建筑都非常简单。嘉定文庙土地祠小式建筑，规模很小，与西侧的名宦祠和大成门东掖门连檐，灰瓦硬山顶，只有一间。桐城文庙土地祠算是比较大的，祠堂三间，位于大成门之西，与文昌祠相对，如同大成门的耳房，灰瓦硬山顶，西与大成门相接，接墙铺瓦，不设垂脊。曲阜孔子庙是一个独立的院落，也不过一门一堂，门一间，砖墙承重，灰瓦硬山顶，祠堂三间，也是灰瓦硬山顶。国子监文庙土地祠规模最大，正祠三间，高一丈七尺五寸，广一丈一尺，深一丈八尺；抱厦一间，高一丈一尺三寸；左右耳房各一间，高一丈四尺一寸，广九尺，深一丈四尺；东西厢房各三间，高一丈三尺九寸，广八尺四寸，深一丈二尺；大门一间，高七尺九寸，广一丈，深五尺；左右小门各一座；照壁一座；可惜已经不存。

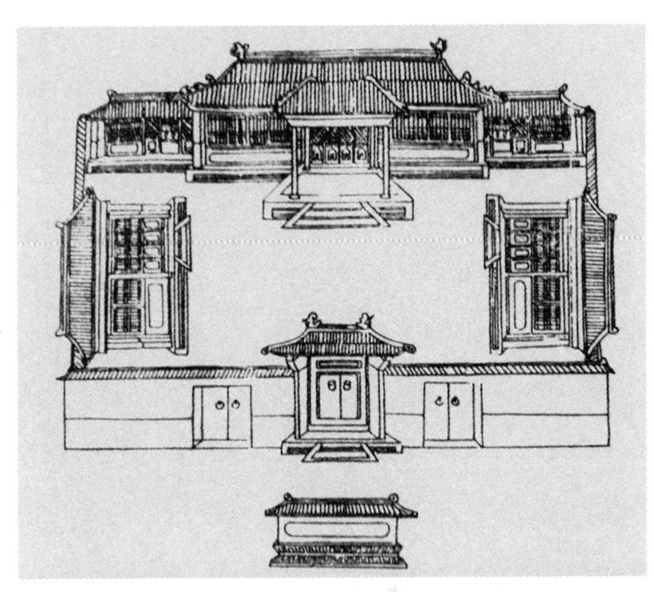

国子监文庙土地祠平面示意图

嘉定文庙土地祠

第四部分 服务建筑

文庙服务建筑有六类：一类是存放牌位的神库，一类是供祭祀人员使用的斋宿所和更衣厅，一类是为祭祀制作祭品的神庖和神厨，一类是祭祀时演奏音乐和表演舞蹈的礼乐亭等，一类是置放钟鼓的钟鼓楼等，一类是保存祭祀用礼器、乐器的库房。

第一节 神 库

明清时，神库主要有四个作用，一是存放神牌，主要是在有坛无殿的祠宇内，如先农坛“坛之后为神库，如宗庙寝室之制，以安神位”[①]；一是存放礼乐器，“太常卿导上至圜丘，恭视坛位，次至神库，视笾豆，至神厨，视牲”[②]；一是临时存放祝版等祭祀物品，“前期一日，太常寺进祝版，上亲填御名讫，太常寺博士捧出，安舆亭内，抬至南郊神库奉安”[③]；四是存放先人遗物等，“武宗即位，祧熙祖，奉先殿神位亦迁德祖之西，其衣冠、床幔、仪物贮于神库”[④]。由于文庙单有存放礼乐器的礼器库和乐器库，而存放神牌和先人遗物与文庙没有关系，所以本书只研究存放祭祀器物的神库。

---

① 《云南通志》卷二十九，见上海古籍出版社《文渊阁四库全书》电子版。

② 《礼部志稿》卷二十五，见上海古籍出版社《文渊阁四库全书》电子版。

③ 《礼部志稿》卷二十六，见上海文渊阁《四库全书》电子版。

④ 《明史》卷五十二，见上海古籍出版社《文渊阁四库全书》电子版。

国子监文庙神库

历　史

孔子庙设置神库始见于元代。大德新建国子监文庙就有神库之设，“神厨、神库，南直殿之左右翼，以间计各七”[①]。明代时许多文庙也设置了神库，但都属于存放礼乐器物的仓库，如《姑苏志》记载苏州府学学制说“又北为戟门，门西为神库，置祭器、乐器”，并详细开列了祭器、乐器和乐舞生服饰数量。清代时神库大都分成祭器库，个别还细分为礼器库和乐器库，除此之外，还保留神库的仅见国子监文庙，主要用于临时存放祭祀器物，“朔日释菜应用香蜡酒果，望日上香应用香蜡等项，均前期行文太常寺给发关领，至期陈设。届期清晨，由神库点取”[②]。

建筑形式

国子监文庙神库位于大成门前西侧、持敬门之北，面东，阔五间，六丈三尺，约二十米，高二丈八尺，约九米，绿瓦悬山顶，不出廊。

① 〔元〕吴澄：《贾侯修庙学序》，见《钦定国子监志》卷七十九，北京古籍出版社，2000年，第1436页。

② 《钦定国子监志》卷十四，上海古籍出版社《文渊阁四库全书》电子版。

第二节 庖 厨

庖厨即神庖和神厨，是制作祭祀用品的地方。神庖又名省牲所、省牲亭、宰牲房、宰牲所、牲房等，宰杀祭祀所用动物，神厨则是专门制作祭品的。

历 史

庙学设置庖厨的历史不详，唐以前缺于史料，难以考察，但唐以前学校建筑很少，虽然国家规定每年两次祭祀，但专门制作祭品的建筑可能还没有出现。已知最早的制作祭祀用品的专门建筑出现在宋代。大中祥符二年（1009年），闽清庙学“乃营楼阁、斋室、庖廪”。景祐四年（1037年），福州庙学重修，“庖次井饮，百用皆给”[①]。皇祐（1045—1054）中，天台文庙“祭器在西房，庖厨在东房”[②]。嘉祐二年（1057年）迁建后的怀安庙学“祭器庖廪咸具”[③]。绍兴六年（1136年），重建庆元路学，“初立重门、两序，敞其后以为讲议之堂，盖其东以为庖湢之舍”[④]，二十四年迁建后的古田庙学“祭器庖廪皆备”。淳熙四年（1177年），重建慈溪县学，“斋舍门庑庖湢次第成于后政之手”。嘉定十三年（1220年）鄞县庙学迁建，“斋舍门庑庖湢各有攸处”[⑤]。由于宋代学生会馔，不排除庖舍也为学生提供膳食，但至少应该是制作祭品与学生饭食共用，而天台庙学“祭器在西房，庖厨在东房”，毫无疑问庖厨是专门制作祭品的。

明代时，庖厨几乎成为庙学必须设置的建筑。南京国子监文庙洪武三十年扩大，“神厨、库各八楹，宰牲所六楹”。《姑苏志》记载，府学文庙“又北为红门，为神厨、省牲所、省牲亭，又北为戟门”，庖厨均位于戟门前；昆山县学文庙“神厨在戟门外”；吴江县学文庙“中为大成殿，夹以两庑，

① 《淳熙三山志》卷八，见上海古籍出版社《文渊阁四库全书》电子版。

② 陈襄:《天台县文宣王庙记》，《赤城集》卷七，见上海古籍出版社《文渊阁四库全书》电子版。

③ 《淳熙三山志》卷九，见上海古籍出版社《文渊阁四库全书》电子版。

④ 《延祐四明志》卷十二，见上海古籍出版社《文渊阁四库全书》电子版。

⑤ 《宝庆四明志》卷十二，见上海古籍出版社《文渊阁四库全书》电子版。

曲阜孔子庙神庖

旁有宰牲房、神厨”，庖厨具备；嘉定县学文庙“中为大成殿，夹以两庑，后为燕居殿，神厨在门西，神库、宰牲房稍南上”；太仓州学文庙“中为大成殿，傍为两庑，神库、神厨、宰牲房皆具”；常熟庙学“左为大成殿，夹以两庑，神库厨皆具”；十所文庙有七所明确列出了庖厨。

位　置

许多庙学将庖厨建造在校域内，如：明代安溪庙学建造在明伦堂之后的射圃之后，赣州府县庙学将牲庖建造在尊经阁之后，建平庙学宰牲所建造在明伦堂之东，都是位于校域的最后面；宁德庙学将省牲所和宰牲房都置于文庙西侧，襄城庙学将宰牲堂设在最西北角，思南府学也将省牲所置于文庙西侧，长洲庙学将宰牲所、许州庙学将宰牲堂都设在文庙东侧，应该说这是很合理的，宰杀牺牲、制作祭品毕竟是脏乱的，与文庙有点距离是对的。

哈尔滨文庙宰牲亭设于东配房中部

由于地形等方面的限制，许多庙学将庖厨建造在文庙内，一般放在大成门前。元《至大金陵新志》“集庆路学图”中，神厨位于大成门前西侧。嘉定文庙在大成门前，省牲所与神庖为一座建筑。太平县学文庙省牲所和宰杀所都设在大成门前西侧，都是如同大成门的西厢。国子监文庙将神厨和宰牲所设在大成门东侧。南京太学位于大成门前东侧，与西侧的神库如同两厢。哈尔滨文庙神厨和宰牲亭分设在大成门前名宦祠或乡贤祠的南边，宰牲亭设在东配房的中部三间，神厨设在西配房的中部三间。也有的放在其他位置，韩城文庙设在东庑之后，牲舍和神厨为一座建筑；曲阜孔子庙则全部设在庙宇的最后，东西二区左右相对称。

建筑形式

一般庙学庖厨只设一个，元代集庆路学、明嘉靖太平县学只有神厨，明嘉靖时的安溪县学、思南府学和建平县学、绍兴府学只有省牲所或宰牲所，但也有如偃师、韩城、嘉定等县学是两者俱设的。两者设在学校的为多，但也有一些设在文庙内。

庖厨建筑一般都不大。嘉定学校两者都是一座独立的建筑，算是比较有规模的了，可惜现在已经不存在。

北京国子监文庙庖厨由神厨和宰牲所及井亭组成。“神厨五间，西向，高二丈八尺，中广一丈三尺，左右各广一丈二尺，深二丈；神厨南为井亭，井甃以石，亭高一丈六尺六寸，深广一丈二尺；又南为宰牲所三间，西向，高二丈四尺八寸，中广一丈一尺，左右各广五尺，深二丈；均覆绿琉璃

国子监文庙宰牲所、井亭与神厨

曲阜孔子庙神厨外门

瓦。”神厨绿瓦悬山顶，抬梁式木架；井亭平面六边形，攒尖顶；宰牲亭也是歇山顶。

曲阜孔子庙规模最大，神庖和神厨分别位于庙内的东北、西北角，都是独立的院落，一门一厅两厢。正厅和厢房均是五间，灰瓦硬山顶，五檩三柱式木架，前出廊。大门一间，灰瓦悬山顶，五檩分心式木架，檐下用一斗二升交麻叶斗栱。

第三节　礼器库和乐器库

祭器库与乐器库作为存放祭祀用礼器、乐器的库房，是每所庙学都要设置的，但分设礼器库和乐器库的则不多，一般通名祭器库。

历　史

孔子庙自从设立后就频繁进行祭祀活动，祭祀时需要用以盛放祭品的祭器，应该就有存放祭器的仓库，但是由于文献缺乏，现在还难以找到宋以前设置的证据。北宋大中祥符二年（1009年）闽清县学就有祭器库。南宋《淳熙三山志》记载，北宋末年福州庙学就有“祭器、乐器库各一”。绍兴二年（1132年），溧水庙学就有了“器用之库”。开禧元年（1205年），台州庙学有了祭器司。嘉定四年（1211年），定海庙学建造了库舍，“米有廪，祭有库”。金正大四年（1227年）以前，曲阜孔子庙也设置了祭祀库。《景定建康志》记载建康庙学有两座祭器库，“祭器库二，新祭器库在大成殿前东廊之南，旧祭器库在御书阁之东偏”。元代继续发展。大德新建国子监文庙就有神库之设，“神厨、神库，南直殿

国子监文庙祭器库

曲阜孔子庙乐器库

之左右翼，以间计各七”[①]，南海庙学也有祭器库四间。明代神库大兴。正统二年，桐乡县学“建大成殿、两庑、神库神厨”[②]。天顺六年长沙府学“增建斋房、号房、馔堂、神库、尊经阁、先贤祠、厨廪廨宇之属”[③]。成化八年，袁州府学文庙“置神库、神厨、牲房于震兑”[④]。弘治二年（1489年），武昌府学“戟门为扉六，其东为神厨，西为神库”[⑤]。神库已经非常普遍，《姑苏志》记载苏州府学、昆山县学、常熟县学、吴江县学、嘉定县学、太仓州学六学都有神库，仅崇明、长洲、吴县三学没有提及，六学神库都在文庙内。明代时，神库就是保存祭器乐器的场所。《姑苏志》记载苏州府学学制说“又北为戟门，门西为神库，置祭器、乐器”，并详细开列祭器、乐器和乐舞生服饰数量，“铜器一千五百六十，竹器三百四十，木器六十五”，“琴瑟等九十六，乐舞生冠带六十有六，衣二百八十”。[⑥]

位　置

祭器库有的设在学校内，有的设在文庙内，但以设在文庙内为多。设置

---

① 〔元〕吴澄：《贾侯修庙学序》，见《钦定国子监志》卷七十九，北京古迹出版社，2000年，第1436页。

② 《浙江通志》卷二十六，见上海古籍出版社《文渊阁四库全书》电子版。

③ 〔明〕李贤：《长沙府修学记》，《湖广通志》卷一百八，见上海古籍出版社《文渊阁四库全书》电子版。

④ 〔明〕吴节：《袁州府修儒学记》，《江西通志》卷一百三十，见上海古籍出版社《文渊阁四库全书》电子版。

⑤ 〔明〕李东阳：《武昌府学重修记》，《湖广通志》卷一百八，见上海古籍出版社《文渊阁四库全书》电子版。

⑥ 《姑苏志》卷二十六，见上海古籍出版社《文渊阁四库全书》电子版。

于文庙内的一般设置在大成门附近，明代苏州府学文庙设在戟门西；营山文庙在大成门西侧如耳房；国子监文庙设在大成门两侧，面向大成殿；南京太学文庙设在大成门前如西厢；昆山文庙在东庑北；吴江文庙和太仓文庙在大成殿院内；嘉定文庙在大成殿后；富顺文庙设在大成门左右，北与两庑相接，名为更衣祭器所，祭祀前供祭祀人员更衣，祭祀后就存放祭器，庙学建筑不多，一屋二用，也是可以的。曲阜孔子庙成化大修后，将东庑北端改贮礼器、几案等，将西庑北端改贮乐器悬架等，距离需要礼乐器的殿庑都很近，是很合理的；弘治火灾后重建，将库房改在东路诗礼堂东侧，雍正火灾后重建将诗礼堂东厢库房改称礼器库，又在西路金丝堂西侧添建乐器库，拉大了与殿庑的距离，是不明智的。

国子监文庙乐器库

建筑形式

祭器库建筑一般不大，在庙中也是规模小、级别低的建筑。富顺文庙更衣祭器所各南北面阔9.46米，东西进深4.89米，规模是较大的。曲阜孔子庙建筑多，服务建筑也多，规模也大。祭祀使用的礼器、乐器分别储藏，建有单独的礼器库和乐器库。库房均面阔九间，灰瓦绿缘硬山顶，五檩四柱前后廊式木架，前出廊，檐下用一斗二

四川都江堰灌县文庙祭器库

升交麻叶云斗栱。北京国子监文庙二库分别位于大成门左右两侧，面北，也是各面阔九间，连同与两庑的转角共十二间，是最大的祭器库和礼器库。绿瓦硬山顶，靠近大成门一侧不设垂脊，檐下施单翘三踩斗栱。都江堰复建的灌县文庙祭器库位于大成殿略后左侧，面阔三间，灰瓦歇山顶，柱上出撑栱擎檐，出檐较大，是同类建筑中建筑等级较高的。

第四节　乐舞亭

江南多雨，为了不影响祭祀时的舞蹈，个别文庙在大成殿前建造了舞亭，有的文庙出现了礼乐亭等建筑。

历　史

目前，尚未见到明代以前的乐舞亭等建筑。舞亭仅见于湖南浏阳文庙，位于大成殿露台上。现在的浏阳文庙是清嘉庆二十三年（1818年）从城西迁建的，从现存建筑风格看，与大成殿非常一致，舞亭应该是同时建造的。

湖南浏阳文庙舞亭

德阳文庙大成殿前有四座名为礼乐亭的建筑，但并非为礼乐专建的，而是原来的碑亭。据记载，原来自左向右依次竖立着清乾隆二十二年（1757年）的《敕建平定准噶尔碑》、十四年的《敕建平定金川碑》、二十四年的《敕建平定回疆碑》、四十一年的《敕建重定回疆碑》，不知何时何故，后来碑石不存，祭祀时就在亭内奏乐，以遮阳避雨。不过亭内柱子密集，无法舞蹈，奏乐离大成殿也远了些。

形　式

浏阳文庙舞亭位于大成殿露台上，两座东西对称，亭方形，高8米，宽4.6米，深5.3米，重檐攒尖顶，黄瓦绿檐灰塑脊，石柱木构，外圈四柱擎下檐，内圈四柱擎上檐，建筑体型很大，遮挡了大成殿。

四川德阳文庙大成殿露台前的四座礼乐亭均为重檐黄瓦攒尖顶，中间两亭平面正六边形，外二亭平面方形，上檐六边形，全木结构，穿斗式梁架。

四川德阳文庙礼乐亭

第五节 钟鼓亭（楼）

钟鼓亭又名钟鼓楼，城市初设本来是防盗之用，后来为报时之用，又增加钟楼，晨钟暮鼓。文庙建钟鼓楼，设置钟鼓，主要在祭祀时使用，以鼓点钟声制止喧哗，统一步伐，烘托气氛。

历 史

鼓楼始于北魏孝文帝时，李崇任兖州刺史，“兖土旧多劫盗，崇命村置一鼓楼，皆悬鼓。盗发之处乱击之，旁村始闻者以一击为节，次二，次三，俄顷之间声布百里，皆发人守险要，由是盗发无不擒获，其后诸州皆效之”[①]。李崇令每个村庄都建设一座鼓楼，强盗到哪个村，哪个村就乱敲鼓，听到乱敲鼓声的村庄就一下一下地敲，听到一下一下敲的村庄就两下两下地敲，听到两下两下的村庄就三下三下地敲，不一会就传到百里之外，又派人守候在险要的地方，盗贼没有不被擒获的，从此各州仿效，鼓楼就流行起来。唐代时，连宫中都设置了钟鼓楼，太极门“东隅有鼓楼，西隅有钟楼，贞观四年置”[②]，贞观四年（630年）已经有了钟鼓楼。

湖南澧州文庙鼓楼

① 《通鉴总类》卷十三下，见上海古籍出版社《文渊阁四库全书》电子版。

② 《陕西通志》卷七十二引《长安志》，见上海古籍出版社《文渊阁四库全书》电子版。

宋代时，太学也设置了鼓楼。金兵攻打汴京，“有登太学鼓楼而望之”[①]。但文庙设置钟鼓楼比较晚，明代庙图中未见。已知曲阜孔子庙建造钟鼓楼时间最早，明弘治大修后已有钟鼓楼。文庙以汾州明万历十一年（1583年）添建鼓楼为最早。清代建造钟鼓楼的记载也很少，大约到清代中期以后才比较流行，云南景东文庙钟鼓楼就是清道光元年（1821年）添建的。

已知文庙建造钟鼓楼最多的是四川省，有崇州文庙、灌县文庙、清溪文庙、温江文庙、资州文庙和中江文庙；其次是湖南省，有石门文庙、澧州文庙和湘潭文庙；此外还有贵州省安顺文庙、云南省景东文庙、江西省赣县文庙、山西省汾州文庙和吉林省长春文庙。

位　置

文庙建造钟鼓楼，放置钟鼓主要是为祭祀服务的，所以一般设置在大成门前后。崇州文庙棂星门内、泮池前有一对鼓乐亭，可能名称有误，鼓乐亭应该是奏乐处，距离大成殿太远了，应该是钟鼓亭。温江文庙大成门前左右两侧有一对礼乐亭，也应该是钟鼓亭。

钟鼓楼的位置一般是左钟右鼓，但曲阜不同，鼓楼在东，钟楼在西，但都在文庙之外，应该是明嘉靖迁建县城池改变的。现在鼓楼为清同治十一年（1872年）重建，钟楼原来是金代依庙居住的孔氏族人出入的外门，因钟楼已毁，于是将钟悬挂其上，这也是鼓楼在左、钟楼在右的原因。

建筑形式

放置钟鼓的建筑有的名钟亭、鼓亭，有的名钟楼、鼓楼，就建筑形式说有亭也有楼，还有屋宇式建筑。

崇州文庙名鼓乐亭，是名副其实的亭，平面六角形，绿瓦黄脊，重檐攒尖顶，十二柱，外圈六柱承下檐，内圈六柱承上檐，亭基较高，设九级踏步。

有的钟鼓楼虽然名楼，但名不副实，就建筑形式说其实是亭。石门文庙钟鼓楼置于两庑的南端，六角形，单檐攒尖顶，高14.72米，失于单薄。澧州

① 《三朝北盟会编》卷六十九，见上海古籍出版社《文渊阁四库全书》电子版。

澧州文庙鼓楼立面图

钟鼓楼也是位于两庑南端，六角形，重檐攒尖顶，黄瓦绿脊，高15米，还算优美。湘潭文庙钟鼓楼位于大成门后，方形，八柱，外四柱擎下檐，内四柱擎上檐，重檐绿瓦歇山顶，建筑高挺，飞檐上翘，外观很漂亮。清溪文庙钟鼓楼位于两庑北端，紧接大成殿，六边形，重檐灰瓦攒尖顶，柱子十二根，外圈六柱承下檐，内圈六柱承上檐，亭很小，屋面陡峻，檐间距离过大，不够美观。温江文庙重建的礼乐亭分别位于大成门前左右两侧，亭方形，重檐灰瓦歇山顶，面阔三间，进深两间，外圈十柱承下檐，内圈四柱承上檐，檐下不设斗栱，角柱和其后中柱出斜撑，檐角飞翘，比例得当。资州文庙钟鼓楼设在两庑南端，方形，重檐灰瓦盝式顶，由于地方狭小，下檐分别伸入两庑和大成门檐下。安顺文庙钟鼓楼设在两庑南端，面阔一间，重檐灰瓦歇山顶。景东文庙钟鼓楼位于棂星门前，方形，重檐黄瓦歇山顶。上述虽然都称钟鼓楼，其实都是亭。

近年复建的汾阳府学文庙钟鼓楼为高台式，建筑一间见方，重檐黄瓦歇山顶，高台砖砌，东西设券门，内设楼梯可以登台，台上设一周石栏杆，非常精美，就建筑本身来说也是亭。

真正的钟鼓楼有两处，都是近年复建的。都江堰灌县文庙钟鼓楼落成于清光绪七年（1881年），位于大成门前左右，方形，灰瓦重檐攒尖顶，八柱，外圈四柱承下檐，内圈四柱承上檐，不设斗栱，檐角用斜撑，楼阁式，两层，可以攀登。长春文庙钟鼓楼分别位于大成门左右两侧，重檐灰瓦歇山顶，下层砖墙承重，向内一侧设券门，楼里向外一侧设梯可以攀登至二层，重檐间设木窗，比例协调，建筑端重。

中江文庙钟鼓亭是屋宇式建筑，位于两庑北端，与两庑连檐，单檐悬山顶，建筑很简单，连垂脊都没有，应该是近年修复所致，而名宦祠和乡贤祠都是很正规的官式建筑。

复建的山西汾阳府学文庙钟楼

四川都江堰灌县文庙钟楼

对　联

文庙对联一般很少，除了皇帝御颁，没有人敢于撰题。近年各地在文庙的修复过程中出现了不少，钟鼓楼也开始悬挂。

石门钟楼悬挂对联为“登斯阁问世间有事无事，听斯钟敲天下南潮北潮”，鼓楼悬挂对联为“远水淡孤心云绣天地来无迹，夕阳红半楼鼓送岁月去无声”。长春文庙钟楼对联为“众鸣长白撼天摇地，楼彰王者摘星揽月”，鼓楼对联为“鼓乐春城木铎千秋，楼载圣音远播万世”。

第六节　斋宿所

斋宿所又名斋居，是祭祀人员在祭祀前斋戒沐浴的地方。为了显示祭祀人员的虔诚，唐朝规定祭祀孔子时预享官员要散斋三日、致斋二日，散斋可以在正寝，致斋第一日在自己的官署，第二日要在享所，也就是祭祀的庙宇。为了让祭祀官员致斋，就有必要在庙内设置斋宿所。

历　史

唐贞观四年（630年）皇帝令州县学皆作孔子庙，随后规定国学祭祀以皇帝名义举行，祭文称皇帝谨遣，令国子祭酒为初献、司业为亚献、博士为终献，诸州以刺史为初献、上佐为亚献、博士为终献，诸县以县令为初献、县丞为亚献，由于县学博士没有品秩，以主簿或县尉为终献。献官等与祭官员在祭祀的前一天晚上一定要在庙内致斋，所以在唐代时庙学内就应该有斋宿的场所，但是由于文献有缺，无法确定。现在见到最早的关于斋所的文献是在五代，高讽《太师、中书令、北平王再修文宣王庙院记》记载“次创斋院，以为释菜三献修斋之所”[①]。宋代时，关于斋宿所的记载增多，名称有肃仪位等。乾道五年（1169年）严州庙学扩建，建后“由殿门而东为肃仪位”[②]，位于殿门之东。开禧元年（1205年）台州府学也有肃仪位。安庆府嘉定六年（1213年）新建府学时“首建郡守斋庐，以肃祀事”，建造了供郡守斋宿的建筑。元代时有的文庙名肃容所，至顺年间镇江文庙“肃容所在戟门之东”。明清时有的文庙名致斋所，有的名斋宿所，也有的名斋沐所，绝大多数文庙建造了致斋场所。

国子监文庙致斋所

因此，安庆府嘉定六年（1213年）新建府学时“更创诸斋于所辟之地，而庙之制始严。右庙左学，位序既定，凡属于庙者，首建郡守斋庐，以肃祀事”。

① 〔五代〕高讽：《太师、中书令、北平王再修文宣王庙院记》，见《唐文续拾》卷七。

② 〔宋〕《景定严州续志》卷三，见上海古籍出版社《文渊阁四库全书》电子版。

位　置

斋宿所一般设在文庙内，大多在大成门左右或前面。韩城文庙设在大成门前面；安化文庙位于大成门之东的名宦祠再东；长洲县学明隆庆时设在大成门之西，面南；太平县学文庙设于大成门前东侧，如同东厢；国子监文庙位于大成门前西厢南端，紧接持敬门。平遥文庙斋宿所位于大成门右侧，南向。也有建造在其他位置的，明代时，建阳县学文庙就建造在文庙的最后面、启圣祠之后。

山西平遥文庙斋宿所

建筑形式

斋宿所建筑一般比较简单，规模不大。明嘉靖间的南康庙学斋沐所位于戟门之西，大门与棂星门相并，门一间，正房在门内，规模不大，从图示看，还不如训导衙大。隆庆间的长洲庙学图中位于大成门前，面南，建筑很小。清代时，安化文庙斋宿所和更衣厅都是一间，宁武文庙斋宿房三间。

太平县学斋宿厅面阔三间，灰瓦硬山顶，前出廊。平遥文庙斋宿所面阔三间，灰瓦硬山顶，前出廊。文庙北京国子监文庙致斋所也不大，面阔三间，绿瓦悬山顶，不出廊。

曲阜孔子庙斋宿所规模最大，原来有两组独立的院落，一组是孔子长孙衍圣公使用的，一组是其他随祀官员使用的。两组建筑规模大致相同，一正两厢，正厅五间，厢房三间，外加屏门、院门各一座。正厅厢房都是清式官式小式建筑，七檩四柱前后廊是木架，前出廊，正厅檐下用一斗二升交麻叶斗栱，屏门用七踩斗栱。由于清康熙、乾隆两位皇帝祭祀孔子前都曾在东斋宿更衣休息，所以建筑的彩画等级都很高，厅房点金，屏门更

曲阜孔子庙东斋宿所

是龙凤枋心，沥粉大点金，连斗栱都是金琢墨。

第七节　更衣亭

更衣亭又名官厅，是祭祀官员祭祀前更衣的地方。

历　史

宋崇宁四年（1104年），因郡县祭祀官员只用常服祭祀，不够庄重，朝廷特“颁祭服制度于州县，皆令法服行礼”，国家规定祭祀以法服行礼。祭祀前要更换祭祀专用的法服，就需要更衣的场所，由于祭祀官员以法服行礼，需要更换衣服的人不多，在斋所更换就可以了，不可能再专设更衣的建筑。

元至元十年（1273年），御史中丞兼领侍仪司上疏说，“窃见外路官员、提学教授每遇春秋二丁，不变常服，以供执事，于礼未宜”，朝廷便诏令“春秋二丁执事官员各依品序公服陪位，诸儒襕衫唐巾行礼”，规定执事官员都要按照品级更换公服，人员众多，斋所已经不敷使用，所以元代时集庆路路学就在东庑之外设置了官厅。清康熙四十九年（1710年），诏令直省同城大小武职一体入圣庙行礼，文官县令以上、武官把总以上都要参加文庙的祭祀，所以有的文庙也分设文官厅和武官厅，文官厅在左，武官厅在右。

位　置

明清时，更衣亭大多设在大成门附近。定州文庙名官厅，位于大成门前，东西各一，如同两厢。安顺文庙则是占用大成门的稍间，左为文官厅，右为武官厅。杭州府学文庙也设在大成门左右，分别名文官馆、武官馆。崇明文庙设东官厅、西官厅，位于大成门前如同两厢。福州府学文庙在大成门前，各三间，如同两厢，东厢名更衣所，西厢北间为宪使厅，南间为府县厅。富顺文庙位于大成门两侧，名更衣祭器所，平时保存祭器，祭祀前祭器已经运走，供祭祀官员们更衣斋居。平遥文庙更衣所位于大成门左侧，南向，与斋宿所东西相对。国子监文庙位置最偏僻，在整个文庙的最西南角。

河北定州文庙东官厅

山西平遥文庙更衣所

建筑形式

更衣厅建筑一般比较简单。北京国子监文庙仅一间，位于致斋所南侧，灰瓦硬山顶。河北定州文庙在大成门左右两侧，各两间，前出廊，灰瓦卷棚硬山顶，小式建筑，无斗栱。崇明文庙各三间，分别面阔10.1米和10.2米，进深6.5米和7.4米，高6.5米，灰瓦硬山顶。平遥文庙更衣所面阔三间，灰瓦硬山顶，前出廊。湖南石门文庙文武官厅分别位于大成门两侧，各面阔三间，绿瓦顶，前出廊，可能是地方文庙中最有气势的更衣亭了。

第八节 碑 亭

从汉代开始，中国就形成了刻碑纪事的传统。孔子庙也不例外，诸如追封孔子等圣贤及其先人、修建庙宇、塑造圣贤形象、朝廷遣官祭祀甚至拜庙等无不刻碑纪念。清代又实行平叛定乱告功文庙制度，刻立纪功碑，致使孔子庙保存了许多碑刻。为了能使碑刻垂久，有的碑刻还建亭保护。当然，能够建造碑亭的碑刻，一般都与皇家有关系。

历 史

已知与孔子庙有关最早的碑刻是汉永兴元年（153年）的《乙瑛碑》，上面刻录鲁国相国乙瑛建议为孔子庙设立看管官员的报告和朝廷的批复，但最早的碑亭始于何时，由于文献不足难以确定。唐代关于修建孔子庙的碑刻很多，但不知是否当时就建造了碑亭。

曲阜孔子庙宋代庙图中就有碑亭一对，位于大成门前，单檐十字脊，应该是为唐碑和宋碑建造的，现在两通唐碑和宋碑仍然保存在原地。金代仍然是两座碑亭，但改为重檐歇山顶。元代在金代碑亭之间增加了两座，明代增加了四座，但考虑到大成门前地方狭小，明代将新增碑亭全部建在奎文阁前的庭院中，规划是非常科学的。元元贞二年（1296年），庆元路学孔子庙就在棂星门内西侧建造了两座圣旨碑亭。元代始建北京国子监孔子庙，但并未建碑亭，直到明正统时建造了英宗新建太学碑亭。明代时，苏州府学文庙神

“道左右有碑亭二，一宋濂修学记，一旧庙学图”，长洲县学文庙“外为泮池，跨以石桥，旁列碑亭二”[①]。

清代是碑亭的大发展时期。国子监文庙增加了十三座，曲阜孔子庙增加了十一座。除了这两处，四川德阳建造了六座，云南建水建造了两座，济南府学文庙建造了两座，热河文庙建造了一座。

曲阜孔子庙金代碑亭

位　置

由于碑亭内所存石碑大多属于御制，所以大多建造在重要位置。北京国子监文庙碑刻大成殿前十一座，大成门前三座。曲阜孔子庙大成门前十三座，奎文阁前四座（清代乾隆后被拆除，民国时期重建两座），孔子故宅井西侧一座，孔子故宅门内一座。德阳文庙四座建造在大成殿前，两座建造在大成殿两侧。其他如：建水文庙两座均建造在大成殿两侧，济南文庙两座位于大成殿露台前，热河文庙建造在大成门内甬道上。

建筑形式

碑亭形式主要是亭，有重檐，有单檐，此外还有屋宇式。

屋宇式仅见于云南建水文庙，碑亭比较简单，名为亭，其实系屋宇式建筑；灰瓦顶，分别位于大成殿东西，以墙与大成殿和庑连接；前建照壁，中设圆门，形成一个独立的小庭院；照壁为灰瓦顶，菱角檐，挂落装饰浮雕蔓草，比较精致。

单檐碑亭比较多，济南文庙和曲阜孔子庙都有建造。济南文庙两座均为六

① 《姑苏志》卷二十四，见上海古籍出版社《文渊阁四库全书》电子版。

曲阜孔子庙乾隆皇帝御制“故井赞”碑亭

边形，单檐灰瓦攒尖顶，檐下施单翘单昂五踩斗栱。曲阜孔子庙有两座，一座在孔宅故井西侧，为乾隆皇帝御制《故井赞碑》建；一座在故宅门内，为乾隆皇帝御制《故宅门赞碑》建。两亭均为黄瓦歇山顶，“故井赞”碑亭四面空透，东西北三面砌短墙，檐下施麻叶斗栱；“故宅门赞”碑亭三面砌墙，南面设门，由于受地方限制，体量更小。

重檐建筑是碑亭的主体。国子监文庙十四座和德阳文庙六座都是重檐，曲阜孔子庙十七座中十五座为重檐，热河文庙碑亭也是重檐。

德阳文庙大成殿东西两侧两座碑亭均方形，黄瓦歇山顶，不设斗栱，柱上出斜撑支撑檐角，碑已不存，向外一面设墙，三面设美人靠，从制作水平看应该是近年添加的。大成殿前四座均是重檐，中间两座平面方形，上檐六边形，灰瓦攒尖顶，两侧两座六边形，也是黄瓦攒尖顶，都不施斗栱，柱上出斜撑支撑檐角，尽端设下垂花蕾。六亭内碑刻全部不存，所以前四亭称作“礼乐亭”。

国子监文庙十四座碑亭都是重檐歇山顶。明正统碑亭绿瓦，上檐重昂五踩斗栱，下檐单昂三踩，正统九年（1444年）落成，原在大成门后甬道东侧，清代时被移至大成门前东侧。清碑亭全是黄瓦，大成门前西侧南碑亭内为清高宗修庙谕旨碑，下檐斗栱单昂三踩，上檐重昂五踩；北亭内为道光平定回疆告成太学碑，下檐斗栱单翘单昂五踩，上檐重昂五踩；大成殿前十一座碑亭全部黄瓦，北排四座和东侧两座、西侧一座面积较大，中间南面四座较小。雍正六年（1728年）御制“仲丁诣祭文庙敬成诗”碑亭较小，外观下檐三间，上檐一间，为了加大室内空间，省去全部四根金柱，采用抹角架海梁方式，在相邻次间的额枋上架设抹角梁，在抹角梁上立柱承托上檐，下檐斗栱外侧单翘三昂，内侧为假昂，上檐斗栱外侧为重昂五踩，内侧重翘五踩，平身科明间两攒，次

国子监文庙碑亭分布

曲阜孔子庙十三碑亭

间一攒；亭内设平棊天花，承尘绘花卉，外檐彩绘金龙旋子点金，内檐为墨线，档次较低。大成殿庭由于地方狭窄，碑亭平面过小，石碑过高，本来碑亭建筑就显得高瘦，而台基又太高，踏步六级，建筑不合比例、不够美观。

曲阜孔子庙重檐碑亭两座在奎文阁前，明弘治重修孔子庙时重建和新建了四座碑亭，清代前中期被拆除，民国时期重建了其中的洪武和永乐两座碑亭，均是灰瓦歇山顶，不设斗栱。大成门前十三座碑亭中，南排两端清代四座遣官致祭碑亭虽然也是黄瓦歇山顶，但建筑等级很低，不设斗栱，彩画仅为雅伍墨。北排五座是御制碑，建筑等级很高，下檐斗栱重昂五踩，上檐单翘重昂七踩，明间平身科四攒，亭内设平棊天花，沥粉金云龙彩画。南排东起第三座和西起第三座碑亭均建成于金明昌六年（1195年），结构大致相同，上下檐均施斗栱，明间补间两攒，次间不用；下檐五铺作，单抄单下昂，重栱造，外跳计心，里跳偷心，昂尾施于串枋上，上承重栱，栱承承椽枋；上檐六铺作，单抄双下昂，里跳减一抄，重栱计心造，昂尾直接承托屋盖干架的槫枋；斗栱的瓜栱、令栱、慢栱长度依次递增，阑额高瘦，普柏枋扁宽，都显示着宋式建筑的特点，是曲阜孔子庙现存最古老的建筑。南排中间两座均始建于元代，但西侧一座后世维修改变太大，东侧一座基本还保存元代风格，上下檐均施斗栱，明间补间三櫕，稍间不用，下檐斗栱五铺作双下昂，上檐斗栱六铺作单抄双下昂，但都为假昂，昂嘴弧形，下皮线向上弯曲，也是比较独特的做法。

热河文庙碑亭方形，黄瓦歇山顶，下檐斗栱重昂五踩，平身科明间四櫕，次间两櫕，上檐单翘重昂七踩，平身科八櫕。亭基石刻须弥座，石栏一周。

第九节　其他建筑

文庙出现的其他建筑从历史上看主要就是亭，个别还有台和阁。

历　史

宋景德二年（1005年），古田县学建造了函丈亭、舞雩台和草玄阁，“李堪为宰，毁淫祠三百一十五，撤佛宫四十九，取其材植为县庙学，位先圣，列十哲，绘七十二子、二十一贤及孔伋以下大儒至唐代韩愈氏九十六人，有亭一曰函丈，台一曰舞雩，又阁一曰草玄”[①]。庆元三年（1197年），宁海孔子庙重建，添建了丽泽、棠憩和咏归三亭。嘉定七年（1214年）嵊县孔子庙建造了秀异亭，“前有泮水、秀异亭”[②]。景定元年（1260年），溧水县学重修，“作亭于棂星门外，取《易》‘临卦’象传辞榜曰‘教思’”[③]。明代以后，文庙建制逐渐规范，其他建筑逐渐减少。明代庙图中，襄城文庙在泮池以西还保存着墨香

济南府学文庙“中规亭”

① 《淳熙三山志》卷九，见上海古籍出版社《文渊阁四库全书》电子版。

② 《剡录》，见上海古籍出版社《文渊阁四库全书》电子版。

③ 《景定建康志》卷二十八，见上海古籍出版社《文渊阁四库全书》电子版。

亭，单檐欑尖顶。史料记载，汾州文庙还保存着存放金代王庭筠诗书石刻的黄华亭。济南文庙近年复建了中规亭和中矩亭。

其他建筑大多位于大成门前、棂星门前后。

建筑形式

其他建筑虽然有亭台阁等建筑形式，但资料中除了襄城文庙墨香亭是方形单檐攒尖顶，其他具体的建筑形式很少见到，保存到现在的也不多。济南府学文庙近年复建了中规亭和中矩亭。

济南府学文庙“中矩亭”

中矩亭和中规亭位于庙门内、泮池前东西两侧，中矩亭在左，方形，黄瓦攒尖顶；中规亭圆形，在右，也是黄瓦攒尖顶。平面选择方形和圆形是取“不以规矩，不能成方圆”之义，以此教育入庙者要中规中矩。

后　记

我姓孔，出生在孔子故里曲阜，新修的家谱上显示我是孔氏家族第一派第四户的第七十六代孙。家父在曲阜孔子庙工作，把全部精力都投入研究孔子和孔庙中去了。我从小对于孔子和孔庙并不陌生，但从未提起过太多的兴趣。家中关于孔子和孔庙的藏书对于我来说，仿佛是一种无形的负担。大学时期，我喜好的是文学、电影和艺术。2004年硕士研究生毕业后，我阴差阳错地来到了北京首都博物馆。彼时，首都博物馆还没搬去位于白云路与复兴门外大街交界的新馆，依旧蜗居在北二环内成贤街上的北京孔庙内。

我出生在曲阜孔府东路建筑群中的一个小院之内，从记事起便在孔府和孔庙中奔跑穿梭，没少在布满青苔的孔庙砖地上摔跤打滚儿。第一次踏入北京孔庙大门的时候，我有点怅然，那时的北京孔庙还没有完成大修，和曲阜孔庙的磅礴大气不可同日而语。我深深地吸了一口气，院中柏树散发出的味道让我觉得很舒服，那分明是我儿时在曲阜孔庙中奔跑时闻到的味道，是我童年中记忆最深的味道。后来，首都博物馆要搬去新馆，国子监和孔庙要成立一个新的博物馆，首都博物馆的馆长韩永先生对我说："你来自曲阜孔庙，对孔庙很熟悉，所以我觉得你留在这里更能发挥自己。"万没想到，我从曲阜这个小城市的孔庙走出来，辗转多年，最终落脚到天子脚下的这座孔庙了。

2005年，我与家父一起从事国家社科基金项目"世界孔子庙研究”，课题成果获得了优秀等级。我参与第一编《中国的孔子庙》和第五编《南洋与西方的纪念孔子建筑》的撰写工作，此成果后来交由中央编译出版社出版。一个冬日的午后，我从位于西单某小胡同的出版社把书拉回家。从此，这套书便成了我最拿得出手的赠品，“雅正”两个字也写得越来越顺手了。《世界孔子庙研究》这套书成了我工作中的必备资料书。然而在日常使用中，我觉得书中有些部分还有进一步深入挖掘整理的必要，于是便萌发了把孔子庙的建筑制度单列出来进行专题研究的想法。我把想法告诉了家父，他也觉得当时这部书有的部分由于项目截止时间临近，未能达到预期的效果，建筑制度、奉祀制度和祭祀制度都还有继续研究的必要。对于我这样一个半路出家的研究者来说，专题研究也是一次难得的历练。

2015年年初，在经过几年资料的储备积累之后，我和内人王蕊一同向北京市文物局申请了课题“孔子庙制度研究”，我主要负责建筑制度和奉祀制度方面的研究，她则担纲祭祀制度部分。内人与我同在孔庙和国子监博物馆，她在博物馆内负责北京孔庙祭孔的相关活动，对于孔庙的祭祀相当了解。内人曾多次打趣：“你娶我太合适了，每年还得为你们老孔家操心祭祀的大小事情，你当甩手掌柜的多轻松啊。”我回应她说：“祭祀祖先对于大家族来说是最重要的事情，我把这部分交给你还是很放心的。”2016年，内人为老孔家一次便添了两名男孩，就祭祀而言，我倒是越发放心了。我同内人一起翻阅地方志，一起搜集零碎的资料。为了得到更翔实的资料，我们把尚在襁褓中的孩子们交给双方父母，远赴江苏、浙江、四川和广东实地考察。整整一年的时光，我们把课题所需要的资料整理完毕，而且完成了数十万字的课题成果，孩子们也满周岁了。2016年真是出乎意料繁忙的一年，我很怀念。

在本书出版之际，我要特别感谢北京市文物局，他们对于“孔子庙制度研究”的课题十分重视，为本课题提供了经费支持和专家支持。我还要感谢中国孔庙保护协会的各个会员单位，他们为我们的研究提供了大量的第一手资料，免去了我们不少的奔波之苦。我特别要感谢青岛出版集团，他们将本书列入年度出版计划，对本书出版给予大力支持；特别感谢孔子书房出版中心吴清波、张吉路先生，对本书书稿认真仔细审定并提出许多建设性的意见。

在本书出版之际，我要感谢家父孔祥林先生，他在我焦头烂额之时给我指明方向，并为此书做了厘清。最后，我要特别感谢内人王蕊，古人常说家有贤妻是福气，而有这样一位志同道合的贤妻便实实在在是我的造化了。

孔　喆

2017年8月25日

图书在版编目（CIP）数据

孔子庙建筑制度研究 / 孔喆著. -- 青岛 : 青岛出版社, 2018.6

ISBN 978-7-5552-6704-1

Ⅰ. ①孔… Ⅱ. ①孔… Ⅲ. ①孔庙—建筑史—研究—中国 Ⅳ. ①K928.75

中国版本图书馆CIP数据核字(2018)第101991号

书　　名 孔子庙建筑制度研究
著　　者 孔　喆
出版发行 青岛出版社
社　　址 青岛市海尔路 182 号（266061）
本社网址 http：//www.qdpub.com
邮购电话 13335059110　（0532）85814750（兼传真）（0532）68068026
责任编辑 吴清波　张吉路
装帧设计 梁　娜
封面设计 祝玉华
照　　排 山东鲁润文化传播有限公司
印　　刷 青岛国彩印刷有限公司
出版日期 2018 年 6 月第 1 版　2018 年 6 月第 1 次印刷
开　　本 16 开（700 mm × 1000 mm）
印　　张 22.5
字　　数 340 千
图　　数 375 幅
印　　数 1-3000 册
书　　号 ISBN 978-7-5552-6704-1
定　　价 88.00 元

编校印装质量、盗版监督服务电话　4006532017　0532-68068638